Views on social responsibility by bankers in 1912-1949

刘平 编著

民国银行家管理思想论丛（第一辑）

民国银行家论社会责任

上海远东出版社

图书在版编目(CIP)数据

民国银行家论社会责任/刘平编著. —上海:上海远东出版社,2017
(民国银行家管理思想论丛)
ISBN 978-7-5476-1301-6

Ⅰ. ①民… Ⅱ. ①刘… Ⅲ. ①银行-社会责任-研究
Ⅳ. ①F830

中国版本图书馆 CIP 数据核字(2017)第 169206 号

民国银行家论社会责任

刘平 编著
策划 陈占宏
责任编辑/陈占宏 装帧设计/张晶灵

出版:上海世纪出版股份有限公司远东出版社
地址:中国上海市钦州南路 81 号
邮编:200235
网址:www.ydbook.com
发行:新华书店 上海远东出版社
      上海世纪出版股份有限公司发行中心
制版:南京前锦排版服务有限公司
印刷:上海市印刷二厂有限公司
装订:上海市印刷二厂有限公司

开本:710×1000 1/16 印张:17.5 插页:1 字数:203 千字
2017 年 7 月第 1 版 2017 年 7 月第 1 次印刷

ISBN 978-7-5476-1301-6/F·609
定价:50.00 元

前言

民国时期,曾经涌现了一大批著名的银行家,他们在银行的业务发展、风险控制、内部管理、人才培养以及社会责任等诸多方面,都进行了不少艰辛的探索和实践,同时也留下了许多珍贵的文献。这些文献或详或略,体裁也有所不同,但在我看来,其中所体现的管理思想和智慧,对于今天的银行管理者和从业人员,仍然具有重要的借鉴意义。

目前学术界对民国银行家相关史料的整理和出版已取得了一定的进展,如《陈光甫日记言论集》、《周作民日记书信集》、《钱新之往来函电集》、《叶景葵文集》等专集的正式出版,为金融史专业研究者提供了重要的参考资料。但不能否认的是,无论民国银行家文献的系统整理,或者是进一步利用,都还存在相当大的空间。笔者在日常工作中,经常会遇到一些银行的管理者和从业人员,他们对民国银行家在银行管理方面的思路、想法和措施,表现出了非常浓厚的兴趣;但又苦于没有一个较为合适的读本,能够较为方便地阅读和了解。

为了解决当今银行管理者和从业人员的实际需要,同时兼顾金融史专业研究者的需要,笔者策划并主编了这套《民国银行家管理思想论丛》。计划分为若干辑,其中既有若干位银行家文稿的合集,也有银行家个人文稿的专集,今后将陆续编辑出版。

目前出版的《民国银行家管理思想论丛》第一辑,共分为三册,集中收入了若干位民国时期具有一定代表性的银行家文稿。这些文稿的作者,均担任过银行的高级管理人员,大多为总行经理级的,也有少部分分行经理级的。具体安排如下:

第一册:《民国银行家论社会责任》。主要反映了民国银行家对于国家与民族命运、中国经济发展、工商业实业统筹、农村金融、战时金融、金融消费观等问题的关注和思考。某种程度上说,这也是银行家从事银行经营管理的思想基础和出发点。

第二册:《民国银行家论业务经营》。主要反映了民国银行家对于银行发展战略、经营思路、业务开拓、风险管理和控制、网点设置、对外服务等问题的观点和想法。

第三册:《民国银行家论内部管理》。主要反映了民国银行家对于银行内部组织建设、办公秩序、人事管理、人才培养、企业文化建设等方面的思考和设想。

本辑涉及的民国银行家,有的留下了相当多的文稿,有的则相对较少,究竟应该怎样取舍?有些银行家的文稿也可能同时涉及了几个专题,比如有些银行家的谈话,谈到了社会责任,也谈到了经营管理,甚至还谈到了内部管理,又究竟应当如何把握?考虑到整套丛书的篇幅,同时也是为了兼顾到各册之间的平衡,最终选择的方案是,在每一个专题即每一册中,每位银行家只收入一篇与主题直接相关的文稿。对其中较为特殊的"谈话录",则依据内容涉及的专题,在对文字不作任何增删的前提下,作了必要的归类。

为增加读者的阅读兴趣,文稿选择尽可能体现了体裁的多样性,有已在公开报刊正式发表的文章,也有演讲稿、工作报告、私人书信、内部谈话录,等等。这些文稿,主要来源于民国时期公开出版的期刊,以及银行出版的内部刊物等,还有少部分则直接选自档案史料。当然,由于笔者的视野所限,挂一漏万,也很可能是在所难免的。欢迎读者提出宝贵意见,以便修订时进一步补充完善。

本辑收入的各篇文稿,都附有作者简介,并尽可能配发作者照片。应该说,这是一件难度不小的工作,尤其是一些不太出名的银行家,无论是生平介绍,还是个人照片,确实都不太容易找到。现在书中所附的作者简介,有的非常简略,主要原因还是相关资料匮乏所致。至于书中所附照片,有部分是从上海市档案馆等处的银行职员档案中查找所得,个别甚至还是从当时银行职员合影中截取的。然而,尽管多方寻觅,还是留下不少遗憾,有数位银行家的照片至今未能寻获。如读者朋友有所发现,敬希赐悉,笔者自然是非常感谢的,并将尽可能在修订时予以补充。

犹豫再三之后,笔者还是在每篇文稿之后,附上了一段简要的"编后絮语"。毕竟,"仁者见仁,智者见智。"这些"编后絮语",与其说是"导读",倒不如说是笔者的"读后感",表达的是对近现代中国金融史的敬畏,以及向当年银行前辈们的致敬。当然,如能收到一点点"抛砖引玉"的作用,那自然是笔者内心极大的期待了。

在编选过程中,所选文稿除排版关系及原稿质量等原因,删除了极少量图表外,其余皆为全文照录。除将繁体变作简体,异体改为通行,并对部分文稿重新标点,以适合今人阅读习惯外,遇有文字错、讹、衍、漏等情况,酌情判断,或保存原貌,或径直改正。凡同一题目分期连载者,合为一篇;每篇稿末注明原刊卷、期和刊行时间,以便参考。由于年代久远,有些文稿字迹确实难以辨认,尽管进行了多方比对,仍可能留有遗憾之处,敬祈读者批评指正。

在书稿编选过程中,复旦大学中国金融史研究中心主任吴景平教授,上海市档案馆副馆长邢建榕研究员,上海银监局原党委副书记、纪委书记李克渊先生,中国政法大学王强教授,以及上海金融法制研究会、上海市银行同业公会等单位,给予了许多鼓励和具体支持。

在资料查找过程中,国家图书馆、上海图书馆、复旦大学图

书馆等单位,给予了许多协助;

在资料复印、录入、编辑和校对等过程中,我的同事和朋友陈靖、仇戈、苏玉梅、徐进、朱明宝、王好为、梅茗丽等,提供了不同形式的帮助。

在本书出版过程中,上海远东出版社徐忠良社长,以及本书责任编辑陈占宏先生,给予了大力支持和帮助。

上海市档案馆彭晓亮先生,作为本书的特约编辑,无论是相关档案史料的检索、核对,图片资料的筛选,以及文字润色等,都耗费了许多心血。他细致认真、不厌其烦的工作态度,给我留下了极为深刻的印象。

这些年来,对民国时期相关金融史料的整理、出版,以及写作,几乎占据了我全部的业余时间,我的家人始终给予了充分的理解和支持。

在此,笔者一并致以衷心的感谢。

刘平

2017 年 5 月于上海

目录

贝祖诒（1893~1982）

原名骐祥，字淞荪，江苏吴县（今苏州）人，清光绪十九年（1893 年）生。1911 年毕业于苏州东吴大学，后入公立唐山矿山路矿学堂学习。1914 年任中国银行北京总行会计，1915 年调任广州分行代理会计主任，后任总会计师兼营业主任，1917 年任广州分行副经理。孙中山在广州成立军政府后，任分行代理经理。1918 年任香港分行经理。1927 年任中国银行上海分行经理及外汇部主任。1928 年中国银行改组为专营外汇的银行，被推为代表私人股东的董事兼总行营业主任。同年 11 月中央银行成立，任监事。1930 年任中国银行外汇部主任。1931 年为华盛顿国际商会联合会会议代表。1932 年任上海银行公会联合准备会常务委员。1934 年任中国建设银公司执行董事。1935 年参与币制改革。1938 年 4 月任中国银行副总经理。1939 年后任中英外汇平衡基金委员会中国代表。1941 年，任中英美外汇平准基金委员会中国代表和中国银行总经理。1946 年 3 月至 1947 年 4 月，任中央银行总裁。1947 年 8 月任中国银行常务董事。中华人民共和国成立后，寓居国外。曾任美亚保险公司董事长、纽约斯泰保险公司顾问。1959 年任香港上海商业银行副董事长，1960 年任行长。1982 年 12 月 27 日在纽约去世。

宋部长邀约同赴欧美出席世界经济会议时,适总经理有恙,而一方面宋部长力促同行,固辞不获。旋幸总经理病体见愈,因在疗养院中商决而行。

方才总经理说:余此次出国,可使世界人士知中国银行有此足以代表中国之人才,增高本行地位,间接不啻登一广告;同时并希望任何事情,不论其效果如何,均须参加其间,多少可为本行张声势云云。过承奖勉,实不敢当。但愿全行同仁本此精神,共同迈进,以副总经理之期望。至世界上经济方面任何问题,如一一加以研究,无不与银行有关。

此行历时四月,以在美英两国时间居多,其余各国为过路性质。初意仅赴美参加华盛顿会议,原拟不赴伦敦。后因在英召集世界金融经济会议,宋部长力促同行,是以赴英。中国目标重在银子问题,美国亦因世界不景气之主因,归咎于金子减少,不够支配,希望各国中央银行准备中,能容纳一部分银子。盖近年以来,因金贵的缘故,世界物价愈益跌落,贸易上发生种种障碍,益以人民之窖藏,金子更不敷需要,于是一般学者对于金子如此缺乏,银子是否有帮助金子的价值,认为有共同研究之必要。

美总统罗斯福之政策,首在如何自拔于不景气之中,而跻于繁荣之途。故美国于金融风潮之后,即由议会赋予总统以经济上绝大之权力,处理一切。美总统所实行之政策,完全系揣摩美国一般普通人民之心理,而谋经济组织之大改革。同时由各国研究根据国际洛桑会议议案,由国联发起,联合各国举行世界金融经济会议,以期开诚布公,共谋救济办法。当时美国以经济会议不谈战债为参加之条件，国联亦以战债并无普遍之共同性，允不提出讨论，于是决定召集；且为慎重起见，先期举行国际专家会议，从事研究金融经济会议议事日程，并将研究结果，拟具报告，送达各国。

美国考虑之下，对于金融问题，曾经拟了一个提案。其提案内容：(一)主张仍用金为国际货币本位；(二)中央银行之准备金应由百分之四十，改为百分之二十五；(三)中央银行百分之二十五准备金中，得搭用百分之五银子；(四)各国国内货币流通仅能用钞票，不准用硬货；(五)民间不得窖藏金子；(六)金子买卖应经各国中央银行交割。譬如美国人在英国买卖金子，其交割应经过英伦银行与美国的联邦准备银行。如此一国的金子，其来踪去迹，皆易于稽考也。

但如各国中央银行的准备，均搭用百分之五的银子，则尽印度政府之藏银，及世界上积余的银子，尚不敷用，银价便要大涨，于我国经济上，要发生重大影响，不能不有一深切的讨论。即美国国内对此意见，亦不一致。或者谓银价无提高之必要，盖银价一经提高，于中国农产品的出口不利，中国的物价要低落；或者谓价低，中国的购买力便见薄弱，便要影响到世界上的贸易。华盛顿会议席上，他们希望我国代表对以上两说，下一断语。当时告以：(一)安定银价，中国极所希望；(二)如世界物价提高，而银亦在相当范围中同时上涨，不使物价对银价超过比率，亦不反对。此说两无偏倚，美方表示满意。会场中有人询及如果提高银价，拟提高至何种程度。毕德门不加思索即回复：须恢复至美金六角。于是我国谓现世各国既已脱离金本位制，金尚不能有安定状态，美金即不能为此后银价之标准，银价应与其他物价比较，方能真确。毕氏对比亦表赞同。

以上均为在华盛顿所谈之事。旋至伦敦，参加世界经济会议，按大会组织，计分两大组：(一)金融财政；(二)经济。金融组下复分二组：(甲)治标。凡急谋解决者皆入该组，如资金之流通，债务之整理,信用之巩固,汇兑之管理,物价之平准等属之;(乙)治本。如确定国际货币本位,各国中央银行合作,限制现金用途,中央银行之准备金,及我人所注意之白银问题等属之。属于经济组者,如通商办法,关税政策,产销合作,航业津贴等,皆分门别类,列入讨论。

初开会数日间,各国政府首席代表宣读论文,均头头是道,深知症结所在。且有人谓如此会再无结果,则今日世界之政治家可称完全破产,斯时一般表示之密切,及希望成功之热忱,概可想见。大会复组织干部,处理全会事务,加入干部者凡十六国,中国亦在内。由英首相麦克唐纳为主席。金融及经济两组主席,各方竞争颇烈。于是决定每组设正主席一人,副主席二人,报告员一人。金融组正主席为美代表,意、奥两国代表副之,法代表为报告员。经济组正主席为荷代表,德与阿根廷两国代表副之,英代表为报告员。两组人选安排既定,分组各自开会。第一组,英国主张先谈信用政策与物价平准,各方意见庞杂,一无结果,仅组起草委员会,研究草案。第二组由毕德门提出方案,即作为讨论根据,分二专门委员会研究之,一为白银委员会,一为技术委员会。该委员会对用金为本位及减少中央银行准备金为百分之二十五,大体通过。惟对中央银行合作及政策,主张由美联邦准备银行与各国中央银行另行召集会议商定之。

讵各分组正在开始讨论,即闻有英、美、法三大银行总理在伦敦银行开会,讨论安定汇价之举。有谓此三巨头会议,实控制大会全局。但其结果未蒙美总统罗斯福之采纳。盖美总统正实行其所谓通货膨胀政策,物价步涨。但此种涨价,并非货物真有销路,似我上海市面上所谓"客帮发动"者。时法国代表即表示美汇如此步涨,经济问题,已不能继续再谈,形势紧张,几陷僵局。英国复思挽回,商得各国同意,请美代表电美总统于开会时间,将美汇维持安定,无如仍不为美总统所采纳。于是法国首先表示不满,主张大会延会,其他用金国家如荷兰、瑞士、意大利、比利时等,皆一致赞成与法国打成一片,五国便成一用金国。主席麦克唐纳只好召集干部会议,开会时,余与颜公使同往出席,各组主席,曾联合要求干部主席宣言:谓小组会议,能继续者继续,不能继续者停止,大会停开,干部与主席暂留。美代表谓干部十六国,不能负此责任,须由大会决定,并力述金融问题外,尚有其他问题,可资讨论。但用金国无论如何,不愿参加。嗣由干部决定,请由各小组会商,将所有有讨论价值问题,送交干部决定,大会因此仍得存在。自经此决定后,各小组纷纷工作,英代表主张在第一组宣称治标各问题,皆有讨论之价值。惟法代表除债务问题外,余均不愿讨论。结果虽以二十五对十五通过英国主张,而第一组会议仍难进行。于此可见当时人心涣散,会务已入停顿状态,殊令人有虎头蛇尾之感。

至于白银问题。毕德门氏颇希望与加拿大、墨西哥、波尔维亚、秘鲁、西班牙及中国等合作,一致对付印度。毕氏之意,现在世界银价不安定之原因,全由于印度存银过多,及其随时出售政策。假定印度不以存银售出,或限制售数,则世界白银必回复自然供求相应的状态,而趋于安定。当时双方争辩甚烈,各国均以银价提高后,究竟于用银国为利为害,征询中国意见,余等仍根据华盛顿预备会议所表示之意见以为答复。嗣在会外商定,印度年售三千五百万盎司,自明年一月起,以四年为期。中国对此计划亦望成功,因与安定银价有益。美国与印度亦希望中国加入,以便中国处于见证地位,可向世界表示此种合作之信实也。至于我国加入银合同后所负之责任,即四年以内政府不将镕币之银,售出市面。此则欧美各国恐我国在四年以内,改用金本位之故,实则世界金本位既呈动摇现象,我国于四年内,亦未必有此改革也。

最后,述会场中所见趣事一则,以作结论。

干部会议于大会延期问题不能解决时,美代表拟打电回国请示,须后日可望复电,故请干部延会至后日下午三时再开。法国坚持至迟延至后日十时,故意为难。对于数小时间之差别,一时竟大起争论,主席付表决时,对于两种表决,全场均不举手,主席乃宣布现决定后日三时。因大众既不举手,即可以主席之意决定,盖主席照例多一票。于此可见世界伟人开会,有时亦未尝不带孩儿气也。

(《中行生活》十八期,1933 年)

编后絮语

　　这篇文章实际也是一份重要而珍贵的史料,如实记录了当年中国银行家参加世界经济会议的经历与见闻。事实上,不仅是贝祖诒本人,包括陈光甫、张嘉璈、宋子文等一批民国银行家,当年曾经代表中国参与了许多国际政治和经济事务,并且具有相当的影响力。1933 年 3 月 10 日,中国政府开始取消银两作为通货流通,一律以银元作为流通货币。尽管如此,中国币制仍受到国际银价波动极大的影响。当时主导世界金融秩序的势力主要是美、英、法等国,中国的影响力微乎其微;这一点,从贝先生的记述中即可明显感觉得到。两年之后,中国政府实施法币改革,废止银本位制,采行纸币制;某种意义上说,与这次会议埋下的伏笔或许不无关系。

陈光甫(1881~1976)

原名辉祖,后改辉德,江苏镇江人,清光绪七年十月二十六日(1881年12月17日)生。美国圣路易商业学校肄业,1906年后转入宾夕法尼亚大学沃顿财经商业学校就读,毕业后在美国银行实习。1911年任江苏都督府财政司副司长,同年12月任江苏省银行总经理。1913年辞职后一度任中国银行顾问。1915年6月与庄得之创办上海商业储蓄银行,任总经理。1918年任上海银行公会副会长。1920年任银行公会联合会议上海代表。1927年3月任"江苏和上海财政委员会"主任委员,主持发行"江海关二五赋税库券"。1933年10月任全国经济委员会棉业统制委员会主任委员。另曾任淮海实业银行董事,常州商业银行董事,中央银行理事,中国银行常务董事,以及交通银行、上海女子商业储蓄银行、浙江实业银行、江苏银行、上海通和商业储蓄银行董事,中国国货银行常务董事,江苏省农民银行监理委员,徐州国民银行董事长、总经理等职。1936年3月代表国民政府财政部赴美谈判并签订《中美白银协定》。抗战爆发后,一度任国民政府军事委员会下属贸易调整委员会主任委员。1941年4月任中英美平准基金委员会主任委员。1945年10月,以国民政府首席代表身份参加国际通商会议,呼吁对中国投资。在美国时,与李铭及美国人合资成立"中国投资公司",又设立"上海银行纽约通讯处"。后曾任宝丰保险公司董事等职。1949年3月赴曼谷参加联合国远东经济会议,会后定居香港。改上海商业储蓄银行香港分行为上海商业银行,不久在台北成立上海银行总管理处,晚年迁居台北。1976年7月1日去世。

吾国经济改造的根本问题
——1933年8月在中国经济学社演讲

这次经济学社年会的论文题目，是"改造中国经济各问题及其解决方法"。这个题目，范围广博，学殖荒落如我，实在是无可贡献。最近我在长江流域，以及沿陇海、津浦一带，旅行一次，却得到不少的感想，且把我的感想，随便说说。

（1）全国经济的不平均发展

我到内地旅行，已不止一次，但总不如此番所得的印象来得深刻。我们平日常见的沿海通商大埠，有银行，有交易所，有大工厂，有大公司，有信用借贷的组织和产销贩卖的机关，但在地广民众的我国，真不过是"太仓一粟"，对于全国经济生活，可谓全无认识。所以不谈我国经济问题则已，谈到经济，第一当注意全国的不平均发展。

不平均的发展，已把我国划成了两个阶段，在经济过程上，相去至少有数百年。然而通商口岸的繁荣，却完全依赖内地的生产力。自从各国实行经济侵略，内地的经济基础逐渐在那里动摇。他们用科学方法生产，我们仍不免受自然的支配，以致衣食住行，无一不仰给于人。直至前年水灾发生，连号称富庶的中部，也暴露了农村破产的真相。这是我所目击而心伤的一件事。

我们目前无须高谈远大的经济问题，如币制、关税、失业等等，简直可以不必讨论。各国早已解决了他们本身问题，对于最近国际间的困难，无非彼此求得妥协条件，以为重整旗鼓之计，而我国则本身问题尚且没有办法，如何谈得到此？内地老百姓所眠思梦想的，乃在有无饭吃，有无衣穿，现在且问他们有吃有穿吗？

（2）靠天吃饭的梦想

在国外旅行，无论其为英为美，大家常把"How is your business?"一句话互相问答。可是一到我国内地，偏僻些的，如陕西的西安，湖南的衡州、常德，不必说了，即交通便利的地方，如郑州、蚌埠、徐州、芜湖等处，见面便问："今年的年岁好不好?"年岁好，欢天喜地;年岁不好，莫不担忧。此之谓"靠天吃饭"。"靠天吃饭"的思想，最足以阻碍我们的前进。惟其"靠天吃饭"，所以一遇凶年，便归之"劫数难逃"。欧洲中部，在中世纪也闹过灾荒，例如W. Stow 的 Annuls(388—510)中，便有一段关于一三一五年英国的纪载："马肉在当时，是无上的珍品，穷一点的，便吃较肥的狗肉，到了真没有办法的时候，自己的子女，也要吃下去，或者偷人家的子女吃。监牢中的囚犯，把新关进来的，撕成一块一块，馋涎垂地的，抢着活人的肉来吃。"这不是我们西北的写照吗? 然而这样凄惨的记载，在欧洲今日，已成历史上的陈迹，等于神话了。可见人谋足以挽回天意。"靠天吃饭"的梦想，是不能不打破的。

（3）天灾与人祸

我国自古号称为重农国家，然其政策大都消极而不积极，与其说是重农，不如说是备荒。这次我目睹各地凄凉景况，便想搜寻一些关于历来灾荒的统计。在 Alexander Hosie 所著的"Droughts in China"里，我找到两张表：把唐、五代、两宋、元、明、清各朝水灾旱灾的次数，按省统计。姑且举一个例，河北一省，在清代曾闹过四十五次的水灾，和廿六次的旱灾，其余偏僻省份，次数似乎较少一些，乃是由于记载不全，搜寻不到材料的缘故。可见水旱偏灾，是历代不曾解决过的问题。民国以来，因政治上的纠纷，更顾不及此。譬如西北，雨量稀少，十年九旱，旧有沟渠，年久失浚，灾荒频仍，幸而雨水较多，上游又童山濯濯，顺流而下，可成泽国，患旱之区，一变而为患水。西安乃古之帝都，穷奢极侈，现在满目凄凉，天堂竟成地狱。试从潼关至西安，沿途细察，桥梁之下，河身淤塞得像平地一般，此皆人事不尽，岂得一概归之天灾？

我在《申报年鉴》里，又找到一张有趣味的表，统计民国十九年陕西等十六省所遇灾害次数——包括蝗、水、虫、风、雹、霜、兵、匪等等——其总数为一千四百五十九次。试问一年之中，无时无地，不受天灾人祸的痛苦，哪得不野无寸草，民不堪命呢？

说到兵与匪，我更制有两张表：一张是清末以来内战的统计表，其中有一年一次的，也有两年一次的；一张是民国廿余年来四川的内战统计表，从元年省城之变起，到最近二刘之争止，较大的战事前后共二十次，差不多每年必有一次。内战在我国，真算不了一回事！

今年内乱，迫于眉睫，水灾是不说了。退一步说，即如去年江浙丰收，度情衡理，可以欢声载道，却还是谷贱伤农，怨声不绝，正如孟子所说："乐岁终身苦，凶年不免于死亡。"可是我们必须记清，农民占了全国人口百分之八十五以上，假如百分之八十五以上的农民没有办法——没有饭吃，没有衣穿——其余一切，都是枝节之谈了。

（4）水是我国的一个大问题

谈经济是离不了政治的，上面所说的内乱，便是一例，然而政治已谈得厌了，我暂且把它抛开，专说灾荒。

灾荒不外是水的问题。自从大禹治水以来，黄河数百年一大变，数十年一小变，常有溃决之患。《中国建设杂志》里有一个表，把黄河南岸——在河南——每次溃决的平均年数，做成一个统计，大概每十年光景，必有一次，所以治水必先治黄河。黄河往往在仓卒之间，可以溃决他移，北则由东昌、临清夺北运河而入津门，南则泛滥皖东、苏北，挟涡滩而冲江淮，黄河不治，淮运俱受影响。自从咸丰五年，河道北徙，至今不过六七十年，上南河以东，早已淤积不泄，下游因此泛滥。据曹瑞芝君的调查，黄河水面，在河南通常高出十里以外的平地约十余尺，高出堤外附近的平地约两三尺，真危险万分。今年黄河之祸，虽告结束，将来必每况愈下。

其次导淮。淮河流域的农民，最怕是水旱，大家不敢种稻，而改种高粱玉米等作物，减少了每亩的收入，若与长江一带气候、土质相同的田地比较，估计损失约在三万万元以上。据导淮委员会报告，民国十八年，淮河流域各县，因旱灾损失了二万三千余万元。其实如果决心导淮，按工程计划预算表，所费也只有三万万元，以普通年岁算，假定其与长江各县每亩产量相等，不但这笔费用立刻可以抵补过去，而且以后每年可以增多三万三千余万元的粮食。又据导淮委员会的报告，各县填报荒废未垦的田尚有七百五十余万亩，或因地高不便灌溉，或因地低为水淹没，在工程完竣后，都可以变成熟田，所得何止这区区三万三千余万元呢？

至于整理长江，也属急不容缓。长江流域是全国贸易中心点，现在长江积久不治，转运上常生困难。譬如从吴淞到汉口共一千一百三十六里的水道，中间沙洲横梗，河身甚浅，到了冬季，吃水十五英尺轮船，便开不过去。每年阻碍航期，平均约在三四个月左右。溯江而上，至汉口下游一带，夜间必须停轮，也有把货物改装浅水轮的，更加重了运费。又如四川一带，三峡为梗，水流湍急，阻塞行旅，假如我们整理长江而后，能利用三峡水力，则每年水力电气事业的收入，足以清偿全部费用而有余，十年廿年之后，收入遽增，不仅灾害永绝，有裨农业，即工商业必也受惠不浅。

不过欲兴水利，必先谋统制管理，现在的失败，在于事权不一，财力分散，人力不集中，计划根本不能解决，此乃以后谈水利的人所极应该注意的。

(5) 米

我何以要谈治水呢？水不治则农民无田可耕，无饭可吃。民以食为天，我们的主要食品——米——究竟是哪里来的？本来全国除了北方气候较冷之外，无处不宜种稻，尤其是川、鄂、皖、苏、浙、闽、粤、桂、赣诸省，为产米最良的区域，似乎国内可以自给自足了。可是在这六十余年中,每年必有洋米进口,以前尚不过数十万担,或数百万担,近年竟多至二千万担,值银一万二千万两以上,七八倍于民国元年。所谓重农国家,食米尚且仰赖他人,生活基础之不能安定,不问可知。

洋米何以能畅销中国呢?其理由是很简单的。第一,我国的米种最多,据专家报告,至少在一千种以上,湖南、湖北、安徽、江西产籼米,江浙产白粳,籼米白粳之中,又可分出许多种类。至于稻穗的长短粗细,谷粒的大小多寡,成熟的早晚,各处不同,究竟哪一种米谷适宜于那一个区域,却并未精细研究,而一任自然的支配,因此生产力当然不能发达。据浙江农学院报告,西班牙每亩产米二石五斗,日本一石八斗,我国却只有一石五斗。日本米种和我国相仿,后来经过长时期的选种、育种和改良栽培的方法,产量便比我国增多了。

第二,运销方法,又敌不过洋米。譬如芜湖、汉口、长沙、九江、南昌、安庆、南京、镇江、常熟、无锡是米的供给市场,广州、湖州、宁波、天津、青岛、厦门是米的需要市场。在供给与需要市场之间,陆路既没有整个直达的铁路,水路又没有大量运输的轮船,其结果在需要市场上往往急如星火,而在供给市场上却反存货山积,无法输送。本来占据一个市场,必求其能定期供给,兹忽有忽无,忽多忽少,洋米自然有隙可乘了。

第三,品质也不如洋米。米(1)要色白,(2)要粒形整而大,(3)要干燥,(4)要杂质少,(5)要涨性大。现在国产的米,能合于上面五个条件的很少。芜湖米已不销广州,原有地盘,都给洋米侵占了。洋米干燥,可以久藏不坏,杂质既少,光泽也好,出口都经检验,品级有一定的标准,在规定期限中,又能大量供给,芜湖米却适得其反。米号中间人,非但不谋改良,有时竟任意作弊,作伪百出,真有防不胜防之慨。

第四,缺少新式设备——堆栈和碾米机器等。譬如上海,为米的消费和转运之所,但是米质容易变坏,不能久搁,只有随到随卖,所以来源多的时候,市价暴跌,少的时候,市价又暴涨。综计上海每月销米约三十一万石,而各处米栈存量,不过十九万石而已。上海如此,其余各地当然更不如了。其次西贡、缅甸、暹逻等处的米厂,都装有德国机器,出口的米,又用干燥器取出水分,一小时出米,多的至六七千磅。国内碾米厂,哪有这种设备?

现在要解决米的问题,米业中人,须先感觉到本身地位已为外人所夺,长此以往,无地可容,尽量采用新式机器,变换经营方法,或许可以挽回已失的市场。政府更应下一番决心,改善米种,以增加农民的生产力,预定统制计划,重订运输办法,以减轻商民的成本,方能与洋米竞一日之短长。

(6)麦

南人食米,北人食麦。麦的情形和米也差不多。

第一,是产量不足。现在虽没有小麦产量的确实统计,但从大批进口洋麦上看来,可以断定其不足以应付国人的需要。上海面粉厂,终年开工的很少,大抵在五月以前,已缺少原料,如无洋麦进口,大都停工不做。在理想上,上海各面粉厂的生产量,每年应为三千零三十万包,实际上却只出了一千五百余万包,不及百分之五十;而此一千五百余万包中,大部份的原料,用的是洋麦。廿一年进口一千五百万担,值五千二百万两,较元年约增六倍,国内产量,可想而知。

第二,运销不得其法。大都先由农户卖给当地土贩,再由土贩雇船运至市镇,托杂粮行家去兜卖,杂粮行家为之称量估价,卖给各地行家分庄或面粉公司的收麦处,而抽取百分之一的佣金。其缺点有三:(1)全无组织,各自为政,搀水杂泥,时有发生。(2)运费太贵,占了成本中的大部分。(3)从较远的内地运到上海,大概要两三个月,甚至七八个月,沿途亏耗。

第三,品质退化。我国小麦分白皮赤皮两种:白皮粉多而洁,只产于山东一省，赤皮产于豫、鄂、湘、皖、苏、浙诸省，色泽粉质，不如白皮，下等的大都皮色厚滞，身骨污湿，即上等的，其面筋质也在百分之四十五至五十之间，与只含百分之三十至四十的洋麦相比，优劣显然。天然缺点以外，在人工方面，又比不上洋麦。洋麦是用机器收割的，我国则用人工，常有泥重斤轻之病。农民多急于换钱，在未成熟以前，已把麦割了，身软色呆，难于磨粉。至于搀入泥土、蒿壳，更是寻常的事情。大约澳麦白皮粗粒，海斛一石，重二百零六磅，美麦二百零五磅半，而我国麦只有一百六十六磅，比澳麦轻四十磅，比美麦轻卅九磅半。若把这三种小麦放在一起，其污杂的必为中国麦，一望而知。

现在要改良麦质，非从选种入手不可。我国所需要的麦种，大概须有下列的特点：(1)麦秆要短而充实，因为小麦成熟期，适在风雨季，麦秆短实，便不容易吹倒，并且也不妨碍其他农作物——如棉、菽、烟草等——的生长；(2)要早熟，夏作既为稻棉之属，则麦作应在夏季霉雨之前，若逢霉雨，便容易腐坏；(3)要能抵抗莠病，莠病在我国最为流行。种子选定了，再研究其种植方法——如何施肥、如何除害等技术问题。最后实施检验，分别等级，出品才有提高的希望。

增加生产，也有两个方法：(1)抬高麦价，(2)减低成本。抬高麦价，牵连的问题太多，很不容易办到。减低成本，必先解决上面所说的种种困难，尤其是水利问题。现在西北产麦之区，大都改种罂粟了。何以要种罂粟呢？因为罂粟有利可图，而麦则无利可图。在捐税重重之下，不种罂粟，何从生活？

至于改良运销方法，必须有新式的设备，必须有适应各地供需的运销系统，必须有迅速而安全的运输机关。最近我在上海和一个贩卖洋麦的外商谈话，他说从前澳洲小麦市场正与我国现在情形相仿，每到年底，市况清淡，无人过问，农民需款甚急，跌价竞卖，商人便乘机囤积，至来年春季，可得善价而沽。农民因此自己组织运销合作社，建造储麦仓库，雇用经理人，以从事直接交易。现在自澳洲运麦到上海，只须经过一个经纪人，成本轻而推销易。又如从前美洲，运麦也不方便，其后改建储麦仓库，输销便通畅无阻。我以为国内面粉厂应和铁道轮船当局会商一个统制运销的办法，在浦口、汉口、海州、徐州、蚌埠等处，建筑新式仓库，方能减轻运输费用，否则国麦市场，江河日下，势不能不乞怜于洋麦。

（7）棉

农民吃饭的困难，上面已大概说过了，现在且说衣的问题。我国土地肥沃，气候温和，除了高山低泽以外，可以种棉的区域很多，而现在只有黄河长江流域一带种棉，产额并不甚多。据民国廿一年纱厂联合会报告，我国共有纱锭四百九十万零四千枚，消费棉花九百十五万零五千担，其中外棉倒占了三百七十一万担，在进口货中，为第二位。其总额为三百七十万担，值一万二千万两，较元年增十三倍有奇。而国棉性质，愈趋愈下，即输入的美棉种子，也在那里退化。在市场上，一向又不分等级，概以产地名称为标准——如通州花、陕西花、天津花、汉口花等——一地所产，有好有劣，万万不能一律，所谓"同名异货"，厂家是很不愿意买的。至于包装方法，有正方形的，有圆筒形的，重量自六七十斤至四百斤不等——例如陕棉，在产地为白布包，重一百五十斤至一百八十斤，运到汉郑，却又改装了，如此杂乱，并无一定标准，交易很不方便。在运输方面，往返艰难——如陕西、河南一带，全赖人力——各地供需不能相应。并且从农民手中到厂家，其中须经过轧户、乡贩、大小花行、掮客、花号、经济人等等阶级，每经过一个阶级，便花费一次佣金，市价高于外棉。最恶劣的习惯为掺水，混入棉子、籽棉、低级棉、飞花、废花以至于泥沙。土贩、花庄认为当然，雇有做潮专家。掺水最多的，首推鄂西，鄂中次之——鄂西如枝江、公安、监利等地方，水分多至百分之廿，其结果则棉花发生绿色斑点，减退了纤维的光泽和强度。此外如运费昂贵、捐税繁多等等，也不待多说了。

总之，改良棉业，第一步在增加生产——选择棉种，推广棉田。第二步在革除积弊——订定检验标准，实行运销合作。否则外棉日多，充斥市场，国棉必无立足之地。

（8）怎样解决我们的生存问题

以上所述仅及米麦棉的问题，其他较远大的事业——如矿业之煤和铁、化学工业之颜料等等——皆须有专门学问，不能"一蹴而成"。最谬误的心理，莫过于预存奢望，以为旦夕之间，便可跻国家于富强之域。事实上我们只能逐步做去，就固有的事业，切实加以整理，减少一分外货，即增加一分元气，才是根本图存之道。

国内固有事业，除米麦棉外，当增加其生产力以确立生存的基础者尚多。例如外商所设纱厂，恃其资本之雄厚、技术之精良，与我国纱厂竞争，着着进取，影响不浅。又如出口丝茶，受他国之排挤，将绝迹于海外。豆与皮革之输出，亦日见衰落。凡此种种，不胜枚举。现在不谋补救，将来必更不堪闻问。生产问题而外，其辅助机关，如运输之组织、金融之流通，皆有关系。近来国有铁道，因营业关系，亟图整顿，"负责运输"问题，即其一例，如能认真做去，必可一新耳目。惟路局积习过深，百弊丛生，往往视辅助生产之机关，为私人图利之集团。重要问题如运输费用，握商业之枢纽，从未通盘筹算；各路以自相竞争之故，联运上常生困难，最小如装卸问题，亦足以加重商民之负担。此皆不能不望其切实整顿。至于金融界，为复兴经济之主要份子，与生产机关，关系最为密切，年来亦因天灾人祸，处处束缚，不能充分发展其事业。可见事业之兴，不在一二人，不在一二业，必须每个事业，整个的改进，方能为力。"头痛医头，脚痛医脚"，全无用处。

所谓每个事业的整个改进，在米麦棉三业，米当改善米种，增进设备，便利运销，以减低成本为目标；麦亦从种植栽培入手，其次在水陆要埠，建设储麦仓库，以求产品集中；棉于选种之外，急须推广棉田，同时并在四乡广设轧花厂，严定检验章程，励行运销合作，以改除积弊。复兴之权，皆操之本业中人，其问题在于本身之有无觉悟。米麦棉三业中人，如能觉悟，推而至运输机关等，亦能觉悟，通力合作，事业岂有不能复兴之理？

我所说的，全是老生常谈，解决方法，尤属平淡无奇。但年来旅行各处，感觉我国各个问题，决非从事宣传所能解决，更非广贴标语便可如愿以偿。中国仍是中国，所以到此地步，自有其原因，当求之于本身之觉悟。我们既具有极大之宏愿，欲为民众谋一生存之道，应在平淡无奇的办法中，各尽其职，经过若干年努力之后，乃有可以挽救之希望。

有以为这种办法，未免迂阔，若待各业本身觉悟，必非朝夕之功；觉悟起点，在于政府，政府能为农商稍留余地，在消极方面，不发生内战，不增加苛税，在积极方面，于可能范围内，提高主要物品之进口税，投资有安全之保障，营业有可图之利益，登高一呼，人人兴起，何乐而不为？现在应先设委员会使政府与人民，逐渐接近，事半而功倍。此说言之成理，未为不可。政府保护农商，本其天职，不过就过去经验而言，委员会之办事效率，不无可议。大概委员会之弊，在于群言庞杂，有学识经验者，因会中份子复杂，不肯尽所欲言，无学识经验者，或另有目的，假此以遂其私。政府虽抱万事公开之旨，而内部复杂，大率取决于多数，多数所议决的，往往不能彻底，诗经云"筑室道谋，三年不成"是也。

中央政府与地方政府，能有决心，为人民前导，以解决此严重的生存问题，自然易于反掌。然我所侧重的，仍在人民本身之觉悟——彻底的觉悟。关于技术和组织，必须下一番深切的研究功夫，业米的到西贡、香港，业麦的应到美国与加拿大，业棉的应到美国和印度实地调查，否则空言觉悟，仍属无补于事，坐而言，起而行，才是民族复兴的气象。

经济学社是我国解决经济问题的集团，若能努力使大众得到一种新的觉悟，何忧民族之不复兴？

匆匆属稿,疏漏甚多,所望不吝指教,正其纰缪,是幸。

（《海光》五卷九期,1933 年）

编后絮语

　　什么是中国经济改造的根本问题？提出这样的问题,并且做出明确回答,本身就需要相当的魄力和见识。陈光甫先生认为,答案就在于"使大众得到一种新的觉悟"。他结合自己在长江流域及陇海、津浦一带旅行的感想,分析了当时中国经济发展存在的诸多问题,认为应当用系统的观点看待问题,"事业之兴,不在一二人,不在一二业,必须整个事业,整个的改进,方能为力"。以米、麦、棉三业为例,"米当改善米种,增进设备,便利运销,以减低成本为目标;麦亦从种植栽培入手,其次在水陆要埠,建设储麦仓库,以求产品集中;棉于选种之外,急须推广棉田,同时并在四乡广设轧花厂,严定检验章程,励行运销合作,以改除积弊。"而此后尤应注重的,则是包括运输机关在内的"通力合作"。他认为,很多解决问题的办法虽属"老生常谈",看来平淡无奇,但却很实在;重要的是觉悟之后,应当各尽其职,艰苦努力。"坐而言,起而行,才是民族复兴的气象";这句话,至今仍然是适用的。

陈湘涛（1894~1982）

名俊，江苏松江（今属上海）人。1916 年毕业于北京清华学校后，被保送到美国耶鲁大学学习，获文学学士学位，又到宾夕法尼亚大学进修铁路管理，获硕士学位。回国后曾任沪杭铁路杭州段段长等。1931 年 2 月进入上海商业储蓄银行，先后任总经理处秘书，总行专任秘书兼顾问，中国旅行社社长等。

旅行事业对于国民经济之贡献

欧战以后，世界各国，皆注重于复兴事业，纷纷讲求增加出口贸易方法，借以减少贸易之入超，而谋国民经济之繁荣。世人常谓贸易随国旗而往，又称贸易随借款而生，今或更可谓贸易随游客而至。盖近年以来，世界重商国家，已深知无形输出 Invisible Exports——指外国游客所购之货物及一切费用——之重要，因此旅行事业，遂视为一大事业，公认在国民经济上为一种重要项目。况际此各国金聚不散，货剩不销，国民经济，同感凋敝，朝野上下，益锐意于发展此种事业，藉以移富济贫，借他人之余财，纾民生之穷困。故对于旅行事业，多方奖励，特设旅行机关，用各种宣传方法，招致外国游侣，旅行本国领土，岁可得数千万之收入，借以补救贸易入超之漏卮。

目下先进国家，对于旅行机关，不论其由国家办理，或由私人经营，莫不认为在国民经济上，负有重大使命。试就瑞士国而论，彼邦旅行事业之收入，竟占国库收入第一位，其他贸易收入，犹多逊色。其收入方法，例如甲国向乙国施行宣传政策，乙国人民若对甲国发生旅行兴趣，乙国人民即往甲国，游历名胜古迹，乘坐车船，住宿旅馆，以及购买土产，则甲国铁路、轮船、旅馆、商店、剧场等，均得沾其利益，直接吸引游客巨额之金钱，且间接亦能将甲国物产美术，文化风俗民情，供给外人研究。即以日本而论，按照一九二八年之统计，其国外宣传费全年虽达一百二十万元之巨，其因宣传而招致之外国游客，则平均一年以二万九千八百人计算，反可得游览费五千二百万元。简言之，因旅行机关之招致外宾，而国家可年得四千九百八十万之收入，超过其宣传费，数十倍以上，其有裨益于国民经济,固不待言矣。

且旅行事业,不仅能使国民经济之繁荣,且大有助于增进国际间谅解与好感,对于外交方面,亦有莫大之影响。试观一九二九年,在日本举行之万国工业会,及太平洋国交讨论会等,日本事前,有国际观光局(Japan Tourist Bureau),为欧美代表预备一切,如车船旅馆,各地观光向导,举国上下,对于外宾之招待,无微不至。及大会告终,外宾对于日本均有良好之印象,因此日本国际之地位,在无形中,增高不少。且国民情感,既已融洽,更足以促进国际间之互相亲善也。考各国所设旅行机关,率皆受政府之奖励,及铁路轮船公司之补助。今将各国旅行机关状况,撮述于次,以供借鉴:

法国:一为观光局,由政府及交通部出资经营;一为旅行联盟会,由各地方机关组织而成,专门研究关于旅行事业,经费由会员负担。一九二九年,仅美国一国游客所携往之金钱,已达一万三千七百万之巨。故法人极重视旅行事业,不惜岁列一百二十万美金,专作国外宣传经费。近又在政府之内,设立专司,以资提倡,而谋旅行事业之进展焉。

英国:英国之发展旅行事业,多听私人自图。一名英国协会,由商务部、铁路、轮船、剧场、旅馆、百货商店等机关出资经营,注重向海外宣传。一名通济隆公司(Thos. Cook & Son, Ltd.),系私人所设,资本一百六十万镑,在世界各处均设有公司及代理店,提倡旅行事业;其他代售车船客票,发行旅行支票,旅行杂志,及印刷品。并与万国寝台公司及中国旅行社等机关,订有互相代理合作契约。一九二九年,美国游客消耗于英伦三岛之金钱,不下四千万金元。

美国:美国一为运通银行(American Express Co.),亦系私设公司,其组织及事业,与英商通济隆公司大致相同。一为国立公园,由铁路方面出资经营,凡在都市商务会内,均设有向导局(Information Bureau),专谋外国游客之便利。

瑞士：瑞士有国立观光局，由政府及各都市出资经营。对外宾诱致一层，非常努力。设有旅行向导局，由国库及铁路旅馆协会商会等公私机关供给经费，办理旅行事业。凡游客之赴瑞者，莫不特予便利，如护照毋庸加签，铁路可予特价，及其他种种优待办法等，不胜枚举。

德国：德国之旅行机关，由政府及银行铁路轮船公司出资，经营发售车船各票，转运行李，兑换外币等业务。并向国外分送印刷品，每年约二百五十万册，专事宣传旅行事业。又凡赴德游历者，免纳护照签字费，免征登陆税，及其他特税。故每年往德国旅客总数，竟超过一百三十万之巨。

意国：意大利政府深知提倡游历，奖励游客入境之利益，特置国立观光局，与国有铁路相辅并进。在美国与欧洲各大城市，咸有与当地接触之机关，办理问讯与售票事务，指导旅馆业，而谋其发展。协助整理风景名区，发行游历宣传品，并举行摄影竞赛会，及风景与游历成绩展览会，藉以介绍民情风俗。此外复发起公众演讲，开办游客图书馆，举行美术文化运动，增进旅行之便利，凡所以鼓励游客者，无微不至。计一九二九年，意国吸收美国游客之金钱，不下三千万美金云。

其他如苏俄，瑞典，加拿大，土耳其，波兰，墨西哥，希腊，荷兰，丹麦，爪哇，纽丝兰，亚尔然丁诸国，均有此种旅行机关。其提倡旅行事业之宗旨相同，惟规模则有大小之别而已。

反观吾国，对于此项国外游旅，则绝少招致之方法。据一九三一年之确实调查，美国旅客消费于各国之总数量，为 502,757,000 元，而中国仅得 6,000,000 元，在各国中为数最少。其不注意于国外宣传工作，此可为证。否则以我国河山之秀美，出产之丰饶，工商业之逐步进展，凡可以吸收国外游旅者，绝不止此数。至于国内交通事业，设备未周，行旅随在感受困苦，固亦未始非减少游旅之一因也。

上海商业储蓄银行有鉴于斯,爰自民国十二年秋间,应社会之需要,创设旅行机关,初名上海银行旅行部。至民国十七年间,始改称中国旅行社。先设总社于上海,嗣后遍设分支社及办事处于国内各大商埠及避暑地点,总数已逾三十余处。专以服务社会之精神,力谋旅客之便利及舒适,经售国内外车船航空客票,预定舱位卧铺,代定旅馆,运送行李,发售国内旅行支票,刊行旅行杂志及指南书籍,代办进出口报关及行李堆栈事务,代领出洋护照,承办团体旅行,代雇旅行向导,计划旅程,计算旅费。并在辽宁,墟沟,徐州,郑州,潼关等各分社,添设客房,藉供旅客往来住宿之用。又复在青岛设立招待所,今夏开办以来,因租价低廉,设备完善,大有宾至如归之慨。其次如首都,及浙省之奉化、金华、雁荡、天目、天台,安徽之黄山,均可兴建。余如老窑、灵潼、华山、华清池、西安、潍县、济南、南昌、杭州等处,正在规划。大抵视地方之需要,定施工缓急。近更与北平市政府合作,仿照欧美办法,制备游览汽车,举办计划包费旅行(Inclusive Tour),指导旅行(Independent Tour),及游览团体(Tourst Party)等事务,招致外国旅客来华,游览北平,以期发扬吾国之艺术文化,民情风俗,俾其多获兴趣,并沟通国际间情感也。例如此次美国举行芝加哥博览会,中国旅行社亦乘机特编新旧两都、苏杭、泰山曲阜、华南、中国交通情形等各种英文指南小册,分寄欧美各机关及各团体,作为来华游览之向导。并征集吾国名胜摄影,运美陈列,从事宣传,招致外国旅客来华游览,其用意至为重大。简言之,凡能为旅客谋便利者,靡不悉心研究,竭全力以赴之。幸承中外人士之赞助,故其业务日形发达。

惟中国旅行社,在吾国虽足称为唯一之旅行机关,著有相当成绩,但较诸欧美各国之旅行机关,其范围不逮远甚。是在吾国上下通力合作,在国内则努力设备与建筑,在国外则广为宣传,俾游屐频来,藉以发扬国光,增加收入,或亦可与他国争一日之短长也。

(《海光》六卷十期,1934 年)

编后絮语

上海商业储蓄银行于 1923 年创设的上海银行旅行部（1928 年改称中国旅行社），分支机构遍布各地，除经售国内外车船航空客票，预订舱位卧铺，代定旅馆，运送行李等外，还发售国内旅行支票，刊行旅行杂志及指南书籍，代办进出口报关及行李堆栈事务等，经营范围相当广泛，并不亚于今日任何一家大旅行社。这一创举确实对于国民经济作出了重要贡献，同时也推动了上海商业储蓄银行自身业务的发展。商业银行应当履行社会责任，为社会多作贡献，但并非就一定与自身经营发展相矛盾、相背离。中国旅行社的成功经营，就是一个很有说服力的例子。

陈行（1890~1953）

又名健庵、春标，浙江诸暨人，清光绪十六年（1890 年）生。曾留学日本，后入上海圣约翰大学学习化学，1917 年毕业后考取官费留学生，入美国俄亥俄州立大学学经济兼化学，1921 年硕士毕业。回国后，历任汉口中华懋业银行经理，武昌造币厂厂长，财政部金融监理局局长、钱币司司长，中央银行行长、常务理事兼副总裁，另曾任中国国货银行、交通银行常务董事。1941 年 4 月任外汇管理委员会委员、上海造币厂厂长、财政部特派员。中华人民共和国成立前夕去台湾，1953 年去世。

非常时期之经济问题

欧战终,凡尔赛和约成,强者争霸,弱者饮恨,复种今日国际间不平之争端。祸因既存,杀机潜伏,其势岌岌,不可终日。况自满洲事变发生,意阿战争继起,喋血经年,山河易色,国际盟约,等废纸耳,国联威信,扫地尽矣。于是世界各国,咸惴惴焉不自安,日汲汲然整军经武,以待战神之降临,事机急迫,大有一触即发之势,遂酿成此险恶万状之非常时期。

非常时期,以广义言,凡在战争未发生前,从事准备御侮工作之时期,皆应谓之非常时期也;盖战争未发生前,各种准备问题,尚有从容讨论之余地。战争既爆发后,则一切布置,随战局为转移,成败利钝,在所不计,无论准备力量如何,惟有背城借一而已。

我国当局论今日时势,曾谓和平非至绝望时期,决不放弃和平,牺牲非至紧要关头,亦不轻言牺牲;此盖鉴于我国准备力量,尚未能与他先进国并驾齐驱,若以国家为孤注,作冒险之牺牲,此一时血气之勇,非真爱国者所肯出此。兵法云,知彼知己,百战百胜。勾践卧薪尝胆,十年生聚,十年教训,而后灭吴。吾人应认明此非常时期,即是整军经武、发愤图强之准备工作时期,今日多一份准备,他日即多一份对外力量,庶不致临事旁皇,束手无策,坐受宰割,纵有壮烈之牺牲,而终无补于国是。且强国之对付弱国,其上策在先声夺人,不战而屈敌;或从外交途径,以条约相要求,或用经济方策,以提携为侵略,据盘马弯弓之势,以逞其利诱威胁之谋;欲兵不血刃,而达兼并之目的,其手腕之恶辣,尤甚于兵战。吾人若以为战事发生,方谓之为非常时期,而因循坐误,玩愒时日,他日敌国控制之局既成,吾人即无自谋准备之余地。况乎国际外交,变幻不测,勾心斗角,尔诈我虞;最近英美俄日对于远东方面之外交策略,类皆深谋远虑,颇有一种相利用、相牵制趋势;侵略者或有所顾忌,而未敢遽为戎首。此正我国准备时期,稍纵即逝。若内力既充,足以一战,敌国野心,或可稍戢。故愚以为,准备工作之非常时期,在我国今日,关系甚大,此本篇立论之大旨也。

非常时期之最重要问题,莫如经济。经济之道,经纬万端,撮其要不外人力、财力、物力三大因素。论者每以经济乃概指财力、物力而言,讨论中心,宜着重此两点。然凡百事业,非人莫举,经济学中之生产要素,曰劳力,曰资本,曰材料(包括土地等),资本为财力,材料为物力,劳力即人力也。非常时期经济问题中之人力,较之平时生产要素中之劳力,关系尤巨;盖其目的不独为生产,且为保护生产,其技能不限于分工,而期于普及,其训练与组织,乃一国生存命脉所寄托,不仅系乎一时工商企业之盛衰而已。

是以非常时期,应包括准备时期言;非常时期之经济问题,即为人力财力物力三者之准备问题。爰本此旨,加以研讨。

一、人力

就经济学理言,一国之富力,全视一国国民生产能力之强弱为何如。国民民智高,训练有素,则生产能力强,而经济发达,非然者反是。我国教育未普及,科学尚落后,民智未开,生产力薄弱,人口虽众,而人力则不充足也。夫生聚与教训,二者息息相关,缺一不可,非常时期之准备,不得不先训练民众以充实人力。

普及军事教育。军训制已施行,兵役法已公布,此后训练普及,可达全国皆兵之目的,兹不赘论。

灌输现代知识。近时我国经济学者,论非常时期之财政问题,谓以安定人心为第一义。人心安定,则恐慌不起,恐慌不起,则社会不乱,此论实切中我国现时社会之病。盖我国多数民众,尚缺乏现代知识,一闻战事发生,人心先为之骚动;奸黠者狡焉思逞,谨愿者旁皇失措,秩序紊乱,将不战而溃。故在准备时期,应先灌输民众以现代知识,使之临事不乱,能保持生产现状,巩固后方之秩序,乃可以坚前敌将士敌忾之心。愚曩者曾论推行识字运动,不若推行常识运动,灌输民众现代知识,口讲指授,较识字之功用大而收效速,意即此也。

养成技术人才。近代武器,日趋精良,军队多机械化,战士应具有专门技术,犹之工业机械化后,劳力亦须有专门技能也。最近报载,日本为充实国防力量之故,决扩充航空教育预算费四十万元,俾为扩充及增设各大学各专门学校航空学科之用;募集优秀青年,实施严格训练,以作战学术为中心,为养成航空人才之准备。彼强国之努力准备如此,我国人能不猛省?

二、财力

我国国民收入,远逊他国,故担负赋税能力,亦较薄弱;而我国税制,及工商企业状况,尚多墨守旧制,未能适应现时代之需要。际此非常时期,不得不改进革新,庶可集中资金,从事国防准备;兹分财政、贸易、金融三点论之。

财政

在准备战争时期,政府求增加收入,以裕军需起见,不得不从公债、赋税二者着手。至纸币政策,在战事延长、事机急迫时,万不得已行之;经济学者,莫不以为多发纸币以应付战事,为害不可胜言,其结果为物价飞涨,币制紊乱,战后原气,不易恢复,德欧战后所受痛苦,可为前鉴,我国对于非常时期之战费,自应力避纸币政策为上策;况当准备时期,重在储积资财,充实物力,更谈不到纸币政策也。利用外债,以济急需,若条件妥善,未尝不可;然自欧洲战债不履行,国际信用扫地,各国极不愿对外投资,事实上难成功,且求人莫若求己也。

今先论公债:公债政策之利益,为(一)集款速,(二)数额巨,

（三）偿还期远，增税之直接痛苦可减。但其缺点，仍不免有膨胀信用之弊，故公债之发行，应有限度。

次言赋税：赋税之政策利益，为（一）膨胀性质较少，（二）社会负担较均；且发行公债时，终不免举办新税，为偿付本息之基金。惟其缺点，则举办新税，收效较缓，不能适应非常时之急需；负担加于现在，为国民所得限制，而收入难丰；至税制之良好，与征收人员之廉洁，又皆极应注意之点也。

从我国赋税现状，作实际观察，凡国民所得较大、税收较丰之区域，多属沿江沿海之都市；而中央赋税大宗，则为关、盐、统三种。如果一旦战事发生，海口有封锁之虞，沿江海都市将受威胁，进出口贸易将停滞，沿海盐产区亦难保常状，则关盐税收，皆将减少；统税受战事影响，即在非战事区域，消费必减；是关、盐、统三税，皆将成问题矣。

虽然，近代各国对于非常时期之准备，财力与物力并重，是以国家经济政策，首在自给自足。我国货币财力，远逊他国，而地产物力，蕴藏甚富；若征集财力，与开发物力，相辅而行，可以物力济现时财力之穷，而杜最后信用膨胀之弊。第在此发动起点，为集中财力开发物力计，不得不采行有限度之膨胀政策耳。

是故欲求税收之加增，利建设之进行，公债与赋税政策，皆宜并行而不悖。公债之发行，宜专指充国防经济建设之用，如开发煤油矿，举办重工业，经营荒地，改良土壤种种，期于规定期内，国防之军用品，人民之需要品，皆能达自给自足之目的。同时举办新税，如累进所得税，遗产税，土地增价税，过分盈利税等，以之指充国防建设公债之基金。公债既有基金保障，且又指定为建设用途，可以转移社会心理，视为一种投资性质，而减少膨胀信用之疑虑。故此种财力之来源，虽属于膨胀，而其归宿，实为生产建设也。且为非常时期准备工作之用，凡在国民，皆有赞助义务，不应多所顾虑，因噎而废食也。

至若强制派捐,及征发私有贵重物品以充军用,乃战事进行时应急之策,在准备期间,似不宜过涉苛细,转足引起社会人心之不安也。

贸易

近代国家,咸储积资金以备非常,不遗余力。卡塞尔氏(Gustav Cassel)曾谓各国之争金战,并非为币制准备及国际贸易之用,实以备非常时军费之需,诚为确论。我国货币准备存银,经统计有二十万万元之约数;然国外贸易,年年入超,漏卮不塞,江海可枯。处此经济困难之时,纵不能求出超以增积资财,亦不能不求平衡以减少损失。自新币制实行后,准备大量集中,如贸易能平衡,则此项准备,乃非常时之一大宗财力也。

我国国势积弱,外交困难,他国之管理外汇,限制贸易,及关税壁垒政策,在我每感窒碍难行之苦,然终不可畏难苟安,而不思补救;窃以为统制贸易,宜就可能范围内筹划行之。近人拟议集中外汇买卖于国家银行,商人购外汇,应提供入口单据,如是于国际贸易,并无阻碍,而投机行为,庶可得以取缔。至限制贸易,则采取协定制,对于各国人口商品数量,不望其低减,但求其能以出口物品相抵,即或不足相抵,而入口者应加选择,为必需品而非奢侈品或倾销品;如苏俄之第一五年计划,其入口者大宗为生产机械,前例可师也。外交方面,若犹有困难,则统制国内各业公会,以补其力之所不及。盖国际商品进口后,必经过国内贸易,而后达到消费者,故直接统制国内贸易,足以间接统制国际贸易也。

我国各业公会,对于其同业中之生产运销情形,颇甚明晰,其所统计大抵可靠,实具有一部分相当统制力。惟其缺点,在对外公益观念薄弱,而对业内之利益思想较坚强。且一同业中,亦未能完全一致加入公会,公会亦无此强制力。换言之,即国家之于公会,公会之于会员,皆缺乏强调之统制力。试从意大利统制办法观之,足资吾人之借镜也。

意大利之协社工团协团制度,用意在使政府对各工商企业,切实统制;消除劳资两方之斗争,奉行政府规定之法令。意政府对于集团组织,有监督和干涉权。凡相关之同种工业,必须强制加入协社之组织。凡法律上承认之工团,于其地区内相关种类之劳动者或资本家,无论曾经登记与否,此工团可代表全体,并可征课全体份金;而关于工团一切活动和人员选派,只有实际加入工团者,享参与之权利;故其结果相关种类之劳动者或资本家,非全体加入不可。同职业之工团,可组织地区内之工团协社。各协社联合,可组织联合会。联合会结合,可组织合众会。意大利最近已成立十三个合众会,此种协团之主席,须经协团部部长指令之任免;而合众会对于所属之联合会协社,甚至对于会员,皆具有约束和惩罚之权(节录黄子度氏译《统制经济》)。

我国各业公会,虽有组织,实无统属重心。若政府能以法令严密监督之,干涉之,使政府能统制公会,公会能统制全体会员,公会领袖,须切实奉行政府规定政策,公会会员,须强制加入公会,遵守政府与公会决定之一贯方针。如是方可如臂之使指,运用自如,然后调节产销,规划企业,方可步趋一致,收上下一贯之效。

交通事业,亦应加以统制。我国铁路及大航业公司,多属国营性质,故统制之甚易。在平时藉运输之统制,可以调节产销,取缔私漏,足为统制国内贸易之一助。在战时对于物力之征发与分配,更有统制之必要也。

最近各业公会,曾各组防止走私协会,以抵制私货之倾销;政府亦从运输方面,协助稽缉,颇著成效;统制功用,于此可见。

贸易能统制,而后出入口可期平衡,资金可储积,以备非常之需也。

金融

金融机关,乃全国资金之集中处,且具有支配之权,非统制之,不足以资运用而杜流弊。我国中、中、交三行之政策,已趋统一,惟各私立银行之业务方针,似尚未能完全一致。在平时私立银行之营业,多注重私人赢益,而忽视国家义务与社会公益;其资金与存款,或用于非急需与不慎重之业务,如经营地产与外汇投机是。一旦非常事变发生,尤有资金逃避之虑。故至少限度,对于私立银行之贷放业务,非严加监督不可;庶几社会余资,可留为经营国防大计事业之用,先其所急,而后其所缓,不独为健全各私立银行之组织,与保障人民之利益起见,政府乃应负有统制金融之责任也。

三、物力

非常时期之物力,当以粮食煤油武器及一切军需品为最重要。德国在欧战时,终不能久持者,以缺乏粮食故;阿国于意阿战中,卒致一败涂地者,以缺乏新式武器故。近世各国之经济政策,首注重自给自足者以此。我国物产,蕴藏甚富,惜乎货弃于地,未能利用开发耳。按我全国食粮现状,据海关最近报告,民国二十四年米入口总值九千三百万元,小麦入口总值三千六百万元,两共合计一万二千九百万元,足见平时粮食,尚不敷自给。然据童润之氏估计,米麦虽年有入超,但入口数量和总消费量比较,尚属低微。假定食米人数,占全国人口之半,每年之总消费量约五万万担,每天消费量约一百三十余万担,然则每年两千万担之入口洋米,只供全国食米人口两星期之食粮耳。至小麦入超之比例,亦不过约占总消费额百分之三。故我国食粮虽不能完全自给,而离自给程度不远,只要生产稍增,此题尚易解决。惟在战时,防海口封锁,或生产减少,则其恐慌非平时可比,即不得不事先准备,增加产量,与从事储积,以备不虞。据童氏所论,增加食粮生产方法,如采用优良稻麦品种,可冀于五年内增加生产量百分之十;此计划若行之而有效,平时食粮,可不虞匮乏矣。耕地面积,据刘大钧氏估计,我国未耕荒山荒地,占全国总面积百分之八十五,若从事垦荒工作,增加生产,救济失业,可一举而两得也(节录童润之氏《论非常时期的食粮自给问题》，见《申报》本年九月六日教育播音专刊）。余若强制节约，平准价格，当视事势之需要，临时计议行之。

我国石油类，机械武器，及军用品，大都仰给于舶来，国产煤亦不足自给，不独平时漏卮已巨，而战时之接济堪虞。亟应未雨绸缪，事先准备，举办重工业，开发矿产，以求达军需用品自给自足之目的。纵未能如他人之坚利精良，然亦足与敌人一战，不致徒手抗敌也。

苏俄于欧战战败后，继以荒歉，民生困穷极矣。然其第一五年计划，乃积极举办重工业，厉行节约政策，输出农产品，以换取生产机械；不惜重金，聘请他国技师，以训练专门技术人才；曾几何时，而计划完成，飞机火器，皆自制自给，军事准备，突飞猛进，举世为之侧目。其勇往励进、淬厉奋发之气，诚足令人肃然起敬，而感喟于无穷也。

总之非常时期之经济问题，应人力、财力、物力三者并重，训练民众，培养人才，以充实人才；采行可能范围内之膨胀财政政策，与统制贸易及金融，以储积财力；开发生产，举办重工业，以增加物力；凡事非人力莫举，而物力足以济财力之穷。论者每虑膨胀政策，将影响物价，贻害民生，辄为之谈虎色变；殊不知有限度之膨胀，有时弊少而利多，而在非常时期国防大计之准备，更重于其他一切，两害相权取其轻，即不得因噎而废食也。论者又以为统制政策，我国商人，向所未习，易引起社会人士之反对；然本国家经济主义之立场，国民应重公益，捐私见，牺牲个人，而听命于国家。近者皖赣省府，为增进国外贸易起见，统制红茶运销，茶商终受制裁，况非常时期之国防大计，关系一国之兴废存亡，非一企业之盛衰，所可同日而语。人民隶属于国家，各有应尽之天职，稍明大义者，当赞助之不暇，更何有反对之余地乎。

论者又以举办重工业，非有大量资金不可，中国经济落后，力或未逮。不知吾国之大规模企业，未尝无兴办者，昔日地产业最盛之时，投资金额，何啻数万万，不过计划未定，缓急未办，所兴办者，未必能适应时势之需要耳。意大利一九三三年一月规定之法律，凡新企业之创设，与旧企业之扩大，必先经政府之批准；而政府之批准与否，则依据于专门委员会研究之意见。如是可举全国企业之设施，概在政府规划控制之中。我国若采行此种政策，同时能将金融方面之贷放业务，加以统制，则全国之企业计划，可以步趋一致；而社会游资，除投资于有计划之需要工业外，并无其他出路。资金易集中，新企业可适应需要；且此后各业之产销量，因受统制而得调节，亦裕民生、培税源之一道，所谓一举而两利者也。

苏俄各企业，多属国营性质。我国之重工业，及军需工业，尚未萌芽，私人经营者绝少；若由政府举办，其手续较统制私有企业为易；而战时对于此种物力之征发，更易收指挥统一之效也。

语云，千里之行，始于跬步，吾人幸勿以我国事事皆落后不如人而自馁。观夫俄德于欧战后，元气大伤，经济紊乱，其困苦情形，尤甚于我国今日。然而国策既定，奋起直追，数年来苦心孤诣，卒达今日之复兴目的，此种坚毅卓越精神，诚足为吾人取法。夫需者事之贼，及今而图，犹或济也；若复兴难苟安，玩愒时日，因循坐误，自贻伊戚，此则事之最可痛者矣。

（《经济学季刊》七卷三期，1936 年）

编后絮语

　　站在不同的高度，看到的内容就会有很大的区别。陈行先生的不少观点就显然与众不同。如对"非常时期"的理解，他就认为不仅仅是指战争期间，还应当包括战争未发生前，"从事准备御侮之时期"，而且这一时期特别重要。他认为，非常时期的准备，不仅仅有财力和物力，还应当包括人力，应当训练民众，以充实人力。又如，对于各业的同业公会,他认为"虽有组织,实无统属重心","若政府能以法令严密监督之,干涉之",才能在非常时期发挥更大的作用。再如,他认为私立银行"多注重私人赢益,而忽视国家义务与社会公益",因此对于私立银行之贷放业务,非严加监督不可。

戴蔼庐（1892~?）

名克谐，字蔼庐，以字行。浙江杭县人。曾留学日本东京庆应大学，修理财学，获学士学位。回国后任上海中华书局编辑、北京《银行月刊》总编辑、上海《银行周报》总编辑。后任北京中国大学、朝阳大学、上海光华商学院、中国公学、国立中央大学商学院、上海法政学院、国立暨南大学等校教授，中国银行大阪分行经理等。

金融机关之当面问题

今者战云弥漫于长江大河南北，几无一片安乐土，人民流离奔徙，岌岌不可终日，何安居乐业之可言？学者辍读，工人失业，商贾避途，农民离野，泰半为半兵半匪者所盘踞，当军兴之际，是非黑白，一时难辨，吾侪小民，仅得苟延残喘而已。惟吾人以为际兹乱世，固无可言，而士农工商，若俯首待命以终，何如奋起！盖辍学者应为读书运动，失业者应为就职运动，避途者应为恢复运动，离野者应为耕作运动。若非自为之所，则人民更无噍类矣。物极必反，国民运动之兴起，殆为最近将来之事实，与其临渴掘井，何如未雨绸缪，故金融机关之银钱各业，平时固不失为商业之枢纽，而于乱世，则其能动业务，失其自由，况将来大乱敉平，币制财政，必渐就整理，金融业断无无立足地之忧。惟今日斯业，尚在幼稚时代，正图发展，前者所受摧残，实已创巨痛深，国家银行，固不待论，而商业银行亦受影响，此社会所共晓，毋庸深讳者也。况金融事业，为流通货币之中心，如水管，如血脉，即今之苏俄新经济政策，亦未尝废弃货币，停止金融也。近闻国民政府有整理币制、取缔外国货币之计划，是固有裨于金融者也。故今后金融业所当留意者，厥为力图信用之巩固，业务之发展，而更注重于社会公众之利益，则未有不为世人所谅解者也。兹从金融原理，讨论若干目前金融业之当面问题，与读者共商榷之。

一、金融机关之社会化

金融机关之起源，不外乎兑换货币，故李嘉图有"银行者货币商人也"之说。迨威匿斯之商业银行及阿姆斯忒尔敦银行兴，为近世银行之鼻祖,收受存款,并为顾客转帐,而为信用之交换;厥后银行营业发达,亦不过如李富孟所谓"银行之职责,分授信与受信两种,即存款与贴现放款是也"。然而此种陈说,虽无瑕疵,而考其实际,则今日金融机关之职责已不如上述之简单矣。在昔报纸所贵者,厥为消息之传播,即所侧重者,在于新闻(News);而今则异其趋,以文化(Civilization)为前提,故报纸不仅传达新闻而已,必更充实其内容,于文化方面,竭力灌输,故可称报纸之进步也。今银行业亦何独不然,已非昔日权量子母之机关;此无他,与社会关系益密,而不能不渐趋于社会化也。所谓社会化者,即银行在今日,并非纯粹的营利机关,而含有服务于社会之意义也。故今之论银行者,以为银行者,Established institution of Credit in a Society 者也;其义乃视银行为社会信用之枢纽,是以银行应为社会之一员而尽其职责焉。

银行既为社会之信用机关,则遇与顾客为交易之时,双方必同时具有善意的信任与能力之倚赖,方不致有所猜忌。而相互信用出发于心理,俨然成一人类与人类之关系也,此即银行人格说之由来,使之为社会化而非为机械化者也。英国之银行所以受社会之信任、亲爱、尊敬者,无他,银行及银行家之人格高尚有以致之也。英国有所谓家庭银行家(Family Bankers)者,与该银行有往来之顾客,家庭之事,无不仰其指导,如投资之方法、证券之买卖、进款之处理、事业之扩充、经营之成败等一切商业事件,几无不求教于银行。不宁惟是,如保险问题、住宅兴筑、借款契约、财产管理及变更、处分等关于财政问题,甚至于子弟之教育、就职、转职、退职,或结婚离婚等关于人的问题,亦信赖之而与银行磋商,此非英国银行业务之繁,乃银行以其人格与社会相周旋,始得为社会所推崇也。

顾美国虽有异于英,而其银行与信托公司,尝努力于服务社会,即今日盛称以 Service 为本位之制度也。但美国之所谓服务社会制度,略异于英,大都为自动的发展。如波斯顿国立银行,于普通遗嘱免费保管法律、经济、社会以及一切人事之磋商外，更特设社会服务部，创始于一九二三年终，已极受社会人士所欢迎。该部内容分设商情股、翻译股、图书股、旅行股、宣传股等，一以便利顾客为目的，除翻译事务征收极微手续费外，余则大都免费。盖美国银行家以"最善之服务乃最良之宣传"一语为信条，是可知美国今日金融业之趋势，已渐脱去昔日唯一营利目的而有社会服务之精神矣。

日本之金融业者，以受政府法令之束缚过严，尚无自动的发展可以表见。彼邦金融政策，一以银行之合并为归，近虽有修正银行法案提出国会，而所注重者，则仍以取缔小银行为能事，惟对于重要职员之兼职，及银行之兼业问题，略有规定。所以然者，一般经济专家盛倡银行人格论，即鼓吹银行之社会化，禁止兼职兼业，盖使银行不致为纯粹的机械化，而维持其重要职员之人格，与社会增多接触机会耳。惟其银行对于社会服务之设施，尚不多见耳。

我国之金融机关，在昔每以对人信用为要件，故嬗递至今，亦仍留其痕迹，惟其营业方针，一以营利为指归，鲜知银行等金融机关一方固在谋利，而他方更有服务社会之意义存在也。例如同一放款，或则惟图利益，或则救济社会，后者即具服务社会之精神者也。即以银行之种类而言，商业银行之往来，则近于营利，而储蓄银行之存款，则近于服务，如子女教育费之储蓄等，皆极明显者也。凡有社会服务之意义者，对于存户宜有安全保管之责，如设董事负无限责任之制，可以表现其服务社会之精神，此仅就一例而言而已。我国金融业中，银行方面，虽尚未能及欧美、日本之发达，而渐向最新途径之设施，已有见端，如旅行部、保管库、教育储金、养老储金、代收学费等等，皆为银行社会化之明证；惟以规模尚狭，未能如波斯顿银行之完备，是殆时间问题，今之明达银行家当匙余言也。至于近年以来，金融团体之参加拥护国权运动，及建议财政币制等之改革，甚至于为维持治安而借款，则虽为爱国家爱地方而发,而有时为环境所迫,未必有社会化之精神也。故吾人以为我国金融业者,殊有自由发展之可能,未尝受法令严厉之束缚,其认社会化为当然之趋势者,盍努力以行,一新金融业之耳目焉。

二、利息之低减

我国今日之各种利息,不论其为资本利息(Capital Interest)或借款利息(Loan Interest),无不较世界各国为高,产业之不振,亦未始非原因于此也。利息发生之原理,最简明者,资本为勤劳与储蓄之结果,而以此勤劳与储蓄之结果,助力于生产,而所得之报酬,厥为利息。故利息之要素有二,其一为本金丧失之保险费,其二为资本使用之报酬金。若危险大而需要殷,则利息必大,反是则利息必小。但若利息大而资本之需要减,而危险亦较巨,故或将不免影响于生产也,此仅就资本利息而言。至于借款利息,虽未必与资本利息趋于一致,而往往随大势以为升降。我国利息之高,论者不一而足,其所以发生此高利现状者,厥有数说,兹分述之如次:

(一)储蓄不发达,故资本未能积聚,以为社会充分之供给。由于普通人民,不若外人之有家庭预算,或生命保险等,以储蓄而形成资本之一部;盖目光短浅,对于将来,都未顾及,与其储蓄,不如投机,利既巨而期更促也。

(二)投机之发达,实际上未能使资本有所增益,其一方获利固巨,而他方损失亦大。以资本为投资者,所得有限,而投机则可数倍,故即令无资本者,亦愿以高利借债,以为孤注一掷;至其债主亦以其投机故,有危险性,乃不能不高抬利息焉。

(三)法制之缺陷,虽不尽有提高利息之可能,而不能使利息之低减,则为不可讳之事实。如我国公司条例,默认股利之制,而近年公债条例规定之利率,且有逐渐增加之势,是殆政治不良,政府提倡高利,影响于社会者,良非浅尠也。

上所论列,为我国资本利息趋高之现状,使之改善,要非使人民有经济常识,而潜移默化之不为功。除奖励储蓄、取缔投机、修正币制外,曾有人倡以法律限制利率之说,此征诸欧西往史,固有行之者,而厥效甚微。如普鲁士于一千八百四十一年国家法定利率四厘,不出一年,即高至九厘。又如法国拿破仑第一限定四厘,拿破仑第三限定三厘,结果均为无效。可知以法律规定,无补实际。若一考近年欧美日本之金利,莫不逐年低减。依金融原理而言,金融缓慢,基于工商业之不振,而结果利息自减;若经济界异常活动,则金融紧迫,需要陡增,而利息亦因之增涨。但此项利率之提高,仅为比较的而又为一时的,非如我国之有高利倾向也。我国人民之重视利息,殆成习惯,以各种利息,无不提高,而金融机关之借款利息,亦未由低减;借款利息,既不能低减,则足以阻碍产业之发达也。

金融机关之利息,可以存款利息与放款利息分别言之。存款利息,在欧美日本,已不重视,往来存款,欧美大都不给利息;盖资金丰富之国家,人民之存款于银行者,仅为保持安全,便利支付而已,不计其利息也。乃我国现状则异是,往来存款亦有利息。上海以商业繁盛之区,资金集中,故利息较薄。内地各处,除银行等金融机关之外,存息亦有高至一二分者。如是高利,徒使有资本者随其心志,无意于企业也。至于放款利息,自当更高于存款。其所以如此者,第一放款之危险性太大,其抵押物品,价格靡定,有一时不易收回之虞,高利放款,抑亦冒险之举耳。第二投机之机会过多,其惯于投机者,所营之业,顷刻盈万,如民国九年信交热烈之际,转瞬间可获利数倍,故存息可高至三四分,而借息更无论矣。曩年政府借款,高至二三分,于是金融机关之资金,大都固定于一隅。若企业家利用金融机关之资金,则所负担利息实巨,如是而欲企业之发达,盖戛戛乎其难矣。

夫我国利息之高,基于一般的现状,盖缺乏储蓄观念与其目光之短浅也。至于金融机关存息之高,由于各行号竞吸存款之故。

日本亦曾以存款竞争提高利率问题，引起一般之注意，金融学者莫不异口同声非议之。最近沪埠金融机关，已一致低减利率，然对于存款，尚不能无利也。但今之金融机关所以未能一致低减借款利息者，无他，股利及存息之高，有以致之。盖金融机关营业之发达，端赖工商各业之繁盛；今工商业之罢敝，已达极点，一方面担负重利，他方乃不能不以重利取之于人，故股东与存户不能谅解，则其势难使一般利息之低减。据实行每周五日劳动制之福特氏所见，以为银行者，决非供给资金之源泉，而为资金所有者之代理机关而已，是以银行对于有缺陷之事业与以援助，断难使之继续生命，惟对于繁盛事业之援助，乃为银行业唯一对于社会之服务。故银行之供给资金，最有用之时，即事业平稳，而无资金必要之时也。由此观之，金融机关对于社会资金之需要，应在平时稳定之际，不必以高利为前提。若能以低利通融，而交易殷繁，则利益已在其中，可不如今日之金融，恒现紧迫之象也。

要之，一般利息之倾向，视金融机关利息之高低而定。在欧美日本有中央银行之国家，又视中央银行之利息以增减，虽欧美与日本异其趣，而其有操纵伸缩能力则一也。我国尚无完备之组织系统，以定利息高低程度，则惟有恃各金融机关之觉悟与努力耳。

三、共同生存问题

马克思初以为，非俟资本主义十分发达，如英美之经济实业，始克实行其主义。然而事实上则俄国之经济状况，不及欧美远甚，而已经实行马克思主义，至少亦实行其主义之一部分，故此种革命的主义，能行于俄，能行于蒙古，更能行于中国。资本愈不发达之国家，愈易实现，为马克思创主义时始料所不及也。今者我国民众革命之精神，已渐发扬，所有政治经济各方面之旧势，即从前受帝国主义所淘溶者，行见有难于维持之状态，于是昔之压迫者，今日一变而为被压迫者，惟其转变之速，于是顿现恐怖之象。其实怒潮所激，势有必至，况势力之消长，在于瞬息之间。金融机关所受旧势力之压迫，已不堪蚊负，今更加以新势力之进展，其不惊惶失措者几希矣。虽然，往者不追，来轸方遒，吾人不能不应付此潮流也。

孙中山先生对于马克思以物价为历史重心，颇具怀疑，而引美国马克思信徒威廉氏之言，以为社会问题乃是历史的重心，而社会问题中又以生存为重心，方为合理。而孙先生又谓民生问题即生存问题，威廉氏之最近发明，适与吾党民生主义若合符节（民生主义第一讲）。是可知生存问题，最为重要。就经济的过程而观，最初穴居野处之时，人类有产皆共，嗣后因生存竞争之结果，利己心之发展，乃使人类为各种之竞争，于是优胜劣败。在自然经济学派观之，以为竞争由于自然，且非竞争不足以言进化，然而不知竞争不能终止，则社会永无安宁之日。故社会主义者即创为合作互助之说，庶几人类不致自相残杀，而所谓生存者社会之生存也，人民之生存也。今者社会生存问题，已开始解决，故昔日难以生存者，今则奋斗以图生存；昔之得以生存者，今则偶然不易生存。此阶级争斗之所以起，而断为一时之现象也。俄国当未行新经济政策以前，亦认为革命时代之战时政策，今则秩序渐复，恐慌渐去。故吾以为我国现状，只在竭力抵御帝国主义及资本主义，而国内当以图共同生存为目的，在我国经济政策未确定以前，劳资双方，均应努力于建设生存之工作上，而毋庸恐惧此必经之阶级争斗也。

现代之经济组织不良之点，即因事业规模较大，劳资双方鲜接近之机会，故遇有阶级争斗时，每不为双方所谅解；其规模较小，雇主与被雇者，感情融洽者，争斗自鲜，而亦易谅解。观夫近日工潮每发生于新式之企业，概可知矣；即就金融机关论，亦何独不然。乃者广东银行行员工会于去年底提出改良待遇及增加薪资条件，纷纠十余日，经政府之仲裁，双方签字解决（参照本报四八二号广州商办银行罢工风潮始末记）。继之而起者，有汉口银行工会之要求，最近杭州银行工会亦已提出。上海各银行职工会既经成立，则提出条件，自不待言。以条件论，以杭州之要求为最；今业经银行家之承认，而归胜利于银行员，固毋庸吾人之喋喋矣。惟吾人今日所可注意者，即上海银行业职工总会之宣言，从此可以窥见本埠银行职工会之态度。兹录其宣言如左：

上海银行业职工总会宣言

我们组织这会的目标，可以分两层来说。第一，关于公众利益的。我们认银行业负有发展事业、改善民生的重大使命，但是我国银行业的现在状况，实在使我们十分惭愧、十分伤心。外商银行，利用他们优越的地位，把持金融市场，扰乱经济组织，种种罪恶，不必赘说。就是华商银行，也不过使少数处优越地位的人，受一些非分的利益，对于一般公众，可以说简直没有什么直接的好处。这种局势，我们觉得实在有改善的必要。我们要结合众力，一致进行，用政治的手腕，取缔外商银行的营业，一面更振作服务社会的精神，改善华商银行。一方充分顾全资本主的利益，一方要使之成为有利于社会、国家、人类的机关。简单说一句，就是要做到平民化的银行业。

第二，关于自身利益的。我们既然负有这重大的使命，我们当然要使从事于银行业的全体职工，能够充分表现他们的本能。我们觉得现在银行职员的本能，实在桎梏得太厉害了。我们希望以后能够在维持办事组织、办事纪律的条件之下，用一种极合理的方法，表现职工的正当意见。其次我们觉得职工对于银行荣枯，要比资本主更有密切的关系；他们的投资，是身外的资财，我们的供献，是我们最宝贵的身心。万一银行营业失败，他们倒依然还可以过安富尊荣的日子，我们却要感受无限失业的痛苦。我们提出这层关系，一方是表示我们对于工作的加意努力，对于本业的加意爱护，一方是希望在资财的分配上，不要把我们完全丢在脑后。简单说一句，我们是要求彻底的劳资协调,公允的资财分配。

职工们起来,大家努力。

缘银行员所受待遇,虽不免有桎梏其职工之本能者,而较诸其他厂工,实为优异;其所以不得不要求改良待遇者,盖不外乎服务社会之精神驱使之耳。吾人曾主张金融机关之应社会化,亦此意也。宣言中对于外商银行,应行取缔,银行家所绝端赞同者,即充分顾全资本主义之利益云云,谅亦银行家所愿闻;盖在我国幼稚之经济组织之下,工商各业,受外来之压迫最甚,不问劳资,均应共起御敌,无分彼此也。而工商事业之抱残守缺,以至今日尤不可不服膺中山先生之民生主义,须谋共同生存于社会,澈底的劳资协调。吾人不能不仰望于阶级争斗之战员者也。所谓澈底的劳资协调者,即劳资双方,得以共同生存。若一方完全失败,为无条件之屈服,则似为适者生存之原理所支配,结果既不利于一方,转瞬或更不利于他方也。今兹银行职工会之宣言,既表明其顾全双方之态度,则当为受外商重大压迫之华商银行庆。

谚云"有福同享,有祸同当",即利害与共之谓。银行与银行职工若须共同生存,则当有互助之精神、合作之工作,否则皮之不存,毛将安附?故银行既须迎合潮流,而职工亦应共同维持也。今读本埠银行业职工总会宣言,知共同生存问题,已为谅解矣。

(《银行周报》十一卷十期、十一期、十二期,1927 年)

编后絮语

无论是金融机关的社会化,还是利息的高低,以及银行与银行员工的共同生存问题,从系统论的观点看,其实都是彼此关联的。对于银行业的特点,戴先生的一段话非常实在,而且非常深刻:"银行对于有缺陷之事业与以援助,断难使之继续生命;惟对于繁盛事业之援助,乃为银行业对于社会之服务。"对于利息问题,他则坦言:"我国尚无完备之组织系统,以定利息高低程度,则惟有恃各金融机关之觉悟与努力耳。"对于银行业的劳资关系问题,他的话也相当实事求是:"银行与银行职工若须共同生存,则当有互助精神;否则皮之不存,毛将安附?"其实,银行与社会的关系,又何尝不是如此呢?

戴铭礼(1901~1991)

字立庵,浙江衢州人,清光绪二十七年(1901年)生。1925年毕业于上海中国公学大学部商科。同年任汉口银行公会秘书兼《汉口银行杂志》编辑。1929年至1948年5月间,先后担任财政部钱币司科长、帮办、司长等职。抗战期间在重庆兼任四联总处汇兑委员会主任和中央银行监事。抗战胜利后,任中国通商银行常务董事,交通银行董事。1948年8月任上海联合商业储蓄信托银行总经理。1949年5月11日去香港。1950年1月回上海,同年8月参加筹划商业银行的联合和公私合营银行工作,被推举为"北五行"联合代表,任公私合营银行董事会常务董事及董事会驻沪办副主任,并任合营银行总处驻沪金融研究委员会主任。1979年任中国钱币学会顾问。1991年去世。

我国之货币，可谓紊乱极矣。以言硬币，则银铜铁等并用，以言纸币，则私伪杂出，良窳并行，而其紊乱商场流弊最大者，则为各地银钱庄及商号私自发行之票币，如鄂西之市票，福建之台伏，其最著者也。此类票币之产生及其盛行之故，推其原由，约有数端：

（一）筹码之不足也。当银元未流入及流入而未盛行之际，国内大宗交易，多用银两，小额交易，类用制钱，而是时风气未开，窖藏之习，流行各处，斯二者之需供，既难得调剂之功，而商场遂常有缺乏筹码之感。于是较为殷实之银钱庄及商号，乃私自发行票币以补其不足，其元始之目的如此，其继也，因利之所在，人争趋之，而私发票币，乃成为各银钱庄之专利品矣。

（二）流通之不便也。携大宗银两或制钱以为交易，按之事实，不便甚多，且银两以平色不一，挑剔之事，尤所不免，而票币既载明一定数目，复为当地之商家所发行，取携既便，授受亦易，此又私发票币盛行之故也。

（三）官厅为之后盾也。逊清时代，地方税款，在未解库之前，每由主管长官存于当地银钱庄号，以资生息，其地方公款，且有长期存放者。各庄号得此官款之调节，因之实力益大，信誉益雄，因是私自发行之票币，亦得地方信仰，而官厅虚与委蛇之，此私发票币推行畅利而博得地方信仰之故也。

惟推行以后，历时既久，流弊滋生，至于今日，乃为金融界莫大之隐忧。其可述者，亦有数端：

（一）滥发无度也。各庄号既得任便发行票币，复无法令制裁，论其性质等于无利证券，多发一文，即多得一文之利，于是滥发之弊遂生。民国十四年初，有田应龙者，建议湖北整理财政会，请禁止市票，其调查鄂西各县市票之总额，数在六千万串以上，诚可惊也。兹录其细数如次。

（甲）江陵县属，沙市镇、荆州城、草市镇等处，凡典当、钱铺、人力车业公司、米厂、造纸厂，暨各商号、各行店，均印用市票，总计二百家，每家按二十万串计算，合计当在四千万串以上。

（乙）枝江县属，江口、董市、洋溪等处，凡典当、商号、行店，均印用市票，约计二百余家，每家按三万串计算，合计当在七百万串以上。

（丙）宜昌县属，及松滋、公安、石首等处，印用市票者，约计一千余家，每家按二万串计算，合计当在二千万串以上。

夫发行市票者，就湖北论，不仅鄂西一隅也；而就全国论，又不仅湖北一省也；一隅之数既已如此，合全国各地而计之，其数岂尚有涯际耶？

（二）不尽兑现也。按纸币以兑现为原则，然在各庄号私发之纸币，全凭信用流通，不尽兑现；即有兑现之事发生，仅以他庄号所私发之纸币应付之，以纸易纸，所异者，发行之店家有别耳。福州之台伏，即系如是办理，在闽人熟视无睹，习为惯常，然其危险为何如耶？

（三）倒闭时见也。以少数资本经营之银钱庄号，而任其私自发行，吸收现金既易，侥幸之心乃生，每有不幸，辄致倒闭，而成千累万之私票，遂为小民之害，此事已数见不鲜，可浩叹也。

（四）弊害丛集也。上述三端为私发票币流弊之显著者，而其影响所及，更可于下列见之。

（甲）利用私发票币，以抑勒钱价，故私发票币盛行之地方，钱价必为下落。

（乙）钱价下落，一般生产事业必受阻碍，故其地产业必为落后。

（丙）私票盛行，良币必见绝迹。

（丁）私票存在，足以影响币制之改革。

（戊）私票盛行之地，即政府特许发行银行所发行之纸币亦受其影响。

（己）发票各户，资产厚薄不一，信用大小不齐，于是所私发之票币，其信用千差万别，种类不齐，易生纠葛。

综上所述，私发票币之应取缔，实已刻不容缓。时至今日，举凡当日私发票币产生之原因，均已消除，论理应不复存在，而此制之能苟延者，殆为前政府之放任有以致之。国民政府财政部有鉴及此，故于训政伊始，即有取缔此项私发票币之规定，其大要云：

> 查各省县属地方钱庄商号，每有私自发行兑换银元铜元制钱之纸币，或类似纸币之票券，行使市面，希图牟利。此项纸币，在发行时，既未经呈准，所有发行数目暨准备实况，均属无可稽考，如遇发行商店一旦倒闭，其扰乱金融，贻害地方，影响之巨，不堪设想。本部既迭据各地方人民呈控有案，自应严加取缔，以维币政。兹由本部布告商民，嗣后不得再为发行，其业已发行者，限于一个月内，将发行额数及准备实况，呈由地方政府查明，转报本部核定，限令分期收回，并应由地方政府随时查明，从严取缔。

是举也，不特有关于金融之安全，即地方生产事业之隆盛，人民财产之保障，盖皆系之，故不仅财政部因职权所关，视为应办之事，全国上下举凡与此有关者，均当秉除恶务尽之心，共襄此举。金融业与此关系尤切，更未可漠然视之，盖及今为此，亡羊补牢，犹未为晚，今而不为，及其横决，受祸者既已饱尝，虽事取缔已无补矣。

（《银行周报》十三卷四期，1929 年）

编后絮语

　　所谓私票，实际就是当时各地银钱庄及商号私自发行的票币。1933年南京国民政府实行"废两改元"政策前，私票在不少地方相当盛行，其原因自然在于货币体系的不完善，比如筹码不足，比如流通不便，再加上官厅作为后盾等等。戴铭礼先生列举了其中隐藏的六项弊端，包括抑勒钱价、驱逐良币、信用风险等等，建议立即取缔私发票币，并认为"全国上下凡与此有关者，均当秉除恶务尽之心，共襄此举"。存在的是否就是合理的？也未必见得。比如私票，恐怕就是一个较为典型的例子。

谷春帆（1900~1979）

名春藩，江苏吴县（今苏州）人，清光绪二十六年（1900 年）生。上海圣芳济书院毕业。1944 年冬出席国际货币基金及世界银行会议。1946 年任上海市财政局局长、上海市银行董事长、四联总处生产贷款临时审核委员会主任委员。1947 年任邮政总局副局长兼储金汇业局局长，1949 年 4 月辞职。后任华东邮政总局储汇处处长、邮电部副部长等职。1979年 9 月 28 日去世。著作有《银价变迁与中国》等。

中国产业金融之动态与危机

我国企业形态，大致说来，尚未脱离中世纪的束缚。企业的组织，注重人的关系，故资金的筹集，亦大致从人的关系上着手。一个企业家，在筹备时期，大致系从亲戚朋友方面集合资金。公司组织不甚普遍，亦不甚得人信仰。已成立之公司，其营业有相当成绩者，普通尚不易增发股票募集资金，其股票实值亦常低于面值，且无大量公开交易之市场。故新企业而希图以公司股票债券之方式，募集资金，尤为困难，不得不凭借私人的信用与关系，募集其最初经营所需的资金。但私人信用有限，其活动范围亦有限，不能如公司股票债券之可以大量普遍募集。且以私人关系而为之合伙投资，是一种长期呆定的投资，投资之人不能不郑重考虑，尤不能不限于极小数目，以免妨碍其本身生活之 Liquidity。不比股票债券，随时可在市场出售而得现款，其本身即为活的资产，因而可以吸取多数小额游资，集中而成为大批资金。

中国人并非不愿意将游资投放于生产事业，亦并非先天的对公司股票债券有成见。目前上海游资充斥，外商众业公司各股票债券无不飞涨。从其涨落的风波看，其中极多投机影响，然而各公司增发股券及新公司募集资金之事亦有多起。可知确实的投资，亦属不少。中国人对于外商的企业公司能放心购买，购置股券，而独对于本国企业的股券，不能踊跃投资，可知其根本原因，乃系对于本国企业组织的信任较差。如其本国企业能够健全组织，表示更好的成绩，则公司组织，在中国不是没有发展的希望。然而这种发展，要不是五年十年之事。

在最近十余年来，有一种新的发展，银行业成为实业家与资金的媒介。因为银行设置之普遍，彼此提高存息，吸收社会上零星储蓄，故银行成为零星游资的集中地。民国二十五年全国各银行存款总数，乃达四十余万万元。他方面银行对于农工商业放款亦日增，甚至银行自己经营农工商业的也很多。这样我们总算避免了公司股券的形式，而将资金与企业连结在一起。成绩不能算顶好，流弊亦有，然而不是没有改良的余地。企业家对于银行，往往认为利息太高，增加企业的负担；有时干涉企业内部的经营，而在紧急时又往往不肯通融放款，致挤倒企业。而银行家则感觉其所收存款对存户负活期支付之责任（定期存款亦随时可以押借），而对企业放款，则为呆定之资产，押款到期，辄不取赎，物价变迁，银行负其风险，甚至不得不被迫而陷入更深的赔累。这种情形，均属不虚。要求改良，一方面还得企业组织本身之健全，一方面亦得对于银行的营业范围，加以区别。长期产业投资银行或金融公司，不宜与普通商业银行混杂。社会上投资之人，对于直接应募公司股券，既不踊跃，而对于银行存款，已有相当信仰。则利用银行组织，去其弊而存其利，作为实业投资的媒介，使私人的零散储蓄，得以藉产业银行之正确认识，而流入工商各业，自属比之特别创设股票市场，容易一些。虽然股票市场，另有其优点，决非产业银行所可完全代替，但从产业银行之发展，而将来即由产业银行为经募公司股券之经纪人，亦属比较顺利。

但自抗战以后，情形又有变更。后方各地积极开发，故资金之需要，极感殷切，而沦陷区及香港等处，则均有大宗本国游资，无所适用。于是论者以为，一方病偏枯，一方病偏肿。朝野上下，均呼吁奖励陷区游资之流回后方，而据报章所载流回者亦颇不少，以为以彼有余，补此不足，资金调剂，可得其平。现在在后方运用资金获利的机会，比之在陷区，如其照偏枯与偏肿的说法看去，应当是多得多。然而后方的实业建设，是否可以用陷区资金流回这种方式来刺激与完成，却另有其考虑之点。

一般人的错误，系将资金与实物资本误为一谈。企业家开办实业，需要库屋，工人，机器，原料，种种均须以金钱购买，所以以资金为创筹企业的第一前提，原无错误。但吾人须知，金钱仅为购买厂屋、机器等等之用，其本身并非即系机器等等。如果有了资金，而购买不到机器、厂屋、原料、工人等等，则其实业不能成立。普通人又以为只要有资金，不愁买不到这些实质资本与工人。但即使能够买到，而其买到的条件，价格，数量，品质，如其均不合意，则实业之成立，也就很有问题。所以一个实业之创立，要两方面具备条件。资金的融通，固属需要，实物之供给，尤不可少。普通以政治家、资本家眼光来经营实业的人，往往忽视后一点。因为实物资本供给之是否合乎条件，包括许多技术问题，所以只有专精于一种行业的方家，能调查到各方面的情形，方能正确认识。

现在后方实业勃兴，其结果正犯了这一错误。后方的实物资源，特别是机器，工具，及特殊的原料，动力，均感缺乏。熟练工人与一般工人，甚至普通办事员司，均感缺乏。在这种情形之下，后方实业之推广，不能不受限制。企业资金的丰富，并不能解除这种困难。尤其因为国外进口的路径，一一阻塞，只剩西北及滇缅两路，其运量均极为有限。故后方的实物资本，无法迅速增加；熟练人手，更难迅速补充。在如此情形之下，而放宽企业金融，必致使资本家互相竞争，徒然提高各生产元素的成本，使机器原料工资等等均增涨，使工人从一机关跑到别一机关，川流不息，因而工作的效能减低。又使每一企业均不能得到充分的机器原料工人的供给，而致生产量不能恰如预期。在这种情形下，银行金融公司等等产业投资的过分活动，非但无益反而有害。

举一个实例说。后方运输工具缺乏，投资于运输，非但是有利并且亦应当是有益于国家社会的事。汽车可以从国外直接驶入，更不如其他企业之必须先运入机器。汽车运输，应当在各企业中比较易于经营,事实上经营的人亦确是甚多。如其经营实业只从金融的观点看,则运输业当不愁金融资本之不继。但从实物的观点看,却困难甚多。汽油要经国外运入,较远的内地,即无法行驶汽车而不致亏折。如不用汽油而改用酒精,国内有几多酒精,可以应用?配件如何接济?每一汽车至少要一司机,还要各色机匠,约二三辆车即须一人。公路负担能力如何?车辆太多,往来太繁,路基毁坏,即不堪行车。从运输的需要说,后方有十万以至二十万辆汽车,不会太多。从金融的观点说,尤其因为英美物资借款的关系,购买这大批车辆,或亦不难。然而十万辆车每天至少要消耗一百余万以至二百万加仑燃料,要十万司机,要五万左右机匠。这些问题无法解决,则虽有金融上之接济,亦无法经营。现在各地零星商人之置备汽车行驶者不少,燃料无着则靠私油接济,配件无着则靠赃货应用,司机无着则重金挖用其他机关之人,机匠无着则高价引诱机关之机匠做私活,其结果弄到公私交困。其弊不是产业金融之不敷周转,而是太多太杂乱太无管理。运输业如此,其他各业亦大同小异。

故今日后方不单要一个产业金融组织,而且要一个有方针、有管理的组织。以股票方式为代表的产业金融市场,在后方仍无出现之可能。以银行金融公司为媒介而活动的产业金融市场,已证明两点——一点是尽有充分发挥产业投资的能力,又一点是偏重于金融资本的考虑而忽略了天然的技术的限度,表现为杂乱有害的竞争。从中国的情形而观察长期金融市场,似乎应当允许银行投资产业而加以一定的范围限制与管理,使合乎国家政策,合乎技术的及自然的分寸。

照现在放任的办法下去,于金融业于实业本身,恐怕两败俱伤。实业家纵使有资金的融通,而一切设备与工价,均不如预计,其实业纵不即失败,亦无发展之可能。实业如失败,则投资的金融,自亦同命相依。为金融业计,为实业计,为国家计,对于过分宽弛的金融投资,均应加以限制,使达于健康之道。

(《西南实业通讯》四卷二期,1941 年)

编后絮语

　　弄清楚资金与实物资本的关系,对于认识和处理中国产业金融的动态与危机,显然是非常关键的。如果有了资金,而购买不到合适的机器、厂屋、原料、工人等等,则其实业依然不能成立。谷春帆先生以后方运输业的实际运作为例,认为后方不仅仅需要一个产业金融组织,而且需要一个有方针、有管理的组织。这就是说,一方面必须尽量发挥产业投资的能力,另一方面则不能忽略天然的技术的限度而进行杂乱有害的竞争。归结起来,产业发展与金融投资应当是配套而行的。

顾翊群（1900~1992）

字季高，江苏淮安人，清光绪二十六年（1900 年）生。1921 年赴美留学，获工商管理硕士等学位。1936 年随陈光甫赴美订立《中美白银协定》，返回后被派赴整理广东省金融与财政。

1938 年任广东省政府委员兼财政厅厅长。1940 年中国农民银行改总行制为总管理处制，任总经理。1941 年 6 月代理财政部常务次长、四联总处秘书长。抗战胜利前被派赴美国参加布雷顿森林国际财务会议。1946 年任中央银行监事，不久赴美任国际货币基金执行干事。1960 年赴台湾定居。1992 年去世。著作有《中西社会经济论衡》等。

提倡收买民间金银运动

暴日侵我，于兹八月，我国在蒋委员长领导之下，不得已而应战，是非曲直，世有公论。惟现在全面抗战之局已成，则"自由人"与"亡国奴"之判别，即全视我全国军民之努力程度而决定。数月来战士之浴血苦斗，民众之输将恐后，上下之精神一致，国际之热诚援助，在在足征民族复兴，已不在远，最后胜利，如操左券。

顾我国以实力未足之后起国家，所以能与穷兵黩武之暴日相周旋者，虽军事当局之苦心准备，与夫前线战士之壮烈牺牲有以致之，然财政当局之当机立断，于民国二十四年十一月施行新货币政策，使国内外经济因货币安定而恢复均衡，于是建设事业，突飞猛进，国民经济，日臻繁荣，亦与有力焉。即自战局开展以来，国内财政金融，安稳如恒，国际信用始终良好者，亦无非新货币政策之功。

新货币政策之中心工作，为收买金银，努力数载，为数已极可观。收得黄金，输往外国即变为外汇基金；收得白银，因中美缔有协定，亦因美国承买而变为外汇基金。惟自华北事变发生以来，经济上即发生三种值得注意之事实，一为公债之跌落，二为外汇需求之殷繁，三为金银价格之上涨，此三种事实表面上虽似各个独立，实际则互相联系。盖一般都市中人，鉴于时局之危险，已纷将所有公债抛出以吸收现款，更以现款吸收外汇，流往海外，同时内地之富翁，亦纷纷购买金银以窖藏，因此尚存民间之白银，本可以在预定时期内收买完竣者，遂受相当影响，而不能尽如所期焉。

现在公债信用，经政府之维持而益臻巩固，外汇需求，经当局之规划而愈趋稳定，惟收买民间金银运动，实为目前最紧要之工作，而有大声疾呼、积极提倡之必要。

粤省自民国二十四年十一月七日实施管理货币后，所有生金白银，概由广东省银行总分支行处，及临时派遣人员分赴各属收买。政局统一后，财政部会同中央银行，继续委托广东省银行收买，省行并委托邮局代办，截至民国二十六年底止，共收买白银约值省券一万八千七百万元，生金七百万元。据广东造币厂铸币记录，由民国元年至二十年止，共铸一毫二毫毫币约共三七九，九二七，九四六.〇〇元(毫银)，此数仅指民元以后所铸，至前清光绪宣统年间所铸大洋及龙毫，尚未包括在内。然此项大洋、龙毫成色较高，且历年已久，市面甚少发现，所余应属无几，年前世界银价高涨，镕解私运，为数恐亦甚多，原铸数额，当不能代表本省之存银数。就流通情形，观察估计，白银存额，最少亦当超过毫银二万五千万元，准此以观，则至少尚有数千万元毫银存留民间。

在兹全面抗战时期，民族生死关头，凡属国民，如不能执干戈以卫社稷，即应效卜式之输财，为使作战资金不致匮乏起见，人民应自动将所有金银铜铁贡献政府。金银既由政府或银行明令收头，更应立即以之换取法币，须知存储金银，废弃可惜，如将之换取法币后，即将法币存储银行，则按月收息，取用使利，而银行能以之运用于生产建设事业，或充实抗战资金，岂不懿欤。

尝闻自江浙战区逃难来粤同胞谈称，日本自占领苏锡后，即挨户搜索，法币因隐藏容易，殊少被劫，而日军之见我国人民藏有金银者，则不但悉数抢去，且备受毒打。据金融界确息，苏乡洞庭山叶君家本富有，私藏金银约值一百五十万元，此次悉数被日军没收，且被处死。可知私藏金银，在现在为违背法令，触犯刑章，万一将来日军侵粤，私藏者且有杀身之祸，可不惧哉！

据报告，本市十三行银铺有暗中加价收买毫银，秘密输往澳门转售日人，以图微利情事，窃未之信，盖粤省银铺商人，向极自爱，决不作此卖国求利之无耻行为。如真有此事实，本省党政军当局明察秋毫，亦决不容有此种败类存在，当能本除恶务尽之旨，澈底予以根除也。

粤省民众爱国向为全国先,而抗敌尤著热诚。为充实作战资金计,为保卫大广东计,为求对日抗战最后胜利起见,此时实有积极提倡收买民间金银运动之必要,务使父谕其子,兄勉其弟,将所有旧存金银自动换取法币,以达到全省资金动员之伟大目的,国家民族,实利赖之。

(《新政周刊》一卷八期,1938 年)

编后絮语

从表面看,战争比拼的是军事实力,背后的较量实际是经济实力,更重要的则是民心的支撑。1935 年 11 月南京国民政府实施新货币政策即法币政策后,禁止白银流通,将白银收归国有,并移存国外作为外汇准备金,但由于公债、外汇、金银价格变动等多种因素影响,直至全面抗战爆发时,尚有一定数量的金银留存民间。顾翊群先生谈到了以金银换取法币的经济效益,也谈到了战区同胞私藏金银的厄运,更是谴责了乘战乱加价收买银元的无耻行为。为求抗战最后胜利,应积极提倡收买民间金银运动;他得出这个结论,自然是顺理成章了。

胡笔江(1881~1938)

名筠,祖籍江苏镇江,清光绪七年三月二十九日(1881 年 4 月 27 日)出生于江都县。初为钱庄学徒,后为扬州义善源银号店员,公益银号副理。1912 年任交通银行稽核,后任北京分行副理、经理。1921 年筹备设立中南银行,任总经理。1922 年任金城银行监察人、中南银行总经理、江苏典业银行董事。同年设立四行联合营业事务所,任总监。1933 年兼任交通银行董事长、太平保险公司常务董事。另任中南银行、大生银行、正明商业储蓄银行、国华银行董事,中南银行董事,中国银行官股董事等。1938 年 8 月 24 日因日军飞机袭击殉难。

蚕丝之利，肇始我国，历代帝后，或明诏以资提倡，或亲桑以为天下先，农桑并重，遂为吾国传统之政策。秦汉两朝，蚕丝已渐有输出，及逊清中叶，海道大通，蚕丝亦为输出之大宗。三十年前，吾国尚握世界丝业之牛耳，厥后日本锐意革新，力谋改进，反顾吾国，墨守成规，故步自封，海外市场，尽为日人所占。近年以还，更因人造丝之畅销，海外丝价之倾跌，出口丝量及出口总值，遂呈江河日下之势，丝业益形凋敝，国民经济日趋没落，忧时之士，群谋救济方策。政府鉴于斯业影响于国计民生者至大，爰有丝业救济公债之发行，蚕丝改良委员会之成立，他如蚕种制造条例之颁布，出口生丝之检查，均系我国蚕桑行政之要端。二十三年江浙两省陆续施行蚕丝统制，成立管理委员会，以良种之推广，劣种之取缔，规定茧价统制收茧为鹄的，实行以来，颇著成效。今者世界经济好转，丝价回升，丝业前途，已呈一线曙光，然吾人于此有不得已于言者在：

一、际此二十世纪竞争剧烈时代，除自身之努力外，别无他策可资图存。吾国生丝向以国外市场为命脉，丝价涨则顿觉繁荣，丝价跌则奄无生气，其不足恃也如此。愚见以为吾国生丝除努力于海外市场之推销外，更宜在国内提倡丝织事业，增加国内消费，满足其需要，纵令海外丝价低落，出口量减少，亦不致有碍生丝之出路。

二、我国宜蚕区域至广，以饲蚕为副业者亦夥，民二十年以后，丝价惨跌，农民因无利可图，拔去桑树，改种其他作物者有之，减少饲养量者有之，以致产量锐减。为今之计，当在宜蚕区域内，积极倡导，使农家过剩劳力，有合理之利用，如是匪特可以增加蚕丝之产量，亦可富裕农家之收入。

三、我国蚕丝业之经营者,大抵技术粗劣,管理放任,生产费用甚大,益以农家经济能力微弱,经营规模隘小,一切办法,各自为政,其浪费自多。又自栽桑以至制丝,其中所经阶段,亦莫不分业,每经一阶段,即增加一分生产费用,殆至成丝,其价格之昂贵,自属当然。今欲求生产费用减低,唯有组织蚕丝产销合作社,集多数小规模同业者合作经营,则浪费可减。集各种有关事业共同举办,则剥削可除。此外因合作之组织,更可使桑园栽培,改进蚕种饲养,改良如此,则产量可增,成本可减;成本既低,海外竞争及国内推销自属易举。

上述三端,特其荦荦大者,以吾国天赋之厚,人工之廉,尤非其他产丝国所能及者,故吾国丝业前途,希望极大。然尚有赖于政府之指导,丝商之合作,专家之努力,金融界之协助,联合进行,共谋发展,则昔日丝业之繁荣,不难重现于今日也。

（《江苏建设月刊》四卷二期,1937 年）

编后絮语

蚕丝业是中国的特色产业,但当时受国内外多种因素影响,整个行业严重凋敝。胡笔江先生在文中提出了改变该业落后面貌的三条举措,包括增加国内消费、积极倡导蚕业生产,以及组织产销合作社以降低生产成本等。当然,他也没有忽略很重要的一点,即"金融界之协助"。以一个银行家的身份来谈蚕丝业的发展,确实别具一格,然而未必不是真知灼见。所谓"旁观者清",大概就是这个道理;更何况这个旁观者还是一位大银行家。

胡祖同(1888~1936)

字孟嘉,浙江鄞县(今宁波)人,清光绪十四年(1888年)生。毕业于英国伯明翰大学,获商科硕士。1921年进入交通银行,任沪行副经理,后升任经理。1928年任上海市银行理事、上海银行公会主席委员。同年参与发起上海商业联合会,并任公债委员会委员。11月交通银行改组后,任董事兼总经理。1931年参与发起创办中国企业银行,任董事。1933年辞去交通银行总经理职,任中央银行国库局局长。另任新华信托储蓄银行常务董事、国华银行监察人、中国国货银行董事、全国公债和银行币制委员会委员等职。1932年"一·二八"事变后,与李铭等发起设立上海银行业同业公会联合准备委员会,任常务委员。1935年兼任中国实业银行总经理。1936年6月因病去世。著作有《经济概要》等。

论银行业之发展

银行者,随经济之进化而发展者也。当自给经济时代,生民浑浑噩噩,各安其居,乐其业,至老死不相往来,故无所谓货币,无所谓银行也。自交通经济时代以降,交易既行,分业渐兴,货币之用,于焉发生。其始也,因智识之浅陋,技术之拙劣,货币分量,多不一致,而当时之政府,又未能确定造币之权,异国之币,入于内地,与本国货币,互相交杂而流通于市场者,无国蔑有。故希腊罗马时代之所谓银行者,专以兑换货币为务(注一),而其营业之地,多为庙寺摊铺,非有伟大之建筑也(注二),然兑换久则信用厚,而事业盛,则地位固。张摊设铺之银行,营业既久,常能建设金库,以资不测之保护,拓大规模,以应经济之发展,而社会公众或因于时势之多厄,或因于储藏之无所,亦群相信任,以寄托其资金。存款银行 Deposit Banking,于是胚胎,而不数百年,斐尼斯银行 Bank of Venice(注三),齐奴亚银行 Bank of Genoa(注四),盎斯塔滕银行 Bank of Amsterdam(注五),汉堡银行 Bank of Hamburg(注六),遂次第成立于欧洲大陆矣。当是时也,转账之制 System of Transfer(见注三),风行欧陆,银行货币 Bank Money(见注三),运用日繁,债务之清偿,货物之支付,莫不以之为方,盖俨然与吾国今日汇割之制相类似矣。

顾银行业之发展,犹未已矣。经济日隆,学识锐进,货币之制,遂臻完美。社会既无赖于转账,银行亦变更其所业,向以保管为务者,今则注意于运用存款以放资;向以交易为业者,今则从事于调剂盈虚以企业。而社会信银行之足恃也,厌实货之不便也,咸对其存款,随其需要,以出发票据 Bills,或领充己需,或移让于人,银行利用之,社会乐行之,于是票据之制,杂然纷起(注七),而货币银行遂一变而为信用银行矣(注八)。及营业日久,经验富足,复进而图之,以节货币谋赢利,减缩其准备之额 Reserve,扩充其放资之事。盖银行之信用既著,存款之提取,其额恒必有定,以额外之存款,供诸社会,藉以图利,亦理所固然。故十八世纪之始,欧洲之银行,即有所谓银行资金者 Banking Capital(注九),以加入于其原有之资金,而营贷款 Loan 之业务焉。

然就十九世纪欧美列国之银行以观,则银行之业务,不仅限于存款贷款也。其在借方,犹有钞票之发行 Issue of Banking,其在贷方,则有票据之贴现 Discount of Bills(注十)。盖自斯密氏 Adam Smith 分业之说行(注十一)、瓦特 James Watt 汽力之术用(注十二),工商事业,日就繁盛,信用交易,弥行弥广,社会乐票据之便于实货,银行知纸币之利于集资,故钞票之发行,遂肇始焉。然钞票者,所以代实货以流通者也,其兑换之额,必少于其发行之额。银行贷款以外,苟有余资,自不愿藏之于库,必将利用之以博厚利,于是贴现以行。厥后国家之机关渐臻完备,中央银行次第创立,钞票之发行,遂为中央银行之特权,而为其所独占矣。

是故银行者,随经济之进化而发展者也。其发展之期,可析为三,曰私人时代,曰团体时代,曰国家时代。而其顺序以进,炽大而弥昌者,犹列国经济之发展,由自给时代进于都府时代,由都府时代进于国民时代也。

　　注一:康能氏云,雅典罗马之银行家,皆以兑换货币为要职(见康能氏《货币银行论》第五编第一章);孙懦峰氏 Xenophon 云,希腊诸邑,多有货币,惟其流通,限于本邑,往来商人,均须兑换货币,故当时之银行,专司兑换之职也(见孙懦峰氏《雅典岁入岁论》Xenophon's Athenian Revenul)。

　　注二:希腊之银行,设于庙寺澹尔斐庙 Temple of Delphi。

亚波罗庙 Temple of Appllo 为金银储藏之所，即其实例（见米铁甫氏《希腊史》Mitfor's History of Greece 第一卷）。罗马之银行，则多为钱摊，设椅于市，以兑换货币，乃其通常之法。

注三：斐尼斯银行之成立，时在十二世纪，或谓千一百五十七年为其创立之始，是未足信，然其为最古之存款银行，则无疑义。考千一百七十一年，斐尼斯政府，因比年战事，财政奇窘，号令募集公债，而即使应募者，组织机关，并处理其事务，故其始也，为经理公债之处。及千五百八十七年，方改为银行，而转营兑换之业，于是凡有货币存入其处，皆衡量其实价而登诸账簿。存主之中，欲将其已存之款彼此划拨者，即于账簿上代为转账以清结之。汇票之汇款，亦用是法，以为支付。故当时存主之间，无须实货，惟用转账，而银行货币之名称 Bank Money 亦由是起焉（详见恩达生氏《商业史》Anderson's History of Commerce 第一卷，孟德甫氏《商业辞典》银行篇 Montefoire's Commercial Dictionary）。

注四：齐奴亚银行，成立于千四百零七年。考其成立之因，与斐尼斯银行正同，其所务之业，亦无不同。盖齐奴亚政府，因负债綦重，特许人民以公债总额为银行之资金而创立者也。其事务之办理，由经手八人主之，皆选自股东，而政府以数邑之土地，为其债务之担保，加弗 Caffa 与克锡克 Corsica，均在其中焉（见千勒德氏《银行论》第一卷）。

注五：盎斯塔滕银行，创业于千六百零九年，为盎斯塔滕城之公产，而为近世银行之起源。究其发达之由，为十六世纪末叶荷兰贸易之繁盛，致恶币流行，币价大跌，而盎斯塔滕银行收吸恶币，兑以良币，故信用日厚，营业渐繁。迨后荷兰政府颁定汇票之支付，概用银行货币，由是荷兰汇票之价值日腾，而盎斯塔滕银行之营业更盛。凡商人之贸易于盎斯塔滕者，莫不与之交换，以换取法币 Tender。但当时投机繁多，银行货币之津贴 Primium（Agio）因而浮动无常，于是盎斯塔滕银行，又上下其津贴，以杜投机，而射赢利焉（详见滕勃氏《银行原理及历史论》第八章）。

注六：汉堡银行于千六百十九年成立，专以转账为业务。言其性质，盖与斐尼斯银行、齐奴亚银行、盎斯塔滕银行相当。三者闭歇之时，汉堡银行犹在焉。

注七：十七世纪后叶，票据之制，已见行于欧洲各国。究其性质，殆与今日之支票，无所大异，而最可注意者，为英国之金匠现金票 Goldsmith Cash Note。考英国古时商民之资金，咸寄存于王家造币局 Royal Mint，相沿日久，无所顾虑。十七世纪前叶，因王家困于财政，滥支人民存款，始由伦敦之金业代为储藏，而金匠则出发证书，以为凭单，名是证书曰金匠票 Goldsmith Cash Note。顾当时之金匠，信用素著，故其发行之票，得覆签 Endorse 而移让之，以流通于社会。持票之人，若向发行者提取其存款之一部，则载明其数额于票面，而原票仍可流通于社会。迨后金匠因存主之请求，分其存款为多部，对其各部分发证书，名曰金匠现金票。由是金匠之信用，日益厚重，其票之功用，殆与通宝无大异焉（详见干莫德氏《银行论》第一卷第二篇"恩达生氏商业史"）。

注八：德经济学家华格纳氏 Wagner 称汇划存款时代之银行，曰货币银行；称运用存款时代之银行，则曰信用银行（见华格纳氏《经济学》）。

注九：银行资金，与银行原有资金，大有区别：一为由于利用存款所得之营业资金，一为银行成立时之基金，即吾国所谓母财。故今日之银行，实有两种之资金也。

注十：贴现者，又曰扣现，亦曰折扣。

注十一：见斯密亚丹氏《国富论》Smith's Wealth of Nations。

注十二：见亚胥利氏《经济史》Ashley-Economic History。

（《银行周报》五卷十六期，1921 年）

编后絮语

　　此文写于 1920 年代之初，篇幅不长，在当时条件之下，能够对世界银行业的发展历程和发展规律，进行客观清晰的叙述和总结，也实属不易。有意思的是，此文所附注释部分的文字量，甚至超过了正文。文章的观点很简明，即"银行者随经济之进化而发展者也"。他的这一观点，实际也预示了未来银行的发展方向，而事实上此后若干年的实践，也完全成为了这一观点的有力佐证。这篇文章的学理性极强，编选时确曾略费踌躇；不过最终还是不愿舍弃，因为此文颇能代表胡祖同先生的风格。

霍宝树（1895~1963）

字亚民，原籍广东新会，清光绪二十一年（1895 年）生于上海。1912 年入安庆教会中学，上海私立圣约翰书院肄业，1923 年赴美国留学，入伊利诺伊州立大学学习运输管理，1925 年转学至费城宾夕法尼亚大学及屯卜尔大学，次年获硕士学位。1932 年 1 月任中国银行总管理处业务管理第一室分区稽核，1935 年任副总稽核，1943 年任总稽核。1947 年任中国银行代理副总经理，仍兼任总稽核，并被派为中国银行官股董事。1948 年 8 月国民政府发行金圆券，宋子文任经济管制委员会广州区督导员，特约其驻广州主持督导工作。1949 年底卸任中国银行代理副总经理职务，派驻华盛顿任"中国技术团"主任。1963 年 12 月因病在美国去世。

工业的历史，是很悠久，差不多人类一有组织，就有工业。因为工业之由工而成业，一定要在都市发达的地方。人类在最初的时候，所感觉的，只是"食"的问题，只要有得食，食得饱，其他一切都不管。至于食的东西，都是自然的产品，不是海洋里的鱼类，就是深山中的禽兽，但欲得到这种东西，一定要造什么器具，如弓箭之类，这就是工业的起点。后来都市发达，人口集中，食的东西，不必个个人自己去获得，可以由一部份人出去，一部份人留在城里，做其他的事情，这就成功了一种工业。由此我们很可以看出来，社会是经过无组织而有组织，由个人而团体，而慢慢地成为一种小工业。

今天所讲的，不是这种小工业，是一种大工业。什么叫做大工业？就是运用机械而非人力所能为的工业。我们知道，社会组织日趋复杂，工业也随之复杂。工业一复杂，就发生问题，因为大工业发达，需要的资本，非个人能力，可以担任，一定要组织什么合股式公司来经营。在前工业最幼稚的时候，就是造弓箭的时候，需要的资本，很少很少，到后来也只不过几百块钱，到现在大概的工业，资本都要几百万几千万，有这样大的组织，因此工业问题，非常复杂，非个人资本可以应付，不得不向旁的地方，借款活动。我们讲大工业，普通指衣、食、住、行四种而言，但分析起来，除此之外，还有二种工业，对于其他工业，很有关系，一种是原动力的工业，如电灯厂、煤气厂，这种原动力，却是一种基本的工业；还有一种是原料的工业，大半对化学方面，很有关系。我们讲工业，既如是复杂，需要的资本，又如是之大，很能知道工业亟须金融界来调剂，因为金融界的责任,是使社会活动的中心,工业是社会组织之一,要使工业活动,非由金融界来辅助不可。

过去银行业务,大都注意于商业,对于工业,比较很少注意。最近外国银行家,对于工业方面,非常的注意,特设 Industrial Service Department,从事研究,如何将资本投入工业;投入以后,将来如何使其归还;在这投入和归还的过程之中,如何使其避免危险;归还的时候,应得的代价几何;都一一加以详细的研究。现在我对工业放款方面提出几点,同诸君讨论一下。

银行对工业放款,至少有一个条件,就是这个工业的出品,卖价是否能够抵所费的成本之外,还足付投资人(即股东)所希望的利益,及银行的利息。假使这卖价不能抵偿成本,固不必论;卖价勉强能抵成本,但不足付股东的利益和银行的利息,那也靠不住;假使这卖价能抵付成本,及股东的利益,而不能付给银行的利息,那末这种工业放款,银行也是绝对不能做,因为这个条件,是放款的最低限度。

我们看中国的工业,时兴时衰,考其失败原因,简单说出来,有以下几种:(一)资本不充足。大半工厂的失败,由于资本的不足,普通只有一万元的资本,终要做到十万元的生意,这当然是很危险的。(二)对原动的机器,不能认识。现在各工厂应用的机器,大都是别人家十年、二十年前用过不要的,一般厂主,看见很便宜,买了下来。这也不能怪他们,因机器的改良,日新月异,普通我们接到这种机器厂家的报告,或是宣传品,最低限度,这机器已是一年、二年以前的。(三)组织不健全。中国有实业界,但没有企业家,以致一件事情,不能决定怎样做去,世界上无论是工业或是政治,都趋向于专门……。办工厂的人,而不知如何做工业,其失败当非偶致。(四)管理不良。有许多人,才干的确是很好的,对于工业也很有心得,但工厂董事方面,不能予以全权,以致时受牵制,工作效能,无法表现。(五)工潮的发生。最近数年,工厂中往往发生工潮,一般工人,大都以为资本家很有利可获,要求增加工资,这原来也是正当的要求,因特别在中国,工资如是低贱,实在不够生活。但往往除此要求增加工资之外,还含有其他的作用,以致工厂在有形与无形中,蒙到很大的损失。

但假使有一家工厂,没有这以上种种问题发生,换一句话说,就是资本很充足,机器能认识,组织很健全,管理很完善,工潮也没有,是否能够做得成功? 我可以说,依然不能成功。因为交通如此不便,出品不能运到市场上去,销售货物不能活动,还有其他政治上种种问题,也很有关系。由此可见办理工业的困难,那末我们银行为自身安全计,不必放款给他了? 但银行的使命,在使社会活动,工业为社会的一分子,工业不动,社会也不会动;工业发生问题,社会也要发生混乱;社会一混乱,我们自身也要受影响。所以我们不独为自身利益计,为社会安全计,更应该要帮助工业。但如何帮助,应有几点要注意:

工厂的本身

对于工业方面,第一要注意的是厂的本身,关于出品卖价,除成本加上运费及其他市场费用之外,至少能付股东的利益,和银行的利息。这一点已经讲过,还有几点,可以研究。

A. 厂的地址。厂址设在内地,那么是近原料;设在商埠,那么是便于输运,靠近市场。所以,厂的 Location 要注意,使距离原料和市场很近,那末一切费用,可以节省,成本减轻,出品容易脱售。

B. 机器问题。第二要研究厂里的机器,是否最新式,是否能适用,这一点对于工业,是很有关系的。

C. 原料问题。中国工厂出品,有时往往原料不够供给,这因为在设厂之前,没有预先计划,需要多少原料;将来万一间断,应如何设法补救,也没有预先打算。所以中国的工业差不多没有一定的标准,因为根本上,原料没有一定的标准。

D. 劳工问题。已详于前。

E. 废料问题。关于原料用去以后,剩下的一部份,如何利用,大多不很注意。有许多工业主要出品,不能赚利,反而注重于副业,因副业反可赚利。有许多工业,没有副业的,就要注意怎样来利用废材料。

运费

讲到运费,陆路比较有标准,如铁路运费,每一车箱,每一吨位,价格若干,均有规则公布。水路则不然,轮船水脚,不能公布,因其同业竞争甚烈,表面上所说的数目,完全不实在,所以水运觉得没有把握。但是有一点,可以知道,陆运费一定比公布的要高,因有时车辆不够,须加纳种种手续费等;水运费因同业竞争的关系,一定在标定数目之下。譬如水脚,说明一两银子,但实在计算起来,在一两之下;陆运言定二十两,但有时要外加一倍,付出四十两。可是货色装在船上以后,不是就算完事,还有搬运的费用,也要估计。有的地方,有工会组织的,那末脚力大一些,这是要注意的第一点。第二点,装运的东西,不能完全走陆运,或水运,应该加以分别。譬如瓷器之类,最好装轮船,走水路,假使装火车,走陆路,那末很容易损坏,这也要加以注意的。

市场

做生意的,一定要选择这批货色,在市场上是否可以销售,假使消息不灵,做了这种货色,不能够销,那么就要吃亏,至少利息要损失。第二点,要研究市场上,除能销之外,人民购买力如何。譬如我们将货色运到广东去,因广东年来没有什么事变发生,购买力较强;汉口因去年水灾的缘故,购买力很弱,只能销很少的货色,假使大批运过去,就没有出路。第三点,这货色运出去,要研究市场上,存货有多少。假使存货很多,那末市民购买力有限,运去的货色,就无法销去,假使这货色不能贮久,那么吃亏便不小。第四点要注意的,就是潜市场(Potential Market),譬如这城市中,牙粉可销十万箱,假使已销五万箱,我们还可以去销五万箱;还有这城市中共有人口一百万，已经用这种货色的，有五十万人，还有五十万人没有用，这都是所谓潜市场。除此之外，还有一点要注意的，就是代替品问题。假使这货色，价钱很高，而市场上没有代替品，那末可以销，否则就要买代替品，不用这货色，这也很要注意到的。其他如货色有无保险，出厂后到消耗人手中，能经多少时间不坏，这也很要紧。此外中国政治上各种问题，也要加以考虑。

以上所讲各点，乃对于普通一般工业而论，对于中国工业，就不能完全适用。因为中国的市场，是公开的，外国货可以任意运销各地，而洋货反能比国货赚钱。洋货运到我们市场里来，比国货运到自己市场里去，成本要轻，价钱比较便宜，容易脱售，这一点不得不注意。而且，外国银行对于工业，很多帮助，譬如工业放款，利息很低，只有四厘五厘，在中国就做不到，终要八厘九厘，这就要想法渐渐减低来辅助工业。

说到这里，就要讲到本身问题，金融家为帮助工业发展，至少限度先要分析其出品卖价，是否能抵成本，及股东利益之外，足付银行的利息。银行并为安全计，对于预先假定的数目，可以打一折扣，这是对工业方面而论。讲到银行本身，力量如何，也要有一个预备，假使力量不十分充实，对于各种工业，不能一一帮助，就要选择什么工业先辅助。譬如必需品工业，可以先帮助；奢侈品工业，不妨缓一步，这须有通盘的筹划。除此之外，还有放款期限问题，及做押款的东西，市面上是否活动；假使不活动的，那末老是押在那里，动也不动，也是非常困难的。在外国有贴现的办法，流通很便利，希望中国也能通行这种办法，那末对于工业方面，也是一个很大的帮助。

总之，我们对于工业，站在社会的地位上，应该怎样想法帮助，因为一国工业不发达，什么东西，都要仰给外国。中国虽是一个农业国，但至少对于自己需要的东西，能够自制自给，否则进出口，就不能平均，国内经济，无法振发。所以我们对于工业，应有设法的辅助,现在还在试验期间,我们研究放款要怎样保障,收款回来时,有怎样利益,不得不从对方着想,是否靠得住;靠得住的就放给他,靠不住的,就不放给他。这就要在此试验期中,所应注意的。

(《中行生活》二期,1932 年)

编后絮语

霍宝树先生谈到了一个非常重要的问题,即银行放款的最低限度问题。银行对于工业的放款,至少要有一个条件,就是这个工业的出品,卖价是否能够抵所费的成本之外,还足付投资人(即股东)所希望的利益,以及银行的利息。用霍先生的话说,就是"靠得住的就放给他,靠不住的,就不放给他"。从社会责任的角度出发,银行应当支持工业,但银行也应当充分兼顾自身的利益。银行作为一个企业,也有股东利益,也有自身员工的利益。违背了这一底线而空谈社会责任,则是不切实际的,也是很不负责任的做法。

贾士毅(1887~1965)

　　字果伯,号荆斋,江苏宜兴人,清光绪十三年正月初四(1887年1月27日)生。1911年毕业于日本明治大学法政科。1927年任上海银行公会书记长,同年8月任国民政府财政部赋税司司长。1928年兼任交通银行监察人。1932年1月任国民政府财政部常务次长,仍兼赋税司司长。1933年2月任湖北省政府委员兼财政厅厅长。1934年任交通银行监察人、湖北省银行理事长、豫鄂皖赣四省农民银行理事等职。1943年1月任江苏省政府委员兼财政厅厅长。1944年兼江苏农民银行董事长。1945年专任江苏农民银行董事长。同年8月任鄂湘赣区财政金融特派员。1951年去台湾定居,先后任台湾第一商业银行董事、"交通银行"监察人等职。1965年7月9日因病在台北去世。著作有《民国财政经济问题今昔观》《国税与国权》《民国财政史》《国债与银行》等。

"汇兑统制"（Exchange control）制度，滥觞于欧洲大战时期，其正确之意义，乃指一国政府或中央银行对于外汇之种种干涉（Intervention）。欧战以后，国际金融渐趋稳定，汇兑统制之制度，虽无形废弛，然自世界经济恐慌发生以还，计划经济风靡一时，外汇统制制度，复为欧美各国所采用。惟平时对于外汇之统制，系采寻常之方法，战时则采非常之方法，此其不同耳。

现代之战争，乃经济之战争，自沪战爆发以后，我国对敌国所采之战略，厥为持久战，消耗战。盖敌为侵略国，我为被侵略国，敌国每日所需之战费，必若干倍于我国，我国既抱定持久抗战之决心，则敌之经济能力，行见消耗殆尽，终不免趋于崩溃之一途。同时就本国经济立场言，于此抗战过程中，政府固应尽一切可能，以维持经济之作战力；在人民亦当积极协助政府，对国家作经济之贡献，消极方面尤不能妨害或浪费国家之经济能力，俾抗战时期可以持久，而达到消耗战之目的。

我国法币政策之成功，增强对日抗战之力量非鲜，倘此次全国抗战，发生于币制改革之前，我国经济与财政不能如今日之安定，可以断言。溯自二十四年十一月政府颁行新货币政策，国内通用法币，不能兑换实货，国外汇兑如英镑、法郎、美元等，中央银行按日均有一定之行市，并在伦敦、巴黎、纽约等处，存放大宗汇兑基金，以昭信誉。但若仅仅采行法币政策而不限制外汇之购买，则一遇时局紧张，原无购买外汇之必要者，亦竞相购买外汇，以图自利，致使资金外流，汇率下落，仍足以危害法币之信用，动摇战时之金融。例如自卢沟桥事变至沪战爆发之短期间中，资金外流之数目，达数百万镑之多,殊属可惊。因此政府为防止私人滥购外汇、资金逃避起见,更颁布《非常时期安定金额办法》七项:(一)自八月十六日起,银行钱庄,各种活期存款,如须向原存银行钱庄支取者,每户只能照其存款数额,每星期提起百分之五,但每存户每星期至多以提起法币一百五十元为限。(二)自八月十六日起,凡以法币先付银行钱庄续存或开立新户者,得随时照数支取法币,不得限制。(三)定期存款,未到期者,不得通融提取;到期后如不欲转定期者,须转作活期存款,但以原银行钱庄为限,并照本办法第一条规定办理。(四)定期存款未到期前,如存户商经银行钱庄同意,承做抵押者,每户至多以法币一千元为限,其在二千元以内之存款额,得以对折作押,但以一次为限。(五)公司工厂商店及机关之存款,为发付工资或与军事有关须用法币者,得另行商办。(六)同业或客户汇款,一律以法币支付之。(七)本办法于军事结束时停止。

前项办法虽未明示统制外汇,然其立法精意,系从限制提取存款之中,间接用以限制外汇,简言之,民间既不能随时提取存款,自无能力再购外汇,因是我国法币信用,日形坚定,国外汇兑,亦无甚变动(仍维持于每元等于英金一先令二便士四分之一与一先令二便士半之间)。夫汇率之稳定,实为战时金融之必要条件,因汇兑稳定之后,不特可以提高人民对通货之信仰,增强人民对政府之信心,即就财政立场言,中国因军需工业不发达,所需军火大都仰给于国外,倘于战争期间,汇率下落,则购买某定量军用品所需之中国货币,势将较前增加,是政府为减轻战时财政上之负担计,亦非稳定汇率不可。

最近敌人因战事失利,进退为难,其国内金融之恐慌,政潮之酝酿,又日见剧烈,乃妄冀破坏我法币信用,以求一逞,并谋以种种方法,夺取我国外汇基金,供彼使用。其初步计划,即唆使北方之伪组织设立所谓"联合准备银行",发行无价值之纸币。该伪银行已于三月十日开幕,但创立银行所必须之资本金,至今分文无着,敌人原欲强逼平津各银行入股,资其抪注,各银行均严正拒绝之矣。伪银行对于其发行之伪币,表面上规定可按照一先令二便士购买外汇,但须经由敌国转购。查敌人财政枯绝,以日币购买英美外汇,凡超过日币百元者,均须先经其大藏省之核准,试问平津人民如以伪币向伪银行购买外汇,转辗周折,焉能购到外汇?故其所谓资本若干可购外汇等等,均属欺人之谈。其根本作用,一方面实欲破坏我国法币信用,以无价值不兑现之伪币,供敌人在我国境内使用;一方面则欲以伪币调取我法币,兑换我国外汇基金,供敌人向他国购买军需物品而已。当伪组织于伪银行开幕之前一日,曾命令平津中交两行,令限以后法币买卖外汇,不能再依照一先令二便士半之法价办理,而强减为一先令二便士,并强令法币须与伪银行法币及日币平价兑换。夫法币外汇价格,乃政府所法定者,自二十四年改革币制以迄于今,从未变更,伪组织焉能强令减低之,其蓄意破坏法币信用,彰彰明甚。至所谓法币应与伪币、日币平价兑换一节,尤暴露其妄图以伪币换我法币,夺取我国外汇基金之阴谋。

又敌人近在上海方面,复制造谣言,破坏法币信用,暗中则搜罗法币,间接向我购买外汇,用心之毒,殊堪痛恨。财政部因之制定《购买外汇请核规则》,自三月十四日实行,对我国外汇作更进一步之统制,指定中央银行总行办理外汇之请核事宜,规定办法三条于下:第一,外汇之卖出,自本年三月十四日起,由中央银行总行于政府所在地办理,但为便利起见,得由该行在香港设立通讯处,以司承转。第二,各银行因正当用途,于收付相抵后,需用外汇时,应填具申请书,送达中央银行总行,或其香港通讯处。第三,中央银行总行接到申请书,应即依照购外汇请核规则核定后,按法定汇价,售与外汇,其购买外汇请核规则另定之。

按其公布之请核规则凡六条:(一)银行因顾客正当需要须购买外汇时,除于其本行商业所取得及其自有者相抵外,如有不敷得向中央银行总行或其香港通讯处申请购买。(二)申请银行应依照规定格式填具申请书,送交中央银行总行或其香港通讯处,前项申请书格式,由财政部规定之。(三)中央银行总行或其香港通讯处,于每星期四晨七时截止,收受申请书,即依次审核,至迟于次日晨七时将核定通知书送交原申请银行,如遇休假,则于休假后开业日办理之。(四)申请银行接到核定通知书后,得于即日凭购外汇。(五)银行购取外汇后,中央银行总行或其香港通讯处,得向索外汇用途清单,以备稽考。(六)本规则于财政部公布之日施行。

此项规则之颁布,实为针对敌方阴谋之一种措置,亦为统制外汇、安定金融之有效方策。至其利益可得而述者:如投机行为无从发生,国内资金,不致任意外流,物价不致高涨,社会经济,益臻安定,对于抗战力量之持久,裨益非浅,此其一。此项《购买外汇请核规则》既经实施,敌方纵以各种卑劣手段搜罗我沦陷区域之法币,亦无由夺换我外汇基金,且将自绝其伪币之用途,转而增高我法币之价值,此其二。外汇购买,虽经统制,而正当商民仍可请求购买,对于进出口贸易,并无窒碍。且以国外汇率之稳定,法币价值之稳固,对于国民经济,更多裨益,间接亦足以增强抗战之力量。

自《购买外汇请核规则》公布以后,据沪汉各报消息,中外银行皆一致遵行,足见各友邦之同情赞助,殊堪钦佩。良以中国财政币制之巩固,中外俱利,此项规则之实施,一方面固在巩固中国之法币基础,同时亦可以保护各国之正当贸易也。最后值此持久抗战期间,凡我同胞,尤当尽量发挥爱国热忱,对于政府法令,皆须绝对服从,肃清利己害国之举,根绝趁火打劫之念。须知长期抗战之胜负系于经济与金融之得失,吾人对于我国经济之能力,不特不能稍加摧残,更应积极加以培养,日常生活宜极端撙节,非万不获已,切勿购买外汇,多撙节一分国力,即可以多持久一天抗战,同时对于伪银行之无价纸币,尤须一致拒绝使用,则敌人一切阴谋狡计,无所施其技矣。

(《青年月刊》五卷五期,1938 年)

编后絮语

抗日战争，实际是一场"持久战"和"消耗战"，这就要求政府尽一切可能，以维持经济之作战力，同时也要求人民对国家作经济之贡献。这当中，统制外汇就显得相当重要。贾士毅先生透彻解读了两个重要规定的深刻含义，一是"非常时期安定金融办法"，二是"购买外汇请核规则"；前者限制了提取存款，间接当然限制了购买外汇；后者则直接针对敌方搜罗法币换取我方外汇基金的卑劣目的。当然，对于我同胞而言，尤应尽量发挥爱国热忱，"肃清利己害国之举，根绝趁火打劫之念"。

金国宝（1894~1963）

字侣琴，江苏吴江人，清光绪二十年（1894年）生。毕业于美国哥伦比亚大学，获硕士学位。曾任国民政府财政科长等职。1929年8月任南京市政府财政局局长。1930年起任交通银行总稽核、中国银行经济研究处专门委员。1944年任中央银行会计处处长。后任中国实业银行常务董事。1963年去世。著有《中国币制问题》等。

银行现行保证制度之废除与改进

现时社会人士,对于在银行服务者,莫不表示艳羡,盖鉴于一般大银行中,行员薪津既较丰厚,职务亦较稳固,在此失业恐慌日形严重之时期中,自已较为安定。惟行员职务上困难之处,恐尚非局外人所知悉。困难之处唯何?盖即保证问题是也。

行员因职务上关系,大都终日与钱币、有价证券等相接触,银行方面,为防止营私舞弊起见,自不能不令其提供确实可靠之保证。过去因习俗相沿,一般为行员作保者,大抵系社会上具有相当声誉之人,惟此种人为数无几,而社会间求人作保者,则极为众多,故每一负有相当声誉之人,往往为数十百人作保。夫个人之财力有限,以有限之财力,为多数人作无限之保证,其结果之不能圆满,自在意中,故银行遇有行员舞弊,常至无从追偿损失。且照目下事实所见,此种保证,只仅于形式上作一规定,因作保之后,保人与被保者常异地相处,不相闻问,并不能对被保者加以密切之监察。而少数自甘堕落之行员,益以此无切身关系,对保证之束缚,罔所顾及,此亦现今弊案迭出之因也。

晚近银行录用人员,大部用公开考试方法,以期甄拔真才。其录取之人,既非由权势保荐而来,自不易获得有地位之人,为其作保,故往往有学识优秀,徒以不获适当之保人,终遭遇摒弃,甚致自杀者有之,报章记载,数见不鲜。重以近时世风浇薄,人心不古,少数行员,因行止失检,入不敷出,或则利欲熏心,私行投机,不惜为害群之马,营私舞弊,以冀侥幸,一旦发觉,连累保人之事,时有发生。于是一般为保人者,均抱绝对慎重之态度,非属至戚,或具有极深切之关系者,决不肯轻于为人作保,而行员觅保,遂益感困难矣。

以上所述，仅举其荦荦大者，已可概见个人保证办法，不仅重累行员，贻误银行，而于保人，亦属不利，是以亟应加以改革。惟过去银行界人士，虽均有此种感想，但无妥善之改良方法，故迄未能解除上项困难。在今世欧美各国，此种制度，早被淘汰；其所行之信用保险，保费极昂，于吾国情形，不尽适用。近阅本埠某大银行创议之特种现金保证办法，其内容系采效英美银行制度，参酌国情而订定，由甲乙丙三项保证金，与连带处分、奖励告发等五原则所组成。规定于行员进行时，缴纳三个月薪额之甲种保证金(该项证金于离行时，全数领回)，存储行中，仍可得利息。嗣后每月于薪水或储金中扣缴百分之二为乙种保证金，并由行方年拨若干，为丙种保证金。以甲种证金之利息半数(其利息特予提高，以半数发给行员，以免证金虚搁)及乙丙两种证金，合成巨数，作为公共准备金，以备遇有行员舞弊，而该员之证金及其他所有财产不足赔偿时，以资弥补。其乙种证金，性质类似信用保险之保证，但若无弊发生，仍可发还。此为体恤行员，及引起行员切身关系而定，较之保费缴纳后，不能发还，更有积极作用。是在保险之中，寓有储蓄之意，较信用保险，尤胜一筹。以上二项，乃着重于巩固事后赔偿方面，于防止舞弊，恐仍无大效，故复规定连带处分与奖励告发两项，以遏止舞弊之动机。其后并有于巨额之准备金中，提成作行员福利事业，以匡助人事管理之进展。

吾人观于上文，觉其各项规定，具有密切连系之关系，其连带处分与乙种证金之发还，尤为含意深长。整个办法，规划缜密，蠲除个人利害观念，从整个团体之利害着想，切合现代团体结合之精神，尤注意于事先之防止，在原有办事上机械式之监督外，并可促进精神上之结合，以共同合作，而达防止舞弊之目的，其奏效宏远，自可断言。又按原计划书创议迄今，已逾二载，修正七次，原议者迭经博采群议，研讨修正，已臻尽善，其精神尤可钦佩也。

在实行之后,行员可解除觅保之困难,在银行方面,设遇发生舞弊情事,亦有的款,可资补偿,不致如向时之涉讼经年,毫无结果;而尤使一般作保者,将来不再受无辜之累,实于各方均有利益。至行员初入行时,应缴三月薪额之证金,在家境清寒者,虽亦筹措非易,然数额亦属有限,较之求人作保,实觉便易多多。故现金保证,系解除行员痛苦之唯一办法也。

自该办法创议以来,实业部吴部长,颇为赞许,经济专家立法委员马寅初博士,对此在报上发表谈话,认为可行,并希望银行界当局加以重视;最近银行学会应银行公会之请,复详加研讨,并分函全国金融界,共同研究,各方所表意见,甚为赞同。本报主编李权时博士与其友宋君合撰"答客问"一文,刊载本报第二十卷第四十九期,详加阐述,以释群疑。至各界人士,亦均有宏论或意见发表。此足见各方赞助之切,与属望之殷。现闻银行公会以研究妥善,正计划推行办法,俾资从速改进保证制度。各银行亦将群起推行,闻已有一二银行拟于月内即加施行,实开风气之先。此种改革创造之精神,非常钦佩,行见数十年来银行界所感受保证问题之困难,得以解除。吾国各种事业,过去类属墨守成法,缺少创造精神。此项办法,闻屡经银行界诸领袖公开研究,均深表赞同,足证办法妥善完密,毫无疑义。行见一行创议,各行仿行,前途展望,愈见光明,不仅我银行界之幸,实亦全社会各方面之福也。

（《银行周报》二十卷一期,1937 年）

编后絮语

不可否认,保人制度作为传统银行业的重要制度设计,对防止银行职员的营私舞弊确实起到了一定的作用;同样不可否认的是,这一办法也同时存在着不少弊端,如觅保困难、追偿不易等等。上海银行业当时引进的"特种现金保证办法"，试图以保证金为主，并附加连带处分、奖励告发等措施，来替代传统的保人制度，便是参照欧美银行制度，并结合中国实际的一种新尝试。此项改革曾在当时银行界引起强烈反响，可惜因抗战爆发而受到较大影响。如今的不少银行，也采取了风险保证金等措施，但效果并不尽如人意。从这个意义上说，传统银行保人制度中的一些设计理念，倒也确实值得我们思考和借鉴。毕竟，金钱并不是万能的。

康心如（1890~1969）

名宝恕，祖籍陕西城固，清光绪十六年（1890 年）生于四川绵阳。1911 年加入同盟会，旋赴日本入早稻田大学，政治经济学专科毕业。辛亥革命后，任四川银行贷付课课长，曾任上海濬川源银行经理。1921 年参与筹办中美合资四川美丰银行，1922 年 4 月任协理。1923 年提出改革银行建议，业务大进。1927 年四川美丰银行改为华资银行，任董事、总经理。同时任刘湘二十一军顾问兼财政设计委员会委员，二十一军整理重庆金融库券基金保管委员会副主席，四川地方银行理事等职。1931 年 9 月任重庆银行公会常务委员，1937 年 9 月任重庆银行公会主席。抗战胜利后，曾赴美国、加拿大考察银行业务。中华人民共和国成立后，历任西南军政委员会财经委员、重庆市工商联副主任委员、全国工商联执行委员等职。1955 年任公私合营重庆投资公司经理。1969 年 11 月 16 日因病在北京去世。

战时是最紧张、最错综、最激烈，而且是最需要技术管理的时代。四年多抗日的战争，不只是武力战，同时更发生了政治战，尤其我们应该明了而要切实地工作的是经济战。经济战是多方面的，而银行刚好站在主力的地位，一切工商业的建设与成长，物资的集中分配和交换，和银行是绝对不可分离的。银行界负有这艰巨的责任，而且要在这剧烈的战争中获得胜利，就非认清自己的责任不可。现在只是谈谈一般银行应有的责任。

第一，树立和加强信用。因为银行成了金融动脉，运用资金务以活泼安全为主。银行除了股本公积金而外，多属社会资金，定期存取，固属运筹在握，按期准备，活期则准备之标准殊难一定，所以负统筹责任，就需要熟知活期情形，资金来源及其用途，来决定一个比较近似的准备率。又如汇兑方面，因时间之缓急而有票信电汇之区分，万一付款迟延或电码错误，或巨额支付准备不敷，在在均足影响，他如法令根据未臻妥善，亦属原因。总之，银行第一要义，即在业务筹措之如何得当而已。

第二，调整机构与人事管理。一银行的成立，各有造成的因素，因之其组织统系不无大同小异，但以时代的变迁，业务的进展，人位的增加，其机构即有随时调整之必要，而且整个机构之下依次分设若干单位，各单位的设置，亦各有其特殊的制度。虽然制度有别，而共同进展的目标只有一个，所以各单位相互的联络，应该密切，就可以完成一致的行动。尤其在战时，瞬息万变当中，它所负有的工作程度与情形，应适应着时代而进展，其中的设施也就非具有绝大努力与决心万难办到。

为了机构的健全,自然要注重人事管理。战前的人事,像湖水一样的平稳,战争发生,公私机关均纷纷迁徙,政府为贯彻统制政策,对各部门,亦均分设统制机构实施管理,以建筑坚强的经济壁垒。百政齐施,纷繁万状,人事管理尤为急要,一方面需要更多的人,而且需要更有才能的人。各方尽力的罗致,对人位固得到解决,但能力的培养,操守的考查,经验的充实,体魄的锻炼,合群性的建立,和自私心的汰除,都得要下很大一番功夫。机构的改组还比较容易,叫它怎样,它便怎样,人的管理,那就困难得多。聪明才智,教育程度,家庭环境,身体强弱,道德高下,都有不同,要在这里边去抉择,有弱点者,均须一一纠正,使他成功为一个有用的人才,然后分配事务,使之各得其宜,以收最大的效果。

第三,协助工商促成建设银行的目的。一方面吸收社会游资,一方面贷款与工商业,在战争中的我国,一切工商业均逐步的建设和发展,国家的政策如此,全民的愿望也是如此。这个责任,是需要银行负担起来,把银行与工商业的关系相互地加强,工商业越发达,银行业也越发展。欧美的国家,所以能够富强,也就是在一贯的国策下,共同努力所致。我们知道自己的病源,把积弱的国家使它健强,只有这一个办法。同时抗战需要的一切物资,都需要这样的充实起来,准备着永远的抗争,完成民族复兴与领土完整的目的。但是银行资金完全是属于社会的,银行既向社会负有责任,对于工商业的放款与投资,都得十分慎重。因为工商业的组成内容各有差异,主持人才之是否适当,技术人才之是否精纯,成本是否妥当及按期完成,股东是否均为工商业有声誉者,均为重要之参考资料。各方面均能顾到,然后放款投资,始足保障社会资金之安全,而工商业亦因适应环境及健全事业而益获发展之机会,如此始可达建设之目的。

至于技能方面,涵量极广,粗浅视之,亦不过店员而已;今细为分别,所需专门学识与技能,不可谓不多。兹将显而易见者,列述如左：

一、业务方面。自然以银行学为主，但基础则必知经济学之原理，始足以谈银行。又如经济地理，国际政治形势，统制经济政策，国际贸易，汇兑，货币等学，均为计划业务不可或缺之基本知识。

二、会计方面。虽然以簿记会计为主要，但前项知识仍不可不具备，他如审计、统计，亦属不可少之辅助学识。一、二两项所必需之法律知识，如银行法，储蓄银行法，公司法，票据法，民法债编，物权法。

三、事务方面。则如商品学之问题，必极其充分；事务管理尤属主要，如光线之调节，音响之减低，办公室之布置，行役之配备，消防之设置，清洁之方法，无一不需要有深刻之培养；又如图书馆学，档案制度等，无不为最重要之学识。

四、人事方面。国内人事管理，近年提倡者日盛，但设计已难，而施之尤难。对前述三项所需学识固应明了，始能将人与事配合适当，但本身应具备者，如人事管理学，社会学，心理学，犯罪学，民法继承亲属等编，刑法，违警罚法，生理学，公共卫生，医学常识，他如体育，音乐，均须配备完善，始克措置裕如。

以上所举，均系荦荦大者，但银行任用职员，训练职员，无不以此为正鹄，而在此列强角逐之大时代中，苟不努力以求进益，则将瞠乎其后，永为附庸。又如语言，交际，机断，尤为必要。而外国语之具备，亦不可少，以接受先进国家之知识，徒赖译本，殊不足以尽窥真诣。总之，负有银行之责任，必备有银行所需之技能，否则沐猴而冠，何以求进展？何以肃内部？何以效力于国家社会？值此战祸方兴未艾，列强技术日有改进，应急起直追，以达国际地位平等之目的。抚怀兴感，不得已言，值《银行界》创刊，拉杂成篇，聊以进惕励之言而已。

（《银行界》一卷一期，1941 年）

编后絮语

"战时是最紧张最错综最激烈而且是最需要技术管理的时代",康心如先生在抗战经过四年多后提出的这个观点,是非常具有见地的。在他看来,抗日战争打的是武力战、政治战,也是经济战。银行处于经济战的主力地位,必须担负起应尽的责任,需要树立和加强信用,调整机构与人事管理,协助工商业等等。同时,无论业务方面、事务方面,或是人事方面,都还需要不少必备的技能,缺一不可;正如康先生所言,"沐猴而冠,何以求进展"。

李铭（1887~1966）

字馥荪，小名福生，浙江绍兴人，清光绪十三年（1887年）生。幼读私塾，后毕业于日本山口高等商业学校。1912年任浙江地方实业银行稽核，1913年任该行上海分行副经理，1916年升任经理，同年5月，参加以宋汉章、张嘉璈为代表的上海金融资产阶级抗拒袁世凯停兑令的活动。同时为上海银行公会第一、三、四届董事。1923年3月在上海另组浙江实业银行，任常务理事兼总经理。1926年任上海银行公会主席，直至1935年。1927年任公债基金保管委员会主任委员，并任浙江实业银行董事长兼总经理。1928年7月由国民政府财政部任命为华俄道胜银行总清理处清理员，兼管上海分行清理事宜，10月任中央银行监理会主席，11月中国银行改组为特许国际汇兑银行，任该行董事长，另任交通银行董事。1931年1月任国民政府财政委员会委员。1932年3月与张嘉璈等组织上海银行同业公会联合准备委员会，任常务委员、主任委员，5月任国民政府全国经济委员会委员。全面抗战爆发后，受孔祥熙指派，留在上海，再度当选为上海银行公会主席。1941年3月离沪赴美，旅美期间，仍任浙江实业银行职。1946年回国，连任上海银行公会主席，特任国民政府最高经济委员会委员。1948年4月任中央银行贴放委员会委员，同年浙江实业银行易名为浙江第一商业银行，仍任董事长。1950年在香港筹设浙江第一商业银行，自任董事长。1966年10月22日因病在香港去世。

一、中国的特质

在世界的恐慌潮流蔓延的时候,中国本来可以希望不至受很大的影响。中国是一个农业国,农村的组织,都还保存着中古时代的散漫的形式。新式的交通器具,铁路和汽车,应用在农产运输上面的自然是很少。电气和蒸汽,应用在农作上面的,也是微乎其微。这种散漫的农村组织,在生产的效率上,自然是很薄弱。在国家的统一和国权的扩张上,更是一个很大的障碍物。然而在世界的恐慌潮流当中,这种制度,却会显出它的优点。恐慌的原因,是生产过剩,和因此而起的物价低落与失业。这种情形,在小规模生产的农村里,是不会发生的。中国大部分的农村,都还保存着自给的状态。农业上的生产,大都是为自己和邻居的消费,农产品还不曾完全商业化。有人统计,北方的农产,农民自用的占百分之六五点五,而出售的仅占百分之三四点五。南方的农产,农民自用的和出售各占百分之五十。在这种状态之下,所怕的,只是荒年,生产不足。有时候特别的丰收,大不了也不过发生一些零碎的"谷贱伤农"的情形。严厉的生产过剩,是不会发生的。

我们倘使拿东三省的情形做一个比例,就可以格外明白在这几年当中,东三省的大豆,的确曾经发生生产过剩的恐慌。这是什么原因呢?就因为东三省农业的生产,是比较大规模的生产。在东三省,几百几千亩大小的农场还算是小的。而所出产的大豆,不但是国内贸易的重要商品,而且是国际贸易的商品,农产品是充分的商品化了。因此,在民十八丰收之后,恰巧再遇着国外购买力的低降,就发生了生产过剩的恐慌。许多人固执着历史上农业经济时代的印象,对于年岁丰收,要发生经济恐慌,都认为很奇怪。其实在商业经济时代,这种情形,很是平凡的。昨今两年,江浙一带丝业的恐慌,就犯同一毛病。倘使生丝不成为国际市场的商品,而只是农民自给的产品,就一点都没有问题。

二、经济衰落的原因

所以照大部分的情形看起来,中国是不会十分受生产过剩的恐慌潮流的影响的。然而我们为什么会有今天的经济的衰落呢?这个原因,自然是很复杂。

第(一)种原因,就是二十年以来国内不断的战争。在内战的时候,我们常常在报纸上读到双方告捷的文电,甲方今天说击破乙方的军队几师,乙方明天说击溃甲方的军队几师。那告捷的人,自然觉得很快意,然而却不曾计算计算国家的报失。每一师军械军装的设备,平均在八百万元左右,所以击溃了一师人,就表明破坏了八百万元的国家财产。在内战过程当中,被击溃的军队,恐怕要在五十师以上吧。那么,军械军装的损失,就已经在四万万元以上。子弹的耗费,防御工作的耗费和破坏,也许要在这个数目之上,人民的家屋、农田、牲口、农产物,公共建筑物如城池堤防,交通机关如铁道轮船的破坏,恐怕还要几倍于军事上直接的损失。而工商业和金融的直接间接损失,更是不可计算。有人估计中国内战的总损失,要在一百万万元之上,恐怕并不是过分的话。击散了军队,许多就变为土匪,失业的农民,也要加到土匪里面去。农村的兵灾和匪患,使人民不能安居乐业,就已经种下今日农村破产的根源。

第(二)就是天灾。民十八的西北大旱,饥民把树皮草根都吃尽。民二十长江大水灾,更是空前的。一个以农立国,农民数占人口百分之八十的国家,而接连遭遇这种不幸的天灾,自然是要民不聊生了。照金陵大学的统计，去年遭水灾区域为一百二十一县，居民的损失，要达二万万元，而堤防道路的破坏，农民秋收后，副产无从下种的损失，还不在内。国家和地方财政的短收，数目自然也是很大。天灾的结果，在农村方面表现的，是盗匪猖獗；在都市方面表现的，是产业凋零，工商破产；在贸易方面表现的，便是三年以来农产物入口的激增。（民十八，十九，二十，三年间的农产物的输入，总值达关平银十万万两之谱，而且每年都有巨额的增加。）

第(三)种原因，当然是外患了。中国的外患，的确日甚一日。单就最近五年来而论，民十七有日人炮轰济南的惨案，民十八有东北方面中俄的冲突，那直接和间接的损失，已经是很大。等到去年九月十八日东三省的事变发生，那才是我们遭遇到历史上最严重的时代。接着又是今年一月二十八日上海的中日战事，使一个工商业繁华的所在，受到惨酷的炮火的洗劫。上海战争的直接损失，据说已有十六万万元之巨。东三省的事情，现在还没有到总结算的时期，然而，恐怕至目下为止，损失已经要比上海事变大好几倍。

三、思想的出路

照上文所述种种，我们自然可明白，几年来中国的危难，可说是"天灾人祸、内忧外患"八个字都齐全了。目下，恐怕多数的国民，心里下都在那里发生一个疑问，就是"中国会不会灭亡"？有许多血气方刚的青年，因为过去对于国家的希望过于操切，所以对于几年以来江河日下的国事，失望亦愈甚。他们悲观的结果，甚至要自杀。有一部分的青年，因为对于现况的不满，思想走上了极端。——在目下的思想界中，一面有极左倾的共产主义，而一面却有极右倾的法西斯蒂。这种极端思想的发生，固然都有它的原因，然而能否代表大多数人民的公意，那是一个问题。

一种思想的发生,往往是很早。然而一种思想的实现,却往往要很迟。某种时代还没有到,而要实现某种思想,那是徒然增加纷扰,而是决计不会成功的。十年或者二十年以后的中国,要实现何种思想,采行何种制度,自然是谁都不能断定。然而在目前,我敢说,任何极端思想的实现,恐怕都是早。第(一)中国处在温带里面。温带里面的民族,因为气候的影响,民族性也是温和的。一个温和的民族,自然很不容易听信激烈的极端思想。第(二)中国是一个农业国。农民大多数都有自己的家屋和土地。有自己的家屋和土地的农民,自然都希望有安定的生活,使他们可以安居乐业。所以,一种激烈的极端思想,除非在灾区和战区里面,农民因为离乱的缘故,或者要一时的听信,在通常状况之下,他们是不会接受的。尤其因为中国国土的广大,交通的不便利,以及教育的不普及,一种思想的实现,要格外的迟缓。即使是一种很好的思想,我劝青年们也要有充分的忍耐性,认为目下只可供研究和讨论,而不要想在未成熟之前,贸然去实行。

　　实际上,这些极端思想的发源,不过是在几个都市里面,而蔓延的区域,也仅及于一部分的灾区和战区。都市里,所以容易发生极端思想,就因为都市里面的居民,大多数没有土地的关系,他们的生活本来是比较的不安定,而外侮的刺激,当然也较内地居民厉害得多,同时对于国外的思想,自然也比较的接近。他们在不安定的生活当中,受着重大的刺激,对于现状悲观的结果,外来的极端思想,自然就容易吸收了。因为这种极端思想传播的不广,而根本上和中国的民族性又不适宜,所以目下只要能在政治经济的前途,发现一线的曙光,使大家知道按部就班的向和平建设的路上跑过去,我们可以安稳的取到民族解放和繁荣。那样,自然而然的,人心也就安定下去,而觉得任何极端行动并不需要了。中国有五千年的悠久的文化,四万五千万的人口,只要一百个人中间能有两个人肯努力,就已经有九千万的生力军,比较日本的人口只有六千五百万,已经要多二千五百万人。只要这九千万人通力合作,走向同一的目标,就尽可使国家富强。我们并不必希望人人争气,只要有百分之二的人争气,中国就绝不至于灭亡。所以,我们可以乐观的说一句话,"中国会不会灭亡"并不是目下的中心问题,目下的中心问题是"怎样可以回复中国经济的繁荣?"

四、复兴中国与国际合作

在目下,国际间关系这样的密切,一个国防弛懈、工商业落后的中国,要使它的经济回复繁荣,没有国际间的充分的合作,是不可能的。所谓国际的合作,如消极的方面,是政治侵略的停止,这并不是代中国民族打算,而是代整个的世界打算。中国是一个宝贝,然而这个宝贝,并不是轻便的金珠钻石,而是一个笨重的银浇成的"莫奈何"。这不是强盗所能够随便抢得走的。外国人要想在这个"莫奈何"上面找点好处,唯一的办法,就是和它的主人——中国国民——好好的商量,用和平合理的方法,把那个"莫奈何"上的银子采下来贩卖,使死藏的生银,变成可以生息的货币。那样,在中国国民,固然是化无用为有用,而那代为设计的外国人,当然也可以得到贩卖利益,作为设计的酬劳。

三十年以前的中国,政治上的大权,握在顽固而不知世界为何物的官僚手里。他们在外交上,只知道用无理的傲慢态度对人,而对于别人和自己的实力,一点都是不曾估计。那时候的国民,虽然已经有五千年的文化,然而在传统的"中国就是天下"的思想之下,国家观念和世界大势,当然是莫明其妙。在那种状态之下,外人要和中国通商,就要想到非用军舰和大炮来威吓不可。而在事实上,这的确曾经成为历史上一种有效的方法。目下的中国可就大大的不同了。在科学的进步,和物质的建设上,虽然并没有惊人的成绩,然而一些简单的国家思想,自然已经是有相当的普及。和平互利的贸易和投资,不但没有人反对,而且大家都欢迎。北方种大豆花生的乡民，南方养蚕的农户，都和国际贸易发生了密切的关系了。他们都希望世界和平，自由贸易，使他们的产品，可以畅销。这和六十年以前，建筑沪淞铁路的时候，全国上下，认火车为妖物的情形比较起来，真可说是天差地远了。

所以依照目下的情形，外人要得到和中国通商的利益，只须用和平的方法，就可以达到目的，或者可以说，只有用和平的方法，才可以达到目的。倘使外人还是固执着六十年以前的观念，仍想用军舰大炮做贸易的先锋，结果只有两败俱伤。一个已经有了五千年的文化和相当的国家思想，而人口数达四万五千万之巨的大民族，决计不是任何的武力所能征服的。倘使外人要把中国当做俎上的鱼肉，而要用武力征服它，那结果，只是使中国由纷扰而糜烂。即使他们勉强占据了中国，所得的也不过是一些糜烂的鱼肉，不能受用了。日本人原想很安稳的取东三省为己有，然而结果，徒然使东三省糜烂。中国固然是大受损失，日本的损失，又何尝不大。币原氏“吞满蒙犹如吞炸弹”的话，日本人自己应该是觉得有点应验了吧！

在贸易方面，据日人的报告，今年上半年的对华输出，由去年的一万四千万日金，减到一万二千万日金。而本月驻沪日商务参赞发表报告，单是上海一处，没有卖出和退回的存栈日货，就有五千数百万日金之多。这表明日本的运华货物，大多数仍然还在日本在华的进口商手中。而日人运往东三省的货物，据说主要的是水门汀、钢铁、铁轨等物，这恐怕多数还是日人运到那边去作为筑军港、敷铁路之用的。——这可说是日人对满的军事费之一种，并不是供中国人消费的。依上述的种种，我们可以断定，在过去九月中，实际上中国人购买的日货，真是微乎其微。此外，日本国内财政的竭厥，经济的恐慌，货币的跌价，和因此而起的人民思想的激化，政变的迭出，都表明他们在华军事行动的经济恐慌，事实上正是杜绝自己经济上的出路，加重经济恐慌。

一年来的经验，也许使日本人觉悟到并吞中国的不可能和过去行动的失策。新近日本公使有吉来华，也承认中日两国过去的关系，有重加纠正的必要，并声明日本大部分国民，均反对以武力解决东省问题。我们希望日本和其他的列强，都能对于中国有深切的认识，把他们对于中国的传统观念，根本的放弃。然而，倘使列强单在消极方面放弃侵略政策，而不在积极的方面，帮助中国解决经济问题，还是不够。中国历年因为天灾人祸种种变乱的相寻，人民生活，日趋艰难，而十年来贸易的入超，总数竟达关平银二十六万万两之巨。这种入超的数目，近年更有激增之势。去年入超关平银五万二千四百万两，已经打破历史上的纪录。今年上半年六个月中间，入超数竟达关平银三万五千七百万两，比去年还要厉害许多。目下上海各种存货的拥挤，物价的跌落，使许多商家对于定货契约无法履行，甚至要破产。这都表明中国人的购买力，已经是衰微达于极点。所以，倘使列强还是只知道输入消耗品去刮中国人的金钱，而不想用一种妥善的方法，去培养中国人民的元气，增加中国人民的购买力，那就好比在一只病牛的身上挤取乳汁作饮料，结果要中毒。

列强所有过剩的商品，不单是消耗品，而且有生产工具和工业原料。这种过剩的生产工具和工业原料，倘使能由列强的银行家加以辅助，运到中国来投资，那末，在生产者就可以得到商品的销路，在银行家就可找到适当的投资，而一部分的失业的熟练工人，也可介绍到中国来做指导的工作。——因此，他们的失业问题也可和缓了。他们即使认投资到中国内地去的时机还早，然而就在各处租界之内，也还尽有设立工厂的余地。这种工业上的投资，可以使中国许多失业的人得到工作，这就可以增加中国的购买力。我们比较去年各国的国际贸易输入额和人口，就晓得中国的购买力，实在是大大的有增加的可能。

	输入额	人口
日本	日金 1,203,292,000	65,000,1000
		每人平均日金 18.51
美国	美金 2,097,000,000	1,23,000,000
		每人平均美金 17.05
中国	关平银 1,433,489,194	450,000,000
		每人平均关平银 3.19

去年的人口数尚无从查考,此数系以 1930 年为根据,按平均增值率,酌加估计。

倘使去年汇价的折衷数目,每关平银一两作美金三角四分、日金六角九分换算,那么,日本每人所购买的外货,等于中国人的八倍四,美国每人所购买的外货,等于中国人的十五倍七。所以,列强只须消极的放弃武力侵略,同时积极的努力帮助中国开发产业,我敢说在最近的期内,中国的购买力增加一两倍是毫不稀奇的。那样,就可以反过来缓和他们自己的经济恐慌,解决他们的失业问题。

五、复兴中国与政治经济关系之调和

然而倘使仅仅希望国际的合作,而不先把自己国内的情形改进,那末,别人根本就已经不肯来帮忙,即使来帮忙,自己不争气,也仍然是无济于事。我们怎样把国内的情形改进呢? 顶顶主要的一点,就是政治和经济关系的调和。政治和经济,根本上原是不能分离的,不深切研究国内的经济情形,而要在政治方面一意孤行的胡闹,那结果只有使中国破产。

说到政治经济关系的调和,第(一)当然是要有适当而且确定的立法。我们倘使要保持现存的社会制度,而同时要发展国内的经济,我们必需使人民的财产和事实,在法律上面有稳固的地位。

倘使人民的土地，政府可以随时不求同意，不给代价的征用，自然就没有人敢在内地置产。这徒然使租界里面的地价飞涨。倘使人民的事业，政府可以随意去接收过来，那自然就没有人愿意投资去经营生产事业。此外对于劳资两方的纠纷，也应该有一种很公允而且合用的法律，以调和双方的利害冲突，在立法上面施行一种社会政策。譬如对于土地的收益，要求平衡，对于大产业的私营，加以限制，对于劳工，解释不当的压迫，那都是欧美先进国所已经采用的，任何人都不应加以反对。然而总要在立法上确立标准，详定范围，而不要让行政方面可以随意措置。要之，我们是要求在立法方面。树立一定的社会经济政策。

第（二）是要有安定的社会秩序。没有安定的社会秩序，自然人民就不能安居乐业，一切新建设和外人的投资更谈不到。中国陆军有二百十万的常备军，数目占全世界第一位，倘使这许多常备军，能够以半数供国防之用，半数供维持社会秩序之用，那末我敢说，不单是外患无忧，社会秩序的安定，更是不成问题。所可惜的，就是十数年以来的军队，都徒然在内战上作无谓的牺牲，兵所以保民，转以扰民。过去内战的损失，已如上文所述，带兵的人，以后应该有所觉悟了！

第（三）是要有适当的建设程序。几年以来，全国上下，都在那里高倡建设。建设自然是很好的一件事，然而建设而没有适当的程序，那种建设的效力，就要减低。过去建设工作的大病，就是只骛新奇，不讲实际，把最切需的固有的建设工作，反而置诸脑后。在一个农业国里，关于水利的工程，是怎样的重要吓，然而在去年以前，该建设的人，只知道抄欧美的成法，在新奇的方面，作夸耀的工作，而把一个关系人民死活和社会安危的固有的堤防和导河的工作忘记了，因此酿成去年的空前的水灾。这表明该建设的人，必须要对于中国的经济状况作彻底的研究，那种建设，才有充分的效果。而最要明白的一点，就是在一个以农立国的中国，关于水利方面的造林，筑堤，和导河的工作，要占建设工作的顶顶主要的地位。

第(四)是要有适合国内工商业和社会情形的税则。一个产业落后的中国，保护关税是无论如何都不能少的。在这关税坚垒高筑的时候，保护关税尤其是必要。中国自宣布关税自主之后，税率虽然已经有相当的等差，然而保护自国产业的力量，终还嫌薄弱。这固然是因为外交上有许多的掣肘，可是，在这列国关税斗争激烈，别人对我们的出口货随意在那里加重税的时候，谁都不能对我们变更税则，提出任何合理的抗议。其次对于社会有损无益的输入品，尤其应该课以重税，使入超的数目，可以减少。此外，放弃金本位的国家，因为出品成本减轻，在贸易竞争上几可操必胜；这种出品，倘使是我们的竞争品，必须特别的加以注意，使它不至于侵害国内的产品。

第(五)是要对于农村的衰落，筹根本的救济。过去的中国，就是为了皮毛的工商业，而忘记了根本的农村。建设的工作，固然是先都市而后农村，教育机关也集中在都市里面，甚至连农业学校，都开设在都市左近，做生意的人，没法子只好在空气恶浊、日光稀少的都市里过生活。这班求学的青年，为甚么也要把他们吸收到都市里来呢？目下农村里的危机，不是经济衰落，而是人才破产。经济的衰落，只须内战停止，农业丰收，就可以转机。而人才破产，农村里没有知识分子做指导工作，那才真要使中国民族永远沉沦下去。所以，要救济农村的衰落，根本上还应该在教育上作纠正的工作。

六、结论

"多难兴邦"，这句话究竟会不会应验，这一次恐怕是我们的最后的试验。做国民的固然应该觉得责任的重大，当局的人，尤其应该觉到责任的重大。今年有一点差堪欣慰的，就是各处的天气，比较还算不坏。除了山西遭受旱灾外，长江一带的米的收成，甚为丰盈。湖南因为天年熟,匪患已经几乎肃清了。而停顿日久的生丝,近月来竟有六千多包出口,丝价也由四百两左右涨到六百两。此外,如桐油和牛羊皮,今年上半年的市价,曾经跌到往年的一半,而交易反仅及往年的十分之一。现在海外市场价格,渐渐回涨,出口自然也可望旺盛起来。这的确是我们一个发奋自强,以图民族中兴的好机会,倘使国内大家能够团结一气,向合理的建设的路上跑过去,同时再用切实的理由,唤起列强的觉悟,那样,中兴的曙光,就在我们的眼前。我们所怕的,不是危险的思想,而是证实而且助长那种危险思想的事实。不在事实上做苦工,而只在思想上枝枝节节的加以限制,是没有用的。

目下世界经济,已露昭苏之象,在近两个月的中间,纽约的棉花,涨起百分之五十,芝加哥的小麦,涨起百分十四,伦敦的橡皮,涨起百分之五十,依照目前唐琼氏的平均数,纽约的产业股票涨起百分之七十,铁路股票涨起百分之一百五十,公用股票涨起百分之一百(一倍),此外澳洲、印度等处物价,都有相当的涨风。最近还有柏林股票的上涨。在这个时候,倘使我们一面有自己的努力,一面再有世界的合作,开发国内的富源,培养人民的购买力,那不单是中国要回复繁荣,世界回复繁荣的基础,也可以格外巩固。总之,目下不单是中国民族力量的试金石,也是世界经济制度的试金石。在这最后的一个机会,我们必须加倍的努力。

(《经济学季刊》三卷四期,1932 年)

编后絮语

"中国是一个宝贝,然而这个宝贝并不是轻便的金珠钻石,而是一个笨重的银浇成的'莫奈何'。这不是强盗所能够随便抢得走的。"李铭先生的这个比喻很有趣,目的是想说明国际合作的必要性。他此前对外患、天灾、战争等因素造成中国经济衰落的分析，也相当精到。他认为：要复兴中国，必须实现政治经济关系之调和；要有适当而确定的立法，使人民的财产和事实在法律上有稳固的地位；要有适当的建设程序，水利方面的造林筑堤和导河工作要占主要地位；农村里没有知识分子做指导工作，那才真要使中国民族永远沉沦下去，等等。即便以今日的眼光看，这些重要观点仍具有相当的水准和远大的视野。

林凤苞

曾留学美国威斯康森大学和英国伦敦经济学院,回国后,任职天津中国银行副经理。1941 年兼任印度加尔各答中国银行经理处经理,后任中央银行业务局局长。

提高银价与中国

近年以来,世界各国,受赔款战债军备竞争及关税壁垒等政治问题之影响,金本位失其自然效用,以致金货飞涨,物价狂跌,即我国所用为本位币之银货,亦随其他物价而下降。迨前年英、日放弃金本位,银货曾一度上涨,继又随物价之再跌,而依然回落。今年美国经银行风潮之后,采用货币膨胀政策,美总统罗氏历次宣言,均有提高银价之议,英、美银市投机蜂起。姑无论提高银价之能否成功,及现在价格之能否维持,而其飘飖不定之局,已足使我国经济前途发生巨大影响。忧国之士对于银价问题,咸为深切之研究,拟具种种方案,以备当局采择者,亦不乏人;惟以见解不同,莫衷一是,处此国际形势瞬息万变,国内政治,犹在改进之中,原难遽定方针。兹将各方主张,参以事实,撮述如后,并就管见所及,略陈吾国应采之对策,谫陋之处,读者谅之。

美议员毕德门氏谓,购买银货,不但可助美国货币膨胀,且可提高中国之购买力。是说我国人士亦有一部分附和之者,不知一国购买力之大小,不在货币之贵贱,而以有形无形出口与进口之比率为转移,换言之,即与国际收付之顺逆为正比例。盖国际贸易之清算,多以货物与货物互相冲抵,至不敷抵偿时,其差额始以金银补偿之。今日欲谋提高我国购买力,端在恢复国内秩序,整顿交通,俾衣食之品,不致仰给他人,国际收付,得以顺转。若夫银价提高,只能使银汇上涨;银汇既涨,则出口不利,进口必增。我国既不能以货物或劳务之值相冲抵,则其补偿之方法,厥为运银出口;国内通货减少以后,银行自不得不采用紧缩政策,物价因而低落,工商业之成品难以销售,利润无着,支持维艰,全国之购买力将反形减少。方今世界各国，竞以减低币值为商战利器，即彼黄金壅积之美国，亦放弃金本位，以自贬金元之汇价，则所谓提高银价，即于中国有利者，何其自相矛盾耶？

世界银货交易之最大市场，厥为上海，其进口出口生银，除最近中央颁布百分之二点二五出口税外，从无限制。本年四月中旬美国放弃金本位后，纽约银价，因巨额之投机购进，自每盎斯二角六分，最高涨至三角七分，其上涨程度，较世界任何各处为高，以美银划算上海电汇平价，其相差最多时高出百分之十五。因此上海之洋商银行，以巨额之生银运美出售（四月下旬至五月中旬运往纽约之生银，合国币三千余万元），一面在沪抛出美金以资套抵。一转移间，除去出口税及各种费用外，估计纯益，平均以百分之六计算，获利约二百万元。现在差价虽略为缩小，而装运尚有利润，仍恐漏卮难塞。此种变化情形，于用银国之中国国计民生，当然有害无益。更有甚者，则上海外商银行库存，初不因此次生银出口而减少，近来各处内国汇兑，俱以沪洋为最高，足征内地日就枯竭之存银，因而更形集中于上海。将来银根愈紧，物价更跌，是各国正力求膨胀之时，我国反被迫而紧缩，长此以往，如美国所谓提高银价成功，而我国仍取放任态度，则国内银货存额，能维持至如何程度，尤属疑问。此主张"禁银出口"说之所由来也。

更有反对上项主张者，则谓禁银出口以后，国际贸易缺额，无从支付，汇率势必低落，进而陷于混乱状况。且我国进口货，以必需品为大宗，衣食所需，无论其价格如何高涨，亦不能减少其需求。此种进口货价格提高，于外人初无所损，其直接受害者，仍为吾国人民，是则我国对外贸易，将更趋于不利，国外经济愈致紊乱，反不如听其自然之为愈也。

就愚见所及，则我国既非产银之国，对于银价之涨落，初无一定之爱憎，顾以一国物价之标准，基于供求无定、涨落靡常之银货，百业皆无预算，各事多属投机，二三年前银价狂跌之喘息甫定，今日银价之冒涨,复成举国惊惶之局。宋财长所谓中国政府之目的,不求银价之上涨,只求银价之稳定,洵属探本之论。稳定银价之道,决不能如目下极端放任,尤非采用货币管理政策不为功。夫今日世界各国之管理货币者,已数见不鲜,其收效最显者,莫英国若。英国自放弃金本位以来,其国内之货币,已暂与金货绝缘,是以国内之物价,不随国外金货之荣枯而涨落,政府筹集平衡汇兑基金,藉收买或出售生金,以求英镑价格之平衡,进而促成货价之稳定,施行一载,成效卓著。今春美国之放弃金本位,未始非受英国管理货币成功之冲动。

我国目下虽无急遽放弃银本位之必要,但可借关税政策,节制国内银货之涨落,以求物价之安定。今日国外银价,以特殊情形而上涨,致较国内汇价为高时,则宜提高出口税,以免银货之过量流出;俟国际的金银特殊风潮过去,万一外国银价较中国市场跌落时,则更应增加进口税,藉免各国复将剩余之银货,以我国为倾销之尾闾(印度政府早已实行银货进口税)。中国政府应自采统制本国市场银价独立自由之权,不必俯仰随人,实为用银国在国民经济上应有之主张。此项政策定后,更须广集统计人才,编制确切之物价指数。外察各国银货生产消费之状况,内审国内进出口货市场之消长。对于银货之课税,每三个月或半年修改一次。如此银货流通之权,操之在我,多则止其输入,缺则禁其流出,调剂盈余,张弛有节,庶本国之物价,可得相当之稳定,工商业不致受外力之操纵,得所保障,而渐趋于繁荣之途也。

(《银行周报》十七卷二十二期,1933年)

编后絮语

在当年中国实行银本位的情况下,国际银价的波动自然会对中国经济带来相当大的影响。当时有两种观点,一是主张禁止银出口，二是主张顺其自然，林风苞先生对此做出了客观的评估，并提出了自己的观点。他认为，"虽无急遽放弃银本位之必要，但可借关税政策节制国内银货之涨落。"当然，这需要专门的人才，"外察各国银货生产消费之状况，内审国内进出口货市场之消长"。他的这一设想，与其说是提供了一个稳定银价的办法，更不如说是表达了对政府独立自由统制本国市场银价的强烈期望。

林康侯(1876~1949)

名祖湆,上海人,清光绪二年十月二十五日(1876 年 12 月11 日)生。1896 年中秀才。1914 年参与筹设新华信记储蓄银行,任发行所主任。1919 年 4 月任上海分行经理。1921 年任中日合办之中华汇业银行华方经理。1927 年 4 月任南京国民政府财政会议委员,经济委员会委员,并兼任上海银行公会秘书长等职。1928 年 10 月任中央银行监事会监事。1932 年 1 月任财政部政务次长。另曾任上海商业储蓄银行、民孚商业储蓄银行监察人,中国通商银行、宁波实业银行、国信银行董事,利工银行董事长。1941 年 1 月任赈济委员会常务委员,1942 年 5 月免职。6 月与汪隆钧在上海创立民丰银行,同年 12 月与张蔚如等创立中华实业银行。1943 年 1 月将环球信托公司改组为银行,任董事长。1949 年 10 月 25 日去世。

中国公债，前清季年，业已兴办，然内国公债，则绝无仅有。民国以来，发行内债，可分为两时期。第一时期，自元年迄十五年，为北京政府所发行者；第二时期，自十六年迄今，为现政府所发行者。第一时期，先有清末发行爱国公债定额三千万元，南京政府发行八厘军需公债定额一万万元，然两债并计，募集之数，不及二千万元；统一告成，照募集之数，由政府担任还本付息。在本时期中，元年制定元年六厘公债条例定额二万万元，备充拨交中国银行资本等用，然未经议院通过，终未发行，但其后有作为担保品而向银行押款者。民国三年，制定二年六厘公债条例，发行额数加广至二千五百余万元，募集方法，多数由各省承包，而中国、交通两银行承购亦近千万。中国人民，对于公债具有观念，而银行开始购买公债，实以三年为嚆矢。其后民四发行四年六厘公债二千七百万元，民五发行五年六厘公债二千万元。四年公债募集方法与三年相同，中交两行承购约有六百万元。五年公债，当时因事未能发行，至六年始陆续发行，而募集方法则微有变更矣，然中交两行亦有承购者。民七发行七年公债五千五百万，以充续还中国、交通积欠之用。民八又发行八年公债五千万元。至民国十年，整理元年六厘公债之抵押于银行者，发行整理六厘公债五千四百余万元，以四折收回元债；又发行整理七厘公债一千三百余万元，以四折收回八年公债。民国十一年，因政府积欠日本及内国各银行为款甚巨，发行九六公债九千六百万元，以四千余万元拨交日本银行，五千余万元拨交内国各银行。日本部分，先还本息，后复中止；内国部分，则本息迄未照付。民国十四年，发行十四年公债一千五百万元，则为内国银行承购。其间十二年发行秋节库券(本息中止),十五年发行春节库券,又发行奥国赔款担保二四库券,又发行治安库券,皆为数不巨,多由内国银行承购。此为第一时期内国公债之大略情形也。以概括言之,有直接募集者,有专还银行借款者,有整理旧公债者,有专由银行承购者,而银行与公债,关系十分深切,于此可见,然本时期间,中、交两行充国家银行之职务,与政府有特殊关系,所以协助政府,义不容辞,而为政府负担,责亦匪轻。至其他银行,如盐业、金城、大陆、中南,关系亦不浅,余则为设在北京之各银行而已。至上海各银行,在本时期中,直接有关系者,为数固甚微也。

　　第二时期,自十六年间,革命军势力达于长江下游,定都南京,群政待举;沪上各界,皆望风慕义,输款恐后。江海关二五附税国库券三千万元,实为本时期内债之创举,而应募者多沪上人士,上海各银行,承购之额,不在少数。同年复发行续发二五库券四千万元。十七年发行军需公债一千万元,卷烟库券一千六百万元,善后短期公债四千万元;同年为筹建设金融事业之用,发行金融短期公债三千万元,为充整理汉口中央等三行停兑钞票之用,发行金融长期公债四千五百万元。十八年发行赈灾公债一千万元,裁兵公债五千万元,又发行编遣库券七千万元;同年为抵补税款,发行关税库券四千万元。十九年发行关税公债二千万元,卷烟库券二千四百万元,关税短期库券八千万元,善后短期库券五千万元。二十年发行赈灾公债八千万元(分期发行,第一期为三千万元),金融短期公债八千万元(暂充押品,尚未流通),卷烟库券六千万元,关税短期库券八千万元,统税短期库券八千万元,盐税短期库券八千万元。其间十八年亦曾发行疏浚河北省海河工程公债四百万元,二十年又发行江浙丝业公债八百万元。此为第二时期中国内债之大略情形也。其募集方法,有少数为直接募集,其大多数则均由上海银行界承购或抵押,凡遇债市低落,银行又皆协助中央银行各自购入,以维持市面。故自国民政府成立以来,上海银行界与财政上关系骤形密切,而赞助中央财政,亦竭尽绵薄。公债一项,特为财政上之款项较巨者耳。自去年九一八事件发生,政府应付外交,困难万端,人民激于义愤,皆欲毁家以纾国难。于是内国公债持票人,在上海集会,决议自愿所持各项公债,减低利息,延长还本,保障基金,陈请政府准予照办。财政部根据是案,爰与各团体集议,汇集各债,拟定程表。凡国民政府发行债券,其担保本息基金,有(一)新增关税(二)停付赔款(三)统税(四)盐税(五)印花税等数种,而自此重行改订后,则每月概由海关税划出八百六十万,作为支配各项债券基金。本年二月间,财政部呈奉国府明令公布,永为定案,以后无论财部如何困难,不得将前项基金,稍有动摇,并不得再有变更云云。此又上海银行界上体政府之苦衷,下坚社会之信用,所以共赴国难,赞助政府财政,实有整个的力量,非寻常徒呼抵抗以救国者可比也。

照上所述,中国内债,分两时期,其第一时期内所发债券基金,均由财政部指定银行收款,并代付本息,而当其任者,厥为中国、交通两银行,而多数担任拨款者,则为海关总税务司。因保管无切确办法,而本息衍期,基金变更,时有所闻,影响债信,实非浅尠。在第二时期,自江海关二五附税国库券颁行伊始,财政部即召集上海银行界及各团体推举代表,组织江海关二五附税国库券基金保管委员会,以经管基金,逐月由经收机关拨交该会,复由该会拨交银行付给本息,以后凡有公债库券发行,其基金概由该会经管。所以第二期内各债基金确实,本息从未衍期,固由政府维持债信,法良意美,而基金保管委员会管理整切,每月公布收付款项,使社会听闻,不致淆惑,其效甚者。该会名称,自去年二月改订各债之后,已改为国债基金管理委员会,此直接为基金管理委员会与公债之关系,而间接亦为上海银行界与公债之重要关系也。

虽然,国家发行公债,大抵以补岁入之不足。岁入之不足,必岁出之额大于岁入。近世国家财政,多以量出为入为标准,盖国家之谋自身之强盛,社会之进步,人民之增进知识,改良生活,凡国防交通实业教育,非有充分之设备,与积极之推进,不足与于世界强国之林。如我中国,物质上列于后进,则国家分年计划,以行新政,实未容或缓。若因此种计划,经费不敷,即使人民担负重税,刻苦自励,亦能忍为;倘以岁入之不足,而发行内债,人民踊跃从事,必无推诿;在国家负债于今日,而可取偿于将来,亦庶无背经济之进程,银行界之乐于赞助,更无疑义矣。迺吾人回观二十年来,中国发行内债,近十五六万万元,其用途为如何乎?除有少数用于生利事业者外,其大部分则以充军费而已,军队繁多,止乱而乱弥甚,以武力求统一而分崩愈烈,治丝不理,而又棼之,耗财巨万,如石投海,民力日损,而国家之状态,依然如故,外患日深,而疆土之完整,无法保存,此可为浩叹者也。

上海银行界自民初以来,逐渐发达,多由商业而演进,故其投资多主于工商业。自国民政府成立,揭橥民生,所以协助政府,不遗余力,推销内债,即其例征。盖银行为社会之一部分,其事业之发展,正赖国家之强盛,创业愈巨,与政府关系愈深,政府之能上经济轨道,银行之必与政府合作,毫无疑义。以余观之,以后发行公债,银行界之量力承销,必能无改初旨。但经济之原则,必以少数之资金,获多数之利益,而举债之原理,借入较少之款,而偿较多之本息,其事为反比例;若借债而投于有利事业,则获益之多,有出于偿债之外,则又成为正比例。债款用途之当否,国家之兴亡系焉,故以后发行公债,其用途之审慎,实为唯一条件。夫国家财政,着重于有利事业,使群众共登繁荣之路,此不第银行界之愿望,固全国人民所馨香祷祝以求之者也。海内外同胞,请共鉴之。

(《银行周报》十七卷一期,1933 年)

编后絮语

　　林康侯先生发表于 1933 年初的这篇文章,对中国发行内债的历史进行了系统的回顾和总结,从中可以看出,无论是北京政府时期或南京政府时期,无论是直接募集,或专还银行借款,或整理旧公债,或专由银行承购,银行业都对内债的发行起到了非常重要的作用。诚如林先生所言:"盖银行为社会之一部分,其事业之发展,正赖国家之强盛,创业愈巨,与政府关系愈深。"对银行业而言,"审慎"实为唯一条件,当然希望政府借债而投资于有利事业,"使群众共登繁荣之路"。确实,银行与社会关系密切,如果银行因此而遭到重大损失,社会大众的利益又何尝不会受到严重影响呢?

刘攻芸（1900~1973）

原名驷业，别名泗英，福建闽侯人，清光绪二十六年四月二十五日（1900 年 5 月 23 日）生。美国西北大学经济学硕士，英国伦敦大学经济学博士。1927 年回国，在清华大学教授经济学，1928 年在中央大学教授银行学。1929 年任中国银行总会计，曾主持该行账册更新。1935 年 7 月中央信托局成立，任副局长。1937 年 2 月任交通部邮政总局副局长兼邮政储金汇业局局长，创办华侨汇款业务。1940 年任四行联合总办事处秘书长。抗战胜利后，任苏浙皖区敌伪产业处理局局长、中央信托局局长、上海文化信用合作社理事会常务理事，中国银行，交通银行监察，中国农民银行、中央合作金库等处董事。1947 年 3 月任中央银行副总裁兼业务局局长。1949 年 1 月继任中央银行总裁，同年 3 月任财政部部长，4 月后将行务托给行务委员会，经广州赴台湾，后赴香港。1950 年春任新加坡华侨银行顾问，继为华侨保险公司董事经理，退休后经营矿业。1973 年 8 月 8 日在新加坡去世。

一、引言

经济的稳定,在于生产和消费的能相适应,以及分配的臻于合理。这在平时尚易办到,一至战时,因为突然增加了一个最大消费者——战争,于是生产和消费发生了剧烈的变化,分配也就随之而难于合理了。战时经济不稳定的现象:反映于财政上的,是预算的日趋庞大,收支不能平衡;反映于金融上的,是通货的增发,币值逐渐下降;反映于人民生活上的,是物资的缺乏,人心的浮动,物价日见上涨。这些,可说是战时必然发生的现象,任何参加战争的国家,都避免不了,就是一般侵略国家,平时即作战争打算,积极准备,但一至战时,亦不能避免这种现象。因为战争最足以陷经济于不稳定状态,所以谈战时经济,财政通货和物价,是互有密切关系,不能分离。现在来谈紧缩通货与推行储蓄,当然也不离开财政和物价。

二、我国当前紧缩通货的重要

我国抗战是处于被侵略地位,自不能有充分的准备。五年以来,沿海资源,差不多尽沦敌手,生产机构,也被损毁了大半,后方原从事于生产的农工,一部分因充当士兵或参加其他军事工作,自生产者一变而为消费者,加以物资的分配以及消费的管制,限于社会条件的不够,未能进到合乎理想的效果。关盐统税等重要税源,又大部分为敌人所劫夺,经济的不能稳定,政府收支的不能平衡,无庸讳言,现在已到由"稳定军事"步入需要"稳定经济"的阶段了。

就金融上言,如何紧缩通货的问题,已成为当前最重大的课题。

三、紧缩通货的途径

紧缩通货的途径,说来很简单,即是一方面设法减少通货的增发;一方面把已发的通货收回来。就收回通货一方面说,推行储蓄,使流散在民间的通货,能收存于政府指定的银行,要不失为有效办法之一。可是,要如何才能有效地紧缩通货? 这个问题范围相当广泛,头绪亦相当纷繁,返本穷源,还得从财政金融以及人民生活各方面通盘设想。

第一,就财政方面讲,通货的增发,是为满足战时财政的急迫需要,所以紧缩通货,在财政上的手段,不外"节流"和"开源"二道。财政上的节流,即指公务上的节约,就我国当前的情形而言,虽然在工作效率、行政机构和公共开支各方面,还得积极地讲求经济之道,而照我国士兵生活的艰苦和公务人员待遇的微薄看来,对于节流方面,可谓已相当的尽其能事。至财政上的开源之道,不外乎"增税""募债",举办"专卖"和鼓励"捐献"等几种方法——无代价的征用人民财物,是万不得已的办法,大多数国家是不采取的。

(一)增税。增税虽非人民所愿意,但是在财政上是最适当的开源手段;而且一劳永逸,影响于社会经济的时间亦较短,尤以增加直接税如所得税和战时利得税,更有紧缩通货之效,而不致影响于物价。上次大战中,英国的财政得力于增税,通货膨胀的程度最小。计课征所得税的税率,达百分之五十;战时利得税的税率,达百分之八十。此次大战,更将战时利得税的税率,增至百分之百,等于全部收归政府所用。我国近年虽亦很注意于直接税的推行,并且同时已将统税的从量征收改为从价征收,田赋的征银改为征收实物,但在我国目前的社会条件之下,其成就尚难达到其他国家的境界。

(二)募债。募债分内债和外债。内债包括粮食库券在内,是以贷取的方式,移转人民的购买力于政府。除粮食库券直接搭发于地主、农户,十足具有减发通货的作用外,公债是通常先向银行抵借款项,以应迫切的财政需要的。假使不能尽量向人民劝销,则其剩余部分,即需银行自己来消化。银行的资力,倘有不能消化的时候,势不得不增发通货,其结果只有属于人民承购和银行自己消化的一部分,确具有紧缩通货的作用,其余谈不到紧缩。而在我国,银行实力有限,向人民劝购巨额亦非易事,故靠募债以紧缩通货,殊难收到大效。至于外债包括借款在内,最好自然能借到物资或能以债款购到物资,达到以贷取方式移转友邦购买力于政府的理想;不过在目前国际交通困难的情形下,此项理想较难实现。就最近英美援华借款而言,其总数合国币共达壹百三十余亿元,即使采取紧急的措置,购置相当数量的运输飞机运入重要物资,一时亦不能全部用完。所以罗斯福总统说明此项借款的作用,是在巩固我国的币制,与增强我政府在国内的购买力。蒋委员长在印度旅次电复罗斯福总统亦说:"我中国获得此项贷款后,除用之于充实军需以外,其主要之用途,将以增强我国之经济基础,换回我国之法币,管制我国通货之发行,稳定我国之物价与战时生活水准,并将用之于增加必要之生产",很明显的已指出了如何利用此项借款以支持我国战时经济和紧缩通货,还待我人自行设法和努力;也就是说:必须将此项借款切实消化,方有实际的功效,而不是说借款成功,经济问题和通货过剩,就同时消灭了的。

(三) 专卖。以举办专卖事业,挹注财政的,今世各国,不乏其例,其作用在取消中间商人的利益,而以之连同消费税一并归入国家收入。我国已决定将烟、酒、盐、糖、茶叶、火柴六项消费品由国家专卖,并已在次第筹办之中,以此增加财政收入,当然也是紧缩通货之一法,但事属创举,巨额增加似尚有待。

(四) 捐献。捐献是人民本于爱国心,和友邦人民基于同情心,而自愿以钱物交于政府,以作战事之需,如献粮献机,寒衣劳军,以及伤兵之友,暨友邦各种援华运动等等均是。但因须出于自愿,在数量上终不能过多;尤其自最大来源的华侨区域,卷入战争漩涡后,来源更将减少。

第二,就金融方面讲,紧缩通货的主要方法,不外一方面收缩信用,一方面加紧吸收储蓄和存款,尤其是定期储蓄存款。推行票据划拨制度,虽亦为减发通货之一法,但在目前我国社会,尚不易实施。我国战时施政方针,始终以抗战和建国并重,近以后方必需品,供不应求,生产建设,亟待加强,信用的收缩,亦只能限于各种不必要的投资部门,因此,推行储蓄实为当前最重要的工作。

推行储蓄,足以稳定金融市场,协助国家财政,差不多为世界各国共同采取的措施,连社会主义国家的苏俄,也不能例外。就中最著成效的,当推英国。一九四〇年英国战时财政总支出三十九亿镑,是以三分之一的国民储蓄为挹注。一九四一年战时预算增至四十二亿镑,亦以十九亿镑之国民储蓄,为来源之一大部分。同时一般学者,对于战费之筹措,亦无不注意于人民的储蓄力量,凯衍斯所建议之强迫储蓄计划,即为其一。虽亦有人认为强迫的结果,必为国民自动精神的毁灭,因此加以反对;但这亦只是方式的论争,而对于利用储蓄来将人民的购买力移转于政府这一点,则所见仍大致相同。去岁英财相伍特于财政援苏时演说有云:"英国在财政方面,可负担巨大战费,在本年度内,不再增税,惟一般人民,必须加紧储蓄始可"。在这种呼吁中,我们便可见到战时推行储蓄之重要。即就敌人日本而言,其赤字公债虽然滥发无度,而财政尚可支撑者,即在于此项公债,有一百卅五亿的国民储蓄来消化。去年日本实行薪俸移转制度,规定全国一律以薪俸三分之一强迫储蓄,以减少通货的增发。由此亦可证明,战争到了相当阶段,必然的要以强迫储蓄或含有强制性的推行储蓄办法来稳定经济。推行储蓄之作用,一般看来,与劝募公债相同;但其性能,是有若干差别的。尤其在我国,储蓄券不是由政府直接发行,储蓄存款,也非直

接供给战费,其差别更为明显:

(一)推行储蓄为劝募公债之本。人民有储蓄,经济能力充裕,公债方易劝募,金融界储蓄存款增加,资力雄厚,方能消化公债;亦只有由这样发行的公债,才有紧缩通货的作用。

(二)公债大致纯然为平衡国家预算,储蓄则于支持财政之外,更可直接投资于产业,以增加生产。

(三)公债必须按期偿付本息,储蓄则满期后亦未必人人提取;尤其战事终了,一般利润降低,相形之下,储蓄亦成为有利之投资,提取者必更减少,而有裨于财政金融之调剂。

(四)储蓄可以养成人民节俭的习惯。人民能将节俭所余,储蓄起来,在个人为有备无患,在国家亦可有恃无恐。战时能加紧推行储蓄,将来战争结束以后,社会可能发生的变动,必可因人民实力增厚,无形消敷不少隐患,政府亦可节省许多救济费用。同时经济繁荣之恢复,亦可较为迅速。

(五)公债期限长,可以长期间封锁游资,是其优点;而同时亦惟如是,推行遂不如储蓄容易,亦不能如储蓄的可以无限制的继续不断的推行。

第三,就人民生活方面讲。要紧缩通货,除了应积极增加必需品的生产和输入,以缓和物价上涨的趋势,使一般人重视货币,乐于储蓄外,在心理上应当加强精神动员工作,极力纠正人民自私自利的错误观念;在方式上应当厉行节约,严格限制奢侈浪费的行为——有国家才有个人,在战时一切为保卫国家,亦即一切为保卫个人——以上两点,只要人民肯切实的自动的做,同时政府能毅然决然的切实予以干涉限制,其功效与增加生产和输入物资没有两样。否则物价不断上涨,预算不断增加,通货哪里能不增加? 如此因果循环,经济情形又哪得不更趋恶化? 据一般观察,我国后方的物资虽感不足,运输虽感困难,但其程度尚不至于使物价上涨的速度到此地步,可见其中尚有其他人为的因素隐伏在里面。以美国人民生活享受的优越,国民的习于自由,最近亦已实施食糖统制,限制每人每月食糖十二两,并规定人民最多存糖二磅,超过此数,不交出的,应照囤积论罪,处以一万元的罚金或十年徒刑。以视我国对人民生活的放任,可谓相差太远。最近我国经济检查,渐见严厉,囤积的取缔和奢侈生活的限制,亦逐步实施;希望能更进一步,对大处或小处,都不要放松,如在这一方面,能收到切实的效果,那末紧缩通货,才能有相当把握。

以上所举紧缩通货的各方面,原为一体,非但不能分开,而且也不能说哪一方面最有主动作用,宜以全力作全面的推动,就是单以推行储蓄而言,也应注意在与各方配合进行。

四、我国战时节储运动与紧缩通货

储蓄的推行,在我国向属金融机关的事,发为广大的运动而与各方面配合进行,还在抗战之后三年,即二十九年七月二十三日全国节约建国储蓄劝储委员会成立之后。在此以前,虽经于二十八年十一月设立全国节约建国储蓄运动委员会,惟所负任务,限于宣传,还未能在组织上作实际的推行。这个运动,发动得未免迟了一些,也正因为发动得太迟,所以工作益见紧要。在劝储会成立后一年余的时间内,各省市的劝储分会,各市县的劝储支会,都已普遍成立,沦陷区的分支机构,亦尚能克服环境的困难,而尽其最大的努力,在中央及海外组织的储蓄团,成绩也都很好;尤其是海外侨胞,在侨居所在地政府种种限制之下,还是热烈的参加,这种情形,更属难得。计至三十年年底止,已办节储竞赛二期,本年已进入第三期。截止上年底止,共收节约建国储蓄七亿二千五百四十二万余元,实存约在八成左右,连普通储蓄,合其净存十二亿元之谱。虽然此项数额,尚感渺小,但照收储地区观察,则差不多各省均有进展,而且进度显示着平均向上的趋势,实足使人乐观。再就整个工作发展的过程来说,则自运动发端至上年底止,可视为一面布置,一面推行的时期,至本年,方入于配合各方全面发展的时期。因此本年度推行储蓄的业务,不限于节约建国储蓄,凡属于政府指定的金融机关——中央信托局、中国银行、交通银行、中国农民银行暨邮政储金汇业局,所办的各种普通储蓄暨有奖储蓄,均一律包括在内,就藉已有的基础去推行。本年度的推行目标,也提高到三十亿元。

在前一时期内,推行储蓄的方式,系由各地各就其环境,自由发展,虽亦与行政力量及社会组织有相当的配合,但配合的程度不深,差不多纯然属于劝导。在这一时期内,人民经济生活,是漫无限制的自由,在都市,商业利润高过一切,囤积居奇,司空见惯;在乡村,多数人不知"储蓄"二字作何解,有钱何以要向银行去存储,借贷利率,亦非常的高。而在战时变态心理之下,奢侈浪费行为,更属不分地区的普遍地存在着。在此环境之下,要劝人储蓄,就是借重地方官吏和士绅的号召,同时,激励人民的爱国心理,鼓起逆水行舟的精神,亦只能收到几分效果。尤其在边僻之地,如甘肃、贵州等省,交通不便,民智较低的县份,还得先自教育入手。一方面由县政府张贴布告,昭示人民,储蓄非同捐款,储蓄券过六个月即可满期,照付本利;一方面由银行和邮局,备足钞票,予兑付者以便利,以加强人民对于储蓄券的信仰。上述方法,确曾收到相当效果,故虽储蓄券的期限短,满期的已属大部分,而净存数还能保持到八成左右。大致内地人民,初期为证明是否可兑现,兑取者不少,其后信用已树,兑付者即不甚多。在兑付之储户中,因需用款项而兑付者,似属极少数;至斤斤为收取利息而提款者,则仅为若干大额储户,因推行地区较广,小额较多,在比例上亦占少数。对于节约的提倡,只能做到策动舆论的针砭,不断予人民以精神上的启示。再如就储款的作用而论,亦只能收回一部份政府银行以住所做农贷和工贷放出去的法币,与整个社会上游资的数量还是无从比较。

在后一时间内,社会环境,日渐转变:倘如囤积的取缔,浪费行为的限制,商业银行的加紧管理,以及内地人民的对于储蓄的认识日渐进步等,可说已到曙光渐露之境。在主办节储运动的机关机构既已健全而普遍,对于各地工作的效果与反应,也有了详确的明了,所以新的部署,虽然仍是用劝导方式,但是由于各地劝储分支会改由省主席或市长及县长为主持人,并经规定各种对象的劝储标准,由主管行政机关,主持节储运动机关,会同人民团体,采取协议方式,订定实施,显然已经踏入另一阶级,正式配合了行政力量和社会力量,作有力的推动,而协议的结果,也发生了强制的作用,可说是一种含有约束力的劝储方式,或者是温和的强制方式。至于这种方式,对于紧缩通货的作用是多方面的,这可就各项实施的办法中看出来:

(一)着眼于财政方面,减少通货的发行和收回通货的。所采办法,一为由各机关于收购物资时,会同农商方面代表,斟酌情形,制定标准,搭发储蓄券;一为组织军队方面的劝储机构,收回一部分军事支出。

(二)着眼于财政方面,消化英美借款,以收回通货的。所采办法,为正在准备发行外币储蓄券,推行外币储蓄,以收回一部分通货。此项办法如果决定实行,对于紧缩通货,必能收获宏效。

(三)着眼于按人民收入分别劝储,收回通货的。所采办法,一为对薪水阶级普遍组织节储实践会,实行团体储金;一为对房东及移转房地产者,按租费及产价劝储:一为于公司、企业、行号发给股息红利时,搭付储蓄券;一为对自由职业者,按其收入劝储。

(四)着眼于人民过分消费时,强令储蓄,以收回通货的。所采办法,由各地议订标准,由供给过分消费者,如烟酒商、餐馆、娱乐场所及出售奢侈品之商号等,一律预购储蓄券,搭售于消费者。

(五)着眼于吸收其他社会游资的。所采办法:一为由各地邀集绅富,大量劝储;一为由公司、企业、行号,将纯益一部份储蓄;一为于各地普遍组织乡镇劝储队,预领储蓄券,向农户及乡村住户劝销;一为鼓励商业银行,以其资金储蓄于政府指定之各行局。

关于储蓄的期限,为配合政府三年建设计划,已规定以推行三年定期储蓄为原则;但对乡村农户,则仍将采用六个月之短期储蓄,以免误会。至于储款的运用,除了投资于必需而且可能的生产建设外,其余则用以调剂金融机关因协助财政而生的影响,当然也是与紧缩通货问题分不开的。

五、对于实行强迫储蓄的观察

我国推行储蓄的方式,是否将进展到采用强迫储蓄的地步呢?也许有人要发生这样的疑问,而事实上近来主张强迫储蓄的,亦已不乏其人。我个人的意见:储蓄总是于国家于人民都是有益无损的事,强迫也非不可用的手段,只是强迫的效果如何,则颇有考虑的余地。照我国的社会条件看来,我以为强迫储蓄的效果,未必会超过现在所采的方式,这可以直接税的税收数额为佐证。实行强迫储蓄的结果,非但损失了精神动员的附带作用,而且可能取其小而遗其大,甚至或与有钱出钱的原则相反;以强迫储蓄经过立法程序,需费相当时间,各地生活程度不同,储蓄比例难求公允,管理记帐以及稽核的种种技术问题,亦有困难。所以照个人的观察,在我国要实行强迫储蓄,似尚未至其时。

六、结语

战时经济的不稳定,我们既知其为大势所趋,就不必过于悲观。我国苦战了五年,国内经济也不过如此,我们更应欣幸我们具有地大物博人众的优越条件。今后如能由各方面努力,经济的趋于稳定,是极有可能的。推行储蓄可以紧缩通货,发展生产,以平抑物价,安全社会,意义极为明显;就其潜在的作用说,因为储蓄封锁了人民的购买力,同时也就无形收到了减少物资消费之效,对于稳定战时经济,可谓是具有多方面的机能的,我们自应以全力推动。但要推行储蓄,同时亦不能不充分动员人力,增加生产,并加强节制消费,以充实人民的储蓄力量;一面更应严格取缔囤积居奇,抑平高利贷,设法增加人民对于通货的信心,而使大家乐于储蓄。必如此,推行储蓄,紧缩通货,方易收效。战时经济,方能于各方配合工作下,归于稳定。

(《财政评论》七卷二期,1942 年)

编后絮语

战时如何紧缩通货?刘攻芸先生从财政、金融以及人民生活等多方面,分别进行了深入研究和探讨。他认为推行储蓄是一个非常好的手段,对国家对人民都是有益无损的事情。但他同时并不赞同强迫储蓄的政策:"实行强迫储蓄的效果,非但损失了精神动员的附带效果,而且可能取其小而遗其大,甚至或与有钱出钱的原则相反。"他更倾向于"含有约束力的劝导方式",或者是"温和的强制方式"。应当说,这是一种非常冷静而客观的思考。毕竟,增强人民对于通货的信心,使大家乐于储蓄,实在是更为重要的。

刘航琛（1896~1975）

名宝远，四川泸县人，清光绪二十二年（1896年）生。1923年毕业于北京大学经济系。1927年任重庆铜元局事务所所长，后任第二十一军财政处处长。1928年任第二十一军和第二十四军两军财务统筹处副处长。1929年5月任四川善后督办公署财政处处长。1930年建议成立第二十一军总金库，自任收支官，同年与卢作孚等在重庆创办川康殖业银行，初以卢作孚任总经理，后刘继任。1934年12月任四川省政府委员兼财政厅长，兼任四川省银行总经理。全面抗战爆发后，任川康平民商业银行董事长、川盐银行董事长。其后持川盐、川康银行资金，大量投资工商企业，担任重庆金融工商界董事长、董事、总经理等七十多个头衔。1938年7月辞去财政厅长职务，改营工商实业。1942年4月任粮食部政务次长，1946年5月卸任。1947年5月任全国经济委员会委员。1949年6月在广州任经济部部长。同年12月赴香港，1950年1月赴台湾，辞去"经济部长"职务。1975年9月28日去世。

防止走私与国民经济建设

各位同胞：今天我们在华北走私严重问题之下，来谈谈防止走私与国民经济建设的关系。希望大家知道防止走私，是建设国民经济的先决条件，换句话说，我们先要防止私货输入，才能建设国民经济的基础，如走私漏税的问题，没有得到相当的制裁，不但国民经济事业无从建设，就是原有的工商业，也要遭受重大的损害。本来走私的事，自从民国十八年，我国的海关主权收回以来，在南北沿海口岸和内地，关于奸商货客偷关漏税贩运私货的案件，就时常出现了，不过这种零星的走私，虽然对于我国关税也不免生局部的影响，但研究他的动机，还是没有含着有其他政治作用的，对于我国整个财政和工商业，还没有多大的影响，所以也没有人注意到这个问题。

但是自从二十年东四省丧失以来，直到二十二年，签订威逼华北的塘沽协定以后，他们仗恃华北的特殊势力，侵略的气焰，熊熊不息的增加，简直是无恶不作，走私的活动，具体出现了。尤其是到了去年的八月，越更猖獗了，公然在武装保护之下，有组织的强运大宗的货物，向着我国海口，滚滚的进攻，实行他们世界经济侵略的阴谋，企图扼制我国工商的生命，阻碍国民经济建设，破坏国防和破坏海关行政，动摇国家财政根本。据海关方面的统计，自去年八月到今年五月之间，走私货物损失的关税，每月达八百万元，全年的损失，在一万万元以上，当关税总收入百分之三十以上。试想关税收入，是我国全体租税收入中的第一位，约占租税收入总数百分之六十，同时关税的收入，又是国家财富的主要来源，直接占岁入总数百分之四十以上，所以各种外债，都靠关税偿还，差不多十分之九，都是拨充公债还本付息之用，平时除偿公债之外，还要供给地方军政费用。本来自东四省被攫去，关税的收入，已经受了重大的损失，再加上近来走私的猖獗，税收之减少，那么我国财政上所受的影响，还可限量吗？

关于走私的货物，大多是人造丝、匹头、白糖、纸烟之类，这些货物，在天津集中，成为运销内地，破坏市场的枢纽。我们主要工商业，以及靠此商品生产，作为征税对象的中央统税收入，也大受影响。

私货运销路线，人造丝运销上海及华南。我国蚕丝业因人造丝价格低贱，已被蹂躏不堪，真是有一落千丈的形势。只看上海丝业公会报告，上海的丝织厂，在去年有二十一家，丝织机有二万部，可是现在只存六七家，织机只有三四千部了。这个原因，就是由于私货倾销的影响。例如从天津运到上海，好绸绫每匹只售三四元，可是上海本地厂家的出产，就算成本最少也要六元，这就是我国丝织品受私货抵制，最显著的实例之一种。糖，此项私货运销华北各省。广东、福建的糖业，不但华北的市场完全被私糖侵占，就是上海糖，也受私货倾销的影响，白糖原来的价每担二十元，私糖只售十三元，正当的营业，哪能和走私货物竞争？结果，粤闽上海的糖业厂家，由百多家倒闭到只存三十多家了。其次如卷烟，本来上海是烟厂的大本营，在未走私前有二十多厂家，在华北各地，设有销售处，因走私影响，都已无形中撤回了。

以上所举，都是我国靠着生存较大的商业，可以说俱被他的恶势力摧残殆尽。试问这一线的生存力量，既经日就消失，还有什么机会来谈经济建设呢？再进一层说，对方的经济势力进一步，我方的经济势力就不止退一步，进的愈进不已，而退的恐怕更是退无可退。不待别人的军舰飞机开到，已经先自灭亡，还哪里有复兴的机会呢？所以说，走私不仅是掠取大利的经济侵略，简直是控制我国的财政，根本破碎我们国民经济建设的政策。拿非法运来的私货，深入我国内地,吸取四万万五千万同胞的资财,危害国计民生,这就是走私的最大作用。

在国难期中,要建立国民经济的基础,首先应该严密防止含着经济政策侵略意味的走私,强固关税的壁垒,使私货到处碰壁,无法侵入我们坚强的防止阵线,才能够保障我国工商业的发展,发扬光大国民经济建设的政府。

防止走私,要靠人民团结的力量,作政府的后盾,有组织的防止,然后始能开展国民经济建设的大道,使民族资本的工商业,蓬勃地发展起来。全体民众一致不运私货,不卖私货,不买私货,不用私货,这样就是目前防止走私与国民经济建设运动中我们全民族的重大责任。

(《财训》一卷二期,1936 年)

编后絮语

1933 年"塘沽协定"签订之后,出现了由天津为基地的大规模走私活动,对中国的财政经济形成了巨大的冲击。刘航琛先生详细列举了人造丝、糖业、卷烟等走私货物的运销路线,客观评估了内地市场所受到的严重影响。在他看来,"走私不仅是掠取大利的经济侵略,简直是控制我国的财政,根本破碎我们国民经济建设的政策"。他认为,防止走私,要靠人民团结的力量,作为政府的后盾。"不卖私货,不买私货,不用私货",他提出的建议比较简洁,但却是相当实用的。

钱新之（1885~1958）

名永铭，字新之，晚号北监老人，原籍浙江吴兴（今湖州），清光绪十一年（1885年）生于上海。1902年入省立天津北洋大学学习财政经济学。1903年官费赴日本留学，入神户高等商业学校学习财经及银行学。1912年陈其美任工商总长，派其前往北京接收旧农工商部，任会计科长。1917年任交通银行上海分行副经理，1919年升任经理。1920年任上海银行公会会长。1922年任交通银行协理，浙江地方实业银行董事。1926年转任盐业、金城、中南、大陆四行储蓄会副主任及四行联合准备库主任。1927年2月任浙江省财务委员会委员，同年3月任上海商业联合会常务委员、江苏兼上海财政委员会委员，5月4日任中央银行副行长，5月9日任国民政府财政部次长、中央财政委员会委员，8月任关税委员会委员、代理财政部部长。1928年10月任中央银行理事会理事，11月任浙江省政府委员兼财政厅厅长。交通银行改组后，任常务董事，1929年辞职。1930年任中法工商银行中方副董事长。1935年中国银行、交通银行改组，仍被派任两行常务董事。全面抗战爆发后赴香港，1938年8月任交通银行董事长等职。1939年9月代表交通银行任四行联合办事处常务理事。1941年8月派为外汇管理委员会委员。太平洋战争爆发后赴重庆，1942年3月与杜月笙在重庆设立中华实业信托公司，任常务董事。抗日战争胜利后，交通银行总处迁回上海，仍任董事长，并兼任金城银行董事长。1947年4月任美金公债劝募委员会主任委员。1948年8月四行储蓄会改组成立联合商业储蓄银行，任董事长。1949年赴香港，1950年3月赴台湾。1958年6月19日因病去世。

识字是生活上必要的条件

关于识字的意义，各位多已说过，可称是发挥无遗了。现在且把几件最浅近的事来说说。一个人在世界上，不能不和他人发生关系。人与人互相交接的，一种是语言，一种是文字，当面交接，可用语言，相隔远了，只好用文字来替代语言，普通的就是所谓信札。信札是要识字的人才能够写，不识字的人，和人通信，只好请人代写。请人写信是一件求人的事体，白讨光人家是不行的，即使人家情愿替我写信，写得对与不对，又是一个问题；或者写来不对，我自己又看不来，寄了出去，岂不误事？还有别人寄把我的信，我自己认不得，只好托人代看，如果信中有秘密的话，我自己还没有知道，看信的人倒先已知道了，岂不是一件很吃亏的事！

有钱的，成家立业，谁不羡慕。但是买了房屋田产，就有契纸；投资于各种公司，就有股票；存款于银行钱庄，就有存折；将款借给人家，就有借据；和人伙开店铺，就有合同；保了寿险火险，就有保单。这种契纸、股票、存折、借据、合同、保单，上面所写的，无非是字，须得认个清楚，才不吃亏。在此人心不古的时候，如果自己一字不识，任人家随便写写，最容易上当的，将来发生纠葛起来，恐怕自己的所有权，就保不住了。等到发生纠葛之后，再去同人家打官司，自己又不会做状子，倘然所托非人，听其颠倒是非，从中播弄，不但权利争不还来，还要受意外的损失。有了产业，就要完粮纳税，国家征收粮税，有一定的章程，一定的时期，识字的人，看了章程就可明白，只要照章完纳，不会吃亏；不识字的人，自己应该完纳多少，不晓得一个确数，征收人员认为乡愚可欺，不免就要额外浮收，多出了钱，还是莫名其妙，你看冤枉不冤枉！

购买公债,也是一种储蓄的性质,但是公债缴款有一定的折扣,还本付息有规定的期限,识字的人一看便知;不识字的人,不晓得如何折扣,经手的人,就要从中侵蚀,不晓得还本息的期限,过期之后,票子就作废了,这就是因不识字而丧失权利。

一个人总有出门的日子,或趁火车,或趁汽车,多是要买票的,票子上载票价数目,起讫地点,不识字的人被卖票的人多算了钱,恐怕还不晓得,而且到了目的地之后,要问了别人,才得知道;如果到了不熟识的地方,要寻某街某巷某门牌,在识字的人,只要一看沿路的木牌,就可以找得到,不识字的人,却非请人指引不可了。总之,识字的人有种种便宜之处,不识字的人有种种吃亏之处,实在是一言难尽。现在识字的机会,比较从前来得多了,只要自己晓得不识字的痛苦,抱定识字的决心,就容易达到识字的目的。所以希望全省同胞,无论男的、女的、大的、小的,一致努力起来,不要错过机会才好!

(《浙江省识字运动年报》,1929 年)

编后絮语

"识字的人有种种便宜之处,不识字的人有种种吃亏之处。"这个道理并不深奥,但要让一字不识的文盲能够完全理解,却需要费一番脑筋。钱新之先生从写信开始,说到日常经济生活中的契纸、股票、借据、合同、保单,再说到购买公债、购买车船票等等,讲的都是这个道理。当年浙江省在开展识字运动的宣传活动中,邀请银行家钱新之先生作这次广播讲话,显然是一种正确的选择。钱先生的语言非常朴实,通俗易懂,却具有极强的说服力。

盛竹书（1860~1927）

字炳纪，浙江镇海人，清咸丰十年（1860 年）生。前清秀才出身。1915 年后历任交通银行上海分行经理，浙江兴业银行常务董事、总经理，汉口分行和上海分行经理，上海银行公会第二、三、五届会长。其间创设上海《银行周报》，筹建上海票据交易所、征信所等。1927 年去世。

炳纪忝任本会会长，两载于兹，自问才疏识浅，弗克胜任，毫无建白，心何能安？幸赖同舟共济，藉免陨越，此炳纪所深为感激者也。本届选举会长，差幸驽骀之质，克卸仔肩，而以私心所希望者，凡炳纪任内所公同议决，如票据法、票据交换所、征信所、建筑本会会所、俱乐部、行员补习夜校、及银币化验室诸大端，以及关于银团，如造币厂借款、车辆借款、通泰盐垦五公司债票，及代兑中法实业银行钞票等事，俟诸继任之贤哲，接续进行，次第兴举。迺蒙诸公不厌老朽，嘱为联任，炳纪本不敢继续担任，只因会长乃公共职务，兼以一致推举，未便固辞。所幸新选副会长孙君景西，年力壮强，学识丰富，得以随时商酌，藉匡不逮。然诸公之责望于炳纪者愈切，而炳纪更不能不求助于诸公矣。今日为正副会长董事接事之期，炳纪略有意见，请求商榷：

一拟开放会员银行，以收集思广益之效。现在本公会会员银行，计有二十一家。年来银行业日益加增，其资格相当、信用较著者，亦已不少，不妨设法介绍，许其加入。他山攻错，固属以多为贵，而势力范围，亦以愈广愈妙。此会员银行之亟应开放也。

一拟规定办事施行细则，以资遵守而利进行。本会为金融枢纽，一事之来，不分巨细，办事手续，当有缓急，苟无一定之程序，即无积极之精神，历年会务之困难，职是之由。此办事施行细则之亟宜规定也。

一拟请本会会员及董事，遇有会议时，务须一律与会。上届凡有会议事件，屡开会员会，因董事仅有七人，间有缺席，非开会员会不足以昭慎重。然各会员每因行务繁忙，不克出席，即出席而时间过久,诸感困难,以致每议一事,不及周详,议决后仍难实行。本届董事添举二人,将来遇有提议事件,拟先开董事会,作一度之讨论,俟各案汇集,或有重要事宜,再开会员会,则由董事报告详情,会员易于表决。而会员会可不常开,开议时间亦可缩短,实于会务、行务两有裨益。但各董事、各会员凡遇开会时,务请按期亲自莅会;若因公冗不能出席,亦希委托各会员行所举本会评议员为代表,以资接洽而免隔阂。

一拟请本会同人互相爱护,以期团体之日坚。窃思本会之设,本以交换智识、研究业务为原则,但际兹时局不定,人心凉薄,凡我操银行业者,或直接或间接影响较易。如我同业中,遇与外界相抗之事,或外界与同业有相侵之端,凡我同人务须出以公心,持以毅力,公同维护,以合群为前提,庶风声所树,俾外界知我团体固结,或可消患于无形。

炳纪自知老朽,语多陈腐,但管见所及,用敢直陈。是否可行,还祈诸公详加审择,明以教我为幸。

(《银行周报》六卷三十五期,1922 年)

编后絮语

在近代中国金融史上,上海银行公会是一个具有较大影响力的社会团体,盛竹书先生能够二度荣任会长之职,亦可看出其为人的一面。在他自己看来,担任会长职务,不仅是荣誉,更多的是社会责任。他所提出的扩大会员银行范围、规定银行公会办事细则等建议,都是有关整个银行公会发展的大事;他所强调的公会同人应互相爱护,更是银行公会此后健康成长和发展壮大的关键所在。值得一提的是,那一年,盛竹书先生 62 岁,在当时已属高龄;5年之后即 1927 年,他即离开了人世。

寿毅成（1891~1959）

原名景伟，曾名肇强，别号茶佣、心月居士，浙江诸暨人。北京财政学堂毕业，哥伦比亚大学经济学博士，曾任上海绸业银行董事，中国茶叶公司总经理，中央银行业务局副局长，中国银行杭州分行副经理等。

景伟此次追随张总经理及金经理参观杭江铁路,又与刘攻芸君、徐广迟君、陈仲文君先后视察浙属各支行及办事处,感想颇多。除业务视察另由徐君担任报告外,顷承汪总稽核雅命,对于浙省最近社会经济状况及其发展趋势,略加陈述,诸希不吝指正为幸!

(一) 社会经济变迁上之观察

浙西杭、嘉、湖三旧府属,向以富庶见称,惟以丝绸事业,一落千丈,水灾国难,又随世界不景气之狂潮怒涛以俱来,民生困苦,不可言状。即就杭州一市而论,据建设委员会浙江经济调查所报告,二十年度丝绸同业计共三千八百五十八家,所雇职工计达三万零一百二十四人,今年家数已减至百分之三十五,人数已减至百分之三十九,其凋敝之速,至足惊人。至湖州方面,则去年水灾奇重,丝绸业又复岌岌不可终日,遂致钱业恐慌一再发生,抢米风潮,数见不鲜,而贫民缓急所攸赖之当铺,其当额复以二元至五元为限。贫民饥不得食,则树皮草根,甘之如饴,而略有残余衣饰可资典质者,其邻右即不啻以小康之家目之。社会生计,艰窘至此,则购买力之日见薄弱,自在意中。而银钱业之做丝押款及米押款者,往年皆实力较厚者所优为,今以滞销过甚,多感困难,则又金融界无妄之灾也。

返而观之浙东,则自杭江铁路通车以来,其经济上发展之途径,亦已在逐渐变迁之中。兰溪向为浙东商业中心,惟杭江铁路已决由金华展筑至江山,至金华、兰溪间仅为支路,温处公路,又拟于一年以内由永嘉通至金华,则最短期内,兰溪虽仍可在商业上及金融上保持其固有之优势,而浙东陆路交通,既以金华为集中点,则前途消长,固可预觇,而因应方案之何若,又值得吾人之深切考虑者也。杭江铁路沿线,多属农村,惟其间有宜为棉业区者,有宜为矿业区者,有宜为森林区者,有宜为畜牧区者,有宜为商品集散处所者,亦有宜为风景及避暑处所者,整理发展,固有待于当地政府与社会领袖之积极提倡,但经济建设,非财莫举,且直接所以改进农村经济,间接即所以发展铁路业务与银行业务,在从事金融事业者,自亦不可不筹虑及之。

(二) 公共秩序维持能力上之观察

浙江政治,比较的可称整齐,但好县长尚不多见,能消极的厉行禁花会、铲烟苗、剿土匪者,已算是好县长。至积极行政,什九尚谈不到,而"行政费太多,事业费太少",转为极普遍之现象。温州某县长谓:该县建设经费年计六万余元,建设机关之种种名义,可谓应有尽有,但实际上用于建设事业者,尚不及六分之一,此等设施,倘循名责实,其违反经济原则,自不待言。而各属情形大抵相同,可慨何如! 至维持治安,除警察机关外,大部分须恃保安队。保安队纪律不能一律,但多系土著,于土匪之来源去路,尚能熟悉,故较之客军遍地,而匪患仍苦无从肃清者,可谓略胜一筹。惟欠饷过多,即伙食费亦时待筹借,则于消极行政中之治安维持问题,最好亦仅能说在水平线以上耳。

(三) 内地科学应用范围是否逐渐推广之观察

科学应用,在城市中固较为易见,而在内地则颇属难能可贵。此次参观温州光明火柴公司,见其规模恢宏,意匠新奇,询悉其创办人李闻籁年少英俊,自毕业沪江大学后,即返桑梓服务,不幸创办伊始,汽炉爆裂,竟以身殉。但其实行"智识分子到内地去"之新精神,可为继起者之好模范。至科学发明,在学术界亦已时有所闻,如诸暨敝同乡陈演,年约三十许,虽历任乡村小学教师,但始终未受学校教育,仅从浙江教育厅师资通讯研究部《进修半月刊》,及陶行知先生《中国教育改造》等出版品,求得极有限度之新智识。

因鉴于我国旧式农具,非力谋改良,不足以增进农民之生产能力,于是悉心研究,最近已发明一种改良纺纱机,铁质计售国币四元,木质仅售二元,较诸旧式用具,生产率在三倍以上;而经久耐用,不似旧机之时须修理,又为优点之一。此外又发明四面风扇,及水车石磨、轧棉碾米手摇联合机等新机械,亦颇适切实用。惟现尚在研究改良中,未敢遽以问世。此足见科学发明之动机,已随时势之需要而渐露经济发展史中之新曙光。农民经济倘能于天灾人祸、颠沛忧患之余,重得一线生机,渐趋康庄,未始非社会前途之大幸也。

(四)农民经济生活基础是否根本动摇上之观察

数月以来,农村崩溃之呼声,几遍全国。而浙省自厉行二五减租以后,地主之富有资财者,相率徙居都市,遂致农村经济之源泉,日形枯竭。而米、麦、丝、绸等基本产品,又以国际市场,日蹙万里,经济侵略,深入肺腑,农民生活基础,遂有根本动摇之势。所赖以维系不敝于万一者,厥在刻苦耐劳之真精神,与俭朴以居患难之好风尚。去岁国难迭起,工商竭蹶,银钱业亦多感困难,而绍兴金融界,独能安渡难关,无一家钱庄倒闭或搁浅,推其原因,则越中人士崇俭约、重稳健之共同信条,实有以致之。至浙江省府对于二五减租案件,为顺从民意起见,一方以旧租额七五折为单纯之缴租标准,而取消临田监割年年估计总收获量之现行制度,一方又撤废省县佃业仲裁之机关,而以适用简易诉讼程序为事实上之救济方案,则釜底抽薪,亦安定农民生活之要策也。

(五)工商事业组织是否健全及科学化之观察

此次参观各地工厂,大抵新办而规模小者,颇有朝气;其历史较久而规模较大者,则组织效率颇多难言。至就一般人事及风纪观之,有长于管理,指臂相助,处处可见其纪律化者;有仅能局部整理,井井有条,而于全盘计划,缺乏注意或研究者;有上级职员,宽以驭众,而和衷共济,协图进展者;有上级职员,不能时加指导,而其助理人员,仍能应付裕如,整齐有向上气象者。观风纪者,必于其微,人事管理,果能用当其才,才称其职,则工商组织之富有朝气者,固可保持其朝气;即其历史过久,已陷于暮气之黑罩中者,亦未始不可以管理科学化之方剂药治之也。日前在甬埠,曾参观两工厂,一新一旧,新者应用最新机械,管理亦甚简要;而旧者则仅其创办人所管理之一部分,颇属整饬可观,余皆不逮。足征管理方法,贵能泛应曲当。其精神贯注,巨细靡遗,则往往于创业中人遇之,而守成者每愧不如! 工商组织之未易健全发展,职是故耳。

(六) 内地基础教育能否适应实际需要之观察

内地人才缺乏,无可讳言。但社会上亦不乏无名之英雄。此次参观湖州民德女子职业学校,内设初中家事科,育婴师范班,及婴儿院数部分,无论已否成婚,均可入学;其已有子女者,并可按其年龄,分别插入各级肄业。至年长失学者,则可入补习班肄业,二月即可作浅近书札。陈宏谋氏谓:"天下无不可教之人,而岂独遗于女子!?"该校可谓身体力行,善事斯语矣。至婴儿院中,二三岁之儿童,即能活泼泼地唱歌游行,师长按琴,命行即行,命止即止,尤觉天真可爱。在定海参观定海中学及女子中校,均系刘鸿生氏所捐设;又于余姚参观久久学校,为我行姚江诸先进所协同主持;"爱国不忘爱乡,爱乡不忘爱国",良足式已!

(《中行生活》八期,1932 年)

编后絮语

此文实际上是一篇调查报告,文字虽不多,涉及内容却极其广泛,对 1930 年代初期浙江省的社会经济变迁、公共秩序、科学应用、农民经济生活、工商事业组织以及基础教育等进行了深入考察,全文充溢了作者对社会的关切之情。其中的部分细节让人印象深刻,如:"贫民饥不得食,则树皮草根,甘之如饴,而略有残余衣饰可资典质者,其邻右即不啻以小康之家目之。"再如:"保安队纪律不能一律,但多系土著,于土匪之来源去路,尚能熟悉,故较之客军遍地,而匪患仍苦无从肃清者,可谓略胜一筹。"该文作者曾指出:"社会经济与金融事业,相依为命,血枯则体瘠,膏竭则灯灭,事所必至,理有固然。"(《论我国农业之救济》,载《中行生活》第五期,1932年9月15日)确实,就金融论金融,尚谈不上是真正的银行家。

宋汉章(1872~1968)

原名鲁,原籍浙江余姚,清同治十一年二月二十九日(1872年4月6日)出生于福建建宁。早年就读于上海正中书院,肄业于上海中西书院。1897年任职于通商银行。1906年后任大清户部银行北京储蓄部业务主持。1907年起,历任户部银行、大清银行上海分行经理。1912年2月任中国银行上海分行经理,1916年成功应对京钞挤兑风潮。1918年7月任第一届银行公会会长。1925年任上海总商会会长、上海银行公会会长等职。1928年被选为中国银行常务董事。1931年任新华信托储蓄银行董事,同年创立中国保险公司,后又发起中国保险学会。1935年3月任中国银行总经理。1946年任四联总处理事,并任中国银行董事长,中一信托公司董事等职。1948年4月任中国银行董事长。1949年5月前赴香港,中华人民共和国成立后,仍被推为新生的中国银行董事。不久去巴西,1963年返回香港定居,1968年12月去世。

国货外销

国货外销,时贤倡之颇力,亦夙为政府所注意。年余以来,先后已有各种奖励办法之公布,工商界闻风景从,相率以谋自效之道。良以当前国家经济,非推广输出,增裕外汇,不足以资重建。而民族工业,亦以国内销区有限,非向国外广求出路,生产无以尽其扩充,其间得失,攸关国计民生者至巨,宜为朝野共同注意、一致努力之目标。顾国货外销,因国际市场竞争之尖锐,其困难远在内销之上。发轫之初,尤宜注意于基础之确立,市场之掌握。吾人除深望政府能尽量扶助之外,更盼经营者善自为谋,愿提数事,以供商讨。

一、国产外销货品,种类至为繁复,同时国外市场,涨落倏忽不定,是以各种货品,在国外市场之行销区域、行销节令,以及可能消纳之数量,宜随时调查精密,作成统计,以供输出之标准。该项调查,过去率由输出者个别为之,难免或失疏漏。今后宜由各业合为一单位,集同业之力量,共同调查。所得资料,既可作同业之参考,同时并可提供政府主管机构,为研讨及核价之用。

二、在外销开展之际,出口货物之品质标准,允宜注意。过去出口国货,品质不能精益求精,往往标准亦不能始终如一,实为未能持久畅销之最大原因。在各出口商有切身关系,为争取国外信誉起见,生产者固应继续不断之努力,以求日益进步,而同业间尤应共负研究审查之责。

三、同类货品之厂商,应互相联系,以谋配合。切戒在国外跌价竞销,自相忌刿,以致同遭挫败。盖外销既以在国外市场拓展为目的,则竞销者自有其对象,苟不此之图,必将自塞销路。

以上数点，时人固论之备矣，余所以不惮辞费者，实有鉴国货外销关系之重要，经营者倘不以老生常谈目之，并能协力致力致意于此，则幸甚矣。

（《西南实业通讯》（国产外销专号），1948 年）

编后絮语

　　这篇文章不长，却很重要，讲的是关于国货的另一个重要问题。与一般性的提倡国货不同，国货外销还涉及许多技术性环节。宋汉章先生提出的三点建议，包括对国外市场的精密调查、注重出口货物的品质标准，以及切忌在国外跌价竞销等等，实在是对外贸易中的关键之点。即便在今天的国际贸易中，对于中国产品如何更好地走向世界，这些观点也仍然值得借鉴和参考。

孙瑞璜（1900~1980）

名祖铭，江苏崇明（今属上海）人，清光绪二十六年（1900年）生。1921 年毕业于国立清华大学，赴美国留学，先后获美国纽约大学学士、哥伦比亚大学硕士。1930 年 3 月任上海邮政储金汇业局会计处副处长，同年 10 月任新华信托储蓄银行副经理，后改称副总经理。1935 年继任中国征信所董事长。全面抗战爆发后，主持上海总行行务，管理沦陷区新华银行上海、北平、天津、厦门等分行业务。1938 年 6 月任上海市银钱业业余联谊会理事会主席，太平洋战争爆发后，自动辞去银联会主席职。抗战胜利后，王志莘回沪主持新华银行行务，孙瑞璜仍任副总经理，另任大安保险公司、大同商业银行、中国投资公司等机构董事。1950 年上海十一家大型银行组成联合总管理处，任沪区业务委员会主任委员。1952 年任公私合营银行上海分行副经理。后任中国人民银行上海市分行储蓄所副处长、分行副行长等职。1958 年任公私合营银行常务董事和中国银行上海分行顾问等职。1980 年 5 月 9 日因病去世。

两年不到南京,所以今天得和大家晤面,觉得很高兴。这次来系上海银行公会推为代表,为特种营业税向财部当局声述理由,体念银行业负担过重,请予核减;其实我也很想到京行来和大家见面。

这次来非常匆促,但是京行发展的情形,因经副理常到总行来谈及,或是通讯,我已相当知道,但没有我亲自来那么亲切。京行复业两年来,变迁很多,比如业务上种种发展,办事处添了三个,同人由一桌递增至四桌等等,所以我早就很想有机会来看看京行变迁情形。京行等于两足岁的小孩,我是娘家来的人,今天聚餐可算是庆祝,纪念,觉得很有意义,这可爱的小孩,又白又胖,且有精神,我代表总行来祝福这小孩两周岁纪念。迷信的人要替她算命看气色,是寿是夭;我从银行业说,前途荆棘,隐忧重重,就目前看,也要就最近将来看,预料这小孩磨折很多,什么磨折呢?

第一是在现在金融动荡不定之中,银行业很难做,它的力量小得可怜。过去在战前,每一银行存款三五千万不算多,多则一二亿不等,当时美汇作三元三,以国币五千万计,可合美金一千余万元;现在存款国币一千亿合不到美金一百万元,故以美金计,由几千万降到低于一千万,此足表现银行能力的减弱。从前一个银行存款可以供给许多工厂的放款,现在一个厂也不足应付,战前到现在减退的比例太大了,所以应付困难。现在没有较长久性的存款,存三五天的,十天八天的,一个月的要算长了。

第二是环境应付有各种困难。币值跌,物价高,时有出乎常规的现象发生。例如顾客需要大钞,不要小钞,破的不要,柜台上常生争执,这都是特殊情形,是从前所不需花费的精力;又如角分数字,法令并未废止,而事实上角分尾数还得计算,支票可以开,因此记帐数字位数增多,原有帐页计算器的不适用等等,类此的事真多,乃是平时想不到的。总之人力物力精力,对内对外,处处逢着困难。银行力量既很小了,所需应付的事,又多且烦难,常化许多精力来应付,不一定得到预期的结果。

第三是同业竞争的剧烈,家数众多。至于地下钱庄,及所谓信用合作社等,且不去提,单就同业说,政府银行存款增加倍数,与商业银行增加倍数,比例相当的远,往往一个政府银行的存款,超过当地所有其他行庄存款的总和。同业间大家勾心斗角来争取业务,争取地位和出路,采取正当手段的有,甚至不择手段的也有。其他如提高存息,降低放息;星期日也可以收兑;日间通融用款,夜间收回抵账;大家不惜种种迁就,只求业务发展,收支相抵。

第四开支庞大。不统计不容易了解,战前本行薪工只当总开支三四成,现在要占七八成,乃至八九成。银行不像工厂需要原料,只需人员的报酬,不管外人说银行待遇怎样好,而各人仍感拮据,但得承认银行负担之重。其他各种购置开销,无不随之增高,所以开支庞大,确是银行业的难关。

上述四种劫数,是普遍现象,不独我行为然,我们也不必灰心,还有可以克服的办法。我看这小孩有三个因素能克服此困难,那就是天时,地利,人和。就京行论罢,三者都有好的条件。京行在胜利后即复业,办事处相继恢复,尤其是关处能及时复业,争取时利,故京行天时很好。再看南京现在形成四个核心:新街口,城南,鼓楼(包括新住宅区),还有下关,京行在每个核心上都有一个据点,已合地利的条件。天时、地利固属重要,还有人和更重要,我看今天各位精神的饱满,工作上的表现,在京市同业所争取的地位,已能尽其力量,收得良好的效果,这成绩是靠大家合作努力而来的。

京行是新华重要分行之一,业务上名列前茅,以及种种优越的表现,使得总行常得安慰,我深信京行一定可以解决前途的困难,须知"事在人为"。银行业今后的困难恐怕更多,币制不稳,物价波动,自然是困难;一旦币制稳定,物价呆滞,工商业又有困难,左右是困难,而且应付一天,更困难一天。但话要说回来,各位要牢记着"事在人为"。我们不能落于人后,人家能应付,我们也要能应付。总行方针是一面准备,时局总希望有稳定的一日,我们需有长久计划,目前只有应付,以渡难关。这可爱的小孩,灾难虽多,但可以克服,做母亲的要好好地扶养他!

(《新语》十三卷一期,1948 年 1 月 1 日)

编后絮语

孙瑞璜先生的这篇演讲稿,如实反映了 1947 年底上海银行业面临的严峻形势,他称之为"磨折""劫数"。这当中,银行业自身的资力,经营中遇到的各种困难,同业的恶性竞争,以及开支剧增等等,都对银行的生存和发展带来了极大的挑战。尤其同业之间,为争取业务而勾心斗角,甚至采取种种不正当手段,让人印象深刻。他所提出的对策,包括天时、地利、人和三个方面,更多的还是着眼于提振信心。他把该行南京分行比作"可爱的小孩",认为做母亲的要好好地抚养他。这话很有道理。银行业作为企业公民,确实应当履行应有的社会责任;而社会呢,也该为银行业提供稳定而安全的生存环境。这难道不是相互的吗?

唐庆永（1906~1993）

字师莱，号季长，1928年毕业于光华大学，同年到美国留学，先后在俄亥俄州立大学、哥伦比亚大学就读经济学，获哥伦比亚大学经济学硕士。留学期间，曾加入纽约茄兰蒂信托公司，回国后在交通大学任讲师。1936年进入商业银行任职，曾任上海、杭州、苏州、成都等地的上海商业储蓄银行分行经理，著有《现代货币银行及商业问题》。

中国银行制度之病态

溯自海通以还,国人对于银行之重要,已渐明了。中国通商银行首先创设,为国人自办银行之嚆矢,而后浙江兴业、交通、中国等等相继创办,迄今亦已有三十余年之历史。目下国人自办之银行,虽已不少,但能具专门化性质者,尚属寥寥可数。夷考其实,银行制度之不完善,是其症结。夫银行乃调度金融之机关,一国实业之发展,货币之流通,国际信用之竞进,端赖组织完善之银行介乎其间,行其职务而已。反顾我国一般银行,虽则名目繁多,实际上所营业务大概为普通商业银行性质,至各银行间精神散漫,无系统,少联络,对于国民经济鲜有切实之助力。查我国银行制度之病态,就其荦荦大者,大概可分为下述四点:甲、中央银行势力薄弱。乙、银行分类未见准确。丙、征询机关未见完全。丁、信用工具尚未流行。

甲、中央银行势力薄弱

中央银行乃"银行之银行"(Bankers' Bank),其所处地位,与普通银行不同,其享得权利,亦与一般银行相异。关于中央银行之本质,概括言之,可以解释如下:中央银行为国家银行界之首领,得政府授予特殊权力,享有专利,与国家之关系甚切,超然处于各银行之上,不营私利,负维持国家信用,与救济金融责任之银行也。

其特殊机能,分别言之,可得下列数点:

A. 代理国库

中央银行得政府授权,专理政府之各种国税收入,经付国家之支出,掌管公债之借还,可以募集公债,发行债券,救政府于危急之时。

B. 全国银行之银行

中央银行为一国银行之中坚,得办理重贴现业务,及收受各银行存款,及经营准备,调剂盈虚,辅助全国一般普通银行,对内负救济金融之责,对外负控制汇兑之责,绝不与个人发生关系。换言之,中央银行不以谋利为目的,处各种银行之上,发号施令,为全国银行之首领也。

C. 发行独占

中央银行在政府指导之下,可以统制发行之多寡,而调剂市面,其他银行,除得政府特许者外,不得发行。中央银行既得发行之特权,可以救济商业,如金融紧迫之时,中央银行增加发行,可使市上筹码增多而松动,金融状态得以调剂,商业可免崩溃。反之,社会需要通货程度减低时,可将通货收缩,逐渐收回所发之钞票,使其不致过分松滥而入正常。

D. 金融救济者

中央银行有权统制发行,已如前述,同时亦应办理贴现,以救济市面,如一般银行遇有紧急需款之时,可向中央银行以重贴现,请求资助。换言之,即一般银行将其贴现票据,向中央银行重贴现而借款,藉以复兴社会生产力量。此外,如平准外汇,使国内资金不致逃避,汇市投机者绝迹,国际贸易保持常态,以利商业。

E. 国家准备金之储藏者

中央银行得政府授权,集中存储全国硬币为发行之准备,充实国库以备不测之需。

中央银行之机能,既如上述,视各种机能,彼此互有关系。若欲调节通货,管理外汇,尤须先行集中准备,而集中准备,又非有发行特权不可。总之,各种机能允宜相辅而行,方可造成一真正"银行之银行",实现其调剂金融、改善经济之职责。我国中央银行,自去年十一月四日,实行集中准备、管理外汇以来,统一发行已见事实,全国白银大半已归国有,国外汇兑,尚鲜巨大变化,确已在逐步推进,实属可喜之事。惟目下力量尚嫌薄弱,其营业范围与欧美各国中央银行比较,亦未十分准确,应设法改良者也。

乙、银行分类未见准确

银行之分类,大别之,可分两种,一为商业银行,即融通短期资金之银行,一为实业银行,即融通长期资金之银行。目下我国各种银行,虽则已设不少,但能实行其专门性质者,殊属寥寥。现闻政府已在从事订立八大银行法规,对于一般根基不固、性质不良者,将逐渐取缔,此诚欣慰之事。一旦银行分类明晰,走入正轨,其有长足之进展,拭目俟之可耳。

丙、征询机关未见完全

银行事业之得以发展,首推运用资金于安全之正途。年来我国工商业因资本薄弱,缺少接济,以致奄奄一息,难于发展,是岂真真缺乏资金乎?反观上海各银行库存积滞,而有不能放出之苦,良以市面消息尚多隔阂,工商信用更欠明了,趑趄不前,有以致之,是故征询机关之急待多多设立,实为当务之急。我国创办征信所尚属最近之事业,目下仅上海之征信所,内容尚称完善,惟国内征信事业,因习惯不易打破,实行困难。盖我国商人守旧成性,不肯将内容公开,实为收集征询材料之大障碍,此则必须详为解释劝导者也。即以苏州一埠而言,如有人欲知普通之商业组织内容、状况,殊有无从征询之苦,银行处此情状之下,实有爱莫能助之慨。是故征询机关之设立与改善,无待阐述,尤重要者,各银行亦应各自设立征询及调查部,以为投资时之助,而备他人之征询,训导资金正当之运用。再希望中央银行设立大规模之征询机关,以便全国各银行咨询调查,使各银行放款不致有所错误。如投资农村,各银行可追随中央农业银行之后,听命指挥从事投资,农村事业成一系统,而不致无所适从,此外巨大工商投资事业,均可因此而顺利进行。不独社会不可靠之机关,因之可以逐渐淘汰,而全国之银行制度,亦因得有正轨矣。

丁、信用工具尚未流行

我国商业习惯,对于货物买卖,除付现以外,记帐为普通方式。惟记帐办法,在市面良好之时,三节清算,彼此顾全信用,当无问题;设遇市面不良,筹码紧急,金融业一律紧缩放款,每易发生周转不灵之弊,于是整个市面,不免因之而衰落。挽救之道,惟有提倡信用工具之应用。迩来如上海商业储蓄银行等等,正在设法汇票承兑贴现等,此法在欧美各国早已运用,两得其利益,只以我国素重信用,曩昔市面良好,未遑计及,年末世界经济恐慌潮流波及远东,于是信用放款,遂为一般商人所不取,而思有以代替之。查承兑汇票,票面上有承兑人、发票人二人负责,金融业欢迎贴现,资金因以灵活,设遇市面紧急,且可持向中央银行重贴现,以取资金流通市场,此诚新商业所不可或少之信用工具,而急待推行者也。最近中央银行有实行办理重贴现之说,倘能早日实行,则承兑票据之实行,当不难完成,而中央银行贴现政策,可以实行,信用制度之改进可指日而待矣。

结论

我国银行制度之病态,既如上述,其补救之方法,惟有实行金融统制。去岁政府改革币制,集中准备,统一发行,已逐步进行,中央银行亦已渐渐趋入正轨,前途殊未可限量(最近中央银行并有改为中央准备银行之说)。惟尚有不能充分运用其职权处,为今之计,政府应再命令扩大其职权,成为真正之"银行之银行",尽力维持全国之金融,培植大银行,取缔投机银行之经营。此外,办理专门性质之银行,如农业银行、地产银行、大信托公司、大保险公司,确实监督各银行之业务,提倡票据市场、证券市场,务使各种特种银行,得尽量发展其专门性质之业务。若是则商业上所需之短期资金,可由商业银行承做,实业上所需之长期资金,可由各种实业银行调剂,界限分明,系统整齐。近闻政府改订八大银行法规,实已有见及此矣;惟政治与经济思想相关,同时希望政治修明,则中国经济社会必能繁荣,可无疑义也。

（《光华大学半月刊》五卷三、四期,1936 年）

编后絮语

　　一家商业银行的分行经理,能够对现实的中国银行制度发表自己的坦率见解,本身就体现了相当的社会责任感。另一方面,作为直接在经营一线的银行从业人员,了解和熟悉金融业的方方面面,其见解往往具有相当的建设性。比如,唐庆永先生对于中央银行作用的认识,对于银行分类的判断等等,更多是从实际出发的;而他对于构建包括中央银行、商业银行自身以及社会机构在内的整个征询体系建设,以及采用汇票承兑贴现等新信用工具的构想,更是具有相当的前瞻性,又同时具有相当的可操作性。

唐寿民（1892~1974）

名保恒,江苏镇江人,清光绪十八年(1892年)生。辛亥革命期间参与创办江苏银行,后转入中国银行及常州商业银行。1915年与陈光甫等创办上海商业储蓄银行,任总行副经理、汉口分行经理,后为汉口银行公会会长。1927年与邹敏初、邓瑞人等在上海创办国华银行,任副董事长、总经理。1928年11月交通银行改组,任官股董事和上海分行经理,另曾任上海造币厂厂长、中央银行常务理事兼业务局经理、中国国货银行常务董事。1931年任新华信托储蓄银行董事。1932年任交通银行常务董事兼总经理、上海银行公会常务委员,上海银行业联合准备库常务委员、上海银行业票据交换所常务委员。全面抗战爆发后,交通银行总行改为总管理处,奉命迁往汉口,唐赴香港。1941年12月日军占领香港时被捕,次年4月押往上海,主持交通银行"复业",任董事长。1943年任汪伪"全国商业统制总会"理事长。1974年去世。

吾国素以地大物博，号称于世。愚以为海通以后，乃未可以笼统言之。夫论地之大，世界各国，诚不足与我比，若论物之博，我又恶足与世界各国比，非自贬也，有明证也。盖所谓物者，应有两说，一为原料之生产，一为必需品之供给；换言之，生货熟货，均足自给，庶几无愧于博。尝闻蜀人言，吾蜀全省生产丰富，纵闭关自守，无虑或缺；其他各省，亦每多以此自豪，一若吾人所需，无须仰给外人然者。但按诸吾国海关每年进出口货情形，则又无不入超于出。将最近三年状况，摘录于后，可见一斑。

年份	进口	出口	超过额 （以海关平计）
十七年	1,210,001,728 两	1,005,387,445 两	204,614,283 两
十八年	1,281,675,468 两	1,151,197,289 两	130,478,179 两
十九年	1,309,755,742 两	894,843,594 两	414,912,148 两

就上列数目证之，则无须仰给外人之说，自属不确。夫入既超矣，必先求其能减，减之又减，然后求其能平，此则惟有发展工商业，以发展生产而已。

夷考吾国工商业之不能发展，病原甚多，如无科学管理方法，消耗较大，一也；交通不便，转运不灵，二也；征税检验，手续繁重，在在困难，三也；而尤以现行经济方法之不良，为最足致病。吾国工商业资本薄弱，无可讳言，创一工厂，资本不充，即行开办，于是流动资金不得不仰给于金融界。金融界对于条件，力求严密，而于所放之款，是否裨助生产，每不加以研究。工厂方面，亦只求有款可用,赖以周转,主其事者,日消耗其心思才力于筹款之中,不胜其苦。此尚欲求生产事业发展,直等痴人说梦耳。愚以为工商业与金融业本相倚为利,欲谋工商业之发展,当先谋经济方法之改良。聊就管窥,条举四说,以备业工商者之参考,与业金融者之研究焉。

(一)工厂家不宜利用信用往来借款

工厂如果利用信用往来借款为流动资金,设遇生产品市价低落,或交通不便,不能转输或受外货压迫,顿时可以发生周转不灵之苦,甚或可以立致倒闭。盖工厂利用信用借款,绝非小数,亦非仅向少数银行钱庄往来。在平素行庄并未计及工厂是否需款,只知市面平稳,银根不紧,尽全力向外兜用;一旦传闻不良消息,事前既无研究辅助生产之意,临事当然亦无判别维持之计划,只有催促收款,免遭呆搁或损失之风险。于是相互传说,必致债主纷来,试问工厂用款,大都存货,何能立即还清?届此情况,有力者,勉能应付,否则有不倒闭者乎?此则工商业宜早自觉悟,毅然改图者。

(二)提倡银行押汇及贴现

押汇及贴现,早均规定办法,此为金融业之职责,惜乎一般商人,不知利用,以致不能发达;考其原因,无非为以货作押,不啻丧失自身信誉。此种见解,非不言之近情,实则自误不浅。良以金融原理,贵在流通,如果购入原料,售出熟货,能利用押汇方法,则本身流动资金之呆搁,当然因之减少;且押汇汇票,仍可贴现,放款者利用贴现票据之重贴现,金融自然流动,利率自然减低,受益者岂仅工厂?工厂受益,生产自然增加。此则工商业应力为提倡,从速实行者。

(三)改良购货售货收付货价办法

此一标题,似觉无关宏旨,实则乃为押汇贴现之导源。缘现在购货者,除现金交易,即为记账办法,要知一经记账,即成呆搁。如用购货期票,有金融业为之承兑,即能作成贴现之票据,如是相周转,自然有流动无呆搁矣。再如甲地购货,运至乙地,如利用押汇方法，一则无筹措款项之劳，二则无搁耗利息之弊，三则无携带现金之风险，工厂复何乐而不为？更有进者，自出汇票购货办法，工厂家自可利用，然究不如押汇办法为尤佳，良以汇票届期，仍须筹款应付，如押汇则可不必；盖汇票不能长期，至多不逾一月，押汇则于期限无须顾虑也。至售货办法，可以例推，兹不更赘。此则工商业应详加研究，不可忽视者。

（四）工厂流动资金，银行应规定长期供给之条件

工厂需用流动资金，与银行规定长期供给条件，现在少数工厂，已有实行者。吾以为仍应竭力提倡，促成多数工厂，仿而行之。其条件如购原料，由银行垫款，售熟货由银行押汇，或作成贴现票据，承受贴现，并规定较轻利率，工厂及堆栈方面收支，即由银行荐人或派人管理。至工厂簿记，尤应改良，每年制成具体的结算账表，由金融业或会计师代为证明，用以公布，使一般人明了个中情状，设有扩充资本或发行公司债时，庶投资者亦易招徕。此种办法，就银行方面言之，放款与工厂，实属稳妥，且能藉以协助生产；就工厂方面言之，经济问题，由银行担负，则无须浪费心机，拼凑款项。一举两得，利莫大焉。此则金融业与工商业应相互提携，力图进行者。

由是行之，则工商业之经济方法，可以逐渐改良，即工商业之经济融通，可以日趋稳定，从此专心致志，研究出品，如何精美，如何产销。不必过作豪语，以为不须仰给外货，亦不必徒唱高调，空言抵制外货，但求孜孜矻矻，推陈出新，搜罗科学人才，改善管理方法。徐以待国家政治日上轨道，交通无阻，征税有方，经之营之，积而久之，生产自然日增，工商业亦自然日展。海关进出口货，纵不必其能平，而入超之数，总当可以有减。工商业既有赖于金融业而生产发达，金融业亦即有赖于工商业而利益滋多，前所谓相倚为利者，此也。管窥所及，愿与识者共商榷之。

（《银行周报》十五卷二十六期，1931 年）

编后絮语

　　"相倚为利",是唐寿民先生在文章中数次提到的一句成语;"工商业既有赖于金融业而生产发达,金融业亦即有赖于工商业而利益滋多"。他以为,"不必过作豪语","亦不必徒唱高调",应尽快改良工商业现行经济方法。作为一个经验丰富的银行家,他所提出的不少建议,如工厂不宜利用信用往来借款,提倡银行押汇及贴现,改良购货售货收付货价办法,以及银行对工厂流动资金应规定长期供给之条件等等,确可视为加强金融业与工商业长期合作的重要基础,或许亦是发展生产行之有效的"良方"。

王延松（1890~?）

浙江上虞人,清光绪十六年(1890年)生。东南商科大学肄业。早年在上海经营绸缎业,创设大新绸缎局。1927年发起上海市商民协会。上海市商会改组后,任执行委员,并被推举为工部局华董,纳税华人会执行委员。1931年与骆清华等在上海发起设立上海绸业商业储蓄银行,任董事长兼总经理,另任大沪商业储蓄银行董事。抗战胜利后,任江苏银行、中国银行董事等职。1948年时任上海绸业银行董事长兼总经理,并兼任长华产物保险公司董事长、中国银行监察人、上虞县银行董事长、上海市商会监事、上海市银行商业同业公会常务理事、中华民国银行商业同业公会联合会理事等。

提倡国货之出路

海通以前，我国民众之日常衣食所需，均能自供自给，一般民众对于舶来品，殊为茫然，毫无需用与缺乏之感。自通商以后，洋货始渐输入，初则仅见于通都大邑，继则流布渐广，虽荒村野地，亦有踪迹，日久成习，渐视国货为弃物。是以舶来品势力膨胀之速，令人惊心裂胆，经济侵略之深，尤可想见，但国人安之若素，殊不知已病入膏肓也。

年来我国农村经济，日趋崩溃，农民之购买力锐减。故在舶来品之销路日蹙，农村现金集中于都市之结果，适造成都市之畸形发展与奢侈生活之激进，以致洋货大为倾销，国货濒于危绝，不啻为帝国主义加大压力，以榨取我国之金钱。故自经济国防之观点而论，推销舶来品，正如鸦片之为害于人体，长此以往，产业全部易主，无庸讳言。

乃者国人憬于国势阽危，亟待自救，企图排除帝国主义经济侵略，群认以提倡国货为唯一切当之对策。最近提倡国货团体之举办，益呈蓬勃，但所收效果，仍属鲜见。然则提倡国货主要之点，究以何种为重，请约略言之：

第一，提倡国货，首要改进国货。欲改进国货，必赖一辈人愿克勤克苦，埋头苦干，考察国人心理，深究国货与舶来品之优劣点，加以精密之改善，务使国人对于国货深具信仰。倘吾人均抱得过且过之心理，贪旦夕之苟安，则国货能与舶来品抗争，不亦难乎？

第二，提倡国货，要使国人认识国货与非国货之别，能有精明正确之判断力，除非多有国货之陈列不为功。

第三，要脚踏实地来提倡国货。因为一般人，类都自私自利，不愿合作,口头高唱提倡国货,事实却在大施其推销洋货之能事。所以我国人苟能同心一意,认服用国货为人人应有之本责,则又何惧严重之经济侵略哉?

默察我国现在情形,社会陷于不景气,农村已告破产;益以本年各地亢旱成灾,推测此后之厄运,必为未来之事实,若非群策群力,提起精神,努力猛干,实不足以救亡图存。提倡国货,乃复兴民族、安定经济之善策。综上所述,似为老生常谈,若能循序而行,则安邦兴国,亦非难事也。

(《国货月报》二卷一期,1935年)

编后絮语

王延松先生以为,"自经济国防之观点而论,推销舶来品,正如鸦片之为害于人体",而提倡国货,乃复兴民族、安定经济之善策。言语之中,充满了强烈的社会责任感。至于如何提倡国货,他认为,首先要改进国货,"务使国人对于国货深具信仰";其次,要使国人认识国货与非国货之别;再其次,要脚踏实地来提倡国货。他自谦这些观点是"老生常谈",而事实上无论过去还是现在,许多"老生常谈"的话,尽管耳熟能详,却颇有"常谈"的价值。这样的例子当不在少吧?

王志莘(1896~1957)

原名允令,上海人,清光绪二十二年三月初九(1896 年 4 月 21 日)生。1910 年进钱庄作学徒,旋入南洋公学读书,后入哥伦比亚大学银行系,先后获学士及硕士学位。1926 年任工商银行储蓄部主任。1928 年任江苏省农民银行副经理,不久升任总经理。1930 年任新华信托储蓄银行总经理。1936 年兼任国民政府经济部农本局常务理事及协理。全面抗战爆发后赴重庆,设立新华银行总管理处。1938 年 6 月任第一届国民参政会参政员,兼任联合票据承兑所和联合征信所主任委员和总经理等。1939 年兼任交通银行设计处处长。1944 年国际商业会议在美国召开,被选任中国代表团顾问。1946 年初任上海证券交易所常务理事兼总经理、银钱业业余联谊会理事会主席,并长期担任银行学会理事长。中华人民共和国成立后,先后担任华东财经委员会和上海财经委员会委员、上海金融业同业公会副主任委员。1951 年 11 家大型银行成立联合总管理处,任联合董事会常务董事、总管理处第一副主任。1952 年金融业公私合营,任公私合营银行联合董事会副董事长和总管理处第一副主任(后改称副总经理),并任中国银行常务董事和财经出版社副社长等职。1957 年 2 月 2 日在上海去世。著作有《中国之储蓄银行史》等。

农村繁荣与银行出路

—— 1933年5月6日在中国银行的演讲

我今天不敢说是来演讲,不过我想乘此机会,可和诸位聚首会谈,道谢诸位招待的盛情;更想以办事人的资格,来报告新华银行进行的情形,因为新华与中行,早有悠长的密切关系,自民二十年二月二十日改组后,可说和中、交两行同一血统,新华多承中、交两行的协助,事事都还顺利。前两年的营业报告书,是很明白的载着,今天我感谢诸位以前的帮忙,接着,我还很诚恳地要求诸位,将来继续地协助我们,鼓励我们。

今天我所要讲的,是"农村繁荣与银行出路"。各位要知道现代经营银行的方式有两种:一种是混合制,像百货商店般的,凡是银行可以经营的业务,几乎无一不备;一种是专业制,像工业银行、商业银行、农民银行、国际汇兑银行、储蓄银行等。两种方式,究竟哪种好?姑且不谈,惟观察近今情势,都在趋向混合制方面进行。可是银行业务种类虽然加多,大家仍有"无生意可做"的呼声。的确,现在银行所做生意,大家无非是挣扎,什么存息加高,放息减低,折扣放宽,这都是市场上无多生意可做的现象,所以我们银行业要存在,要成功,非另打一条出路不可。

现在我们再研究银行无生意可做的原因,都知道是连年天灾匪祸,农村经济,被摧残无余,商业市场,随之萧条,一蹶不振。去年匪区稍清,年收较丰,但农产物价值低廉,竟造成了一个熟荒,工商业仍然不见活动,实在因为人民购买力已降落到极低度了。所说人民的购买力,就是工商业的基础,也就是银行生意的基础。它的重心,却在大量的乡民身上,这是我敢大胆地武断地说,所以我们要挽救这个危局,非从繁荣农村下手不可。要把个个农夫村妇,生活得着保障，安心地努力生产，增加了他们的购买力，如此，工商业不由然而然的活动了。

繁荣农村有三个要素：（一）经济；（二）教育；（三）治安。我们现在别的可不讲，"三句不离本行"，就谈谈农村经济。有人说：救济农村经济，是银行业的责任。不错，我们至少要担负扶助的责任，不过，请问从何处做起？我们是不能无条件放款给人的。银行放款出去，当然不比捐款去赈济，是要想本利可以收回的。换一句说：向银行通融资金，是要有相当的资产或信用去换取的。可怜他们所处的境地是怎样？他们都是"家徒四壁"，除他们的一身力气外，简直一无所有，就是农户自己有几亩田地，到银行里做押款，也是不成的。那末，要用经济力量去繁荣农村，少不得先要制造农民信用的基础。

制造农民的"对'人'信用"办法，莫如组织农村合作社，银行贷放给农民，完全借赖农村合作社的信用力量。可是好的办法，必须要有好的人才去做。最近上海银行总行特设立了农民合作贷款部，聘请了几位专家，什么农民组织，农村经济，他们都是尽量去调查，去组织。虽然他们是在试验时期，还未见大的成效，可是他们的大无畏精神，可以想见而值得钦佩的。我可以说：他们是开办了商业银行的新途径了。至以制造农民的"对'物'信用"办法，莫如组织农业仓库。我们回头来仔细一想，我们银行日常所做的押款押汇，还不是农产物居多数，还不是从农人手中取得来的资产，经商人整理打包，变成了商品，运送到市上来的。所以我们不妨直接帮助农民本身做去，我们可凭借他们的产物做信用，农民因此便可以调取生产资金，并且可以利用合作力量，代运代销，直接市场，以裕农民收入，是何等痛快的事呢？

这个问题，当然要看各银行自身的立场而处决的。不过我想当此商业信用日趋崩溃，放款方式似乎非掉换些新鲜出路不可，尤其我们把服务社会为号召的，更应该做些实在的事情。如果环境允许能够向此方面做去,我想不但可避免外界说我们银行"库满现银、看人饿死"的怨语,而对于农村繁荣,银行出路,确有极大帮忙。这问题很大,应用方式也极多,我今天只提出一个总题目来,希望诸位指教。

（《中行生活》十四期,1933年）

编后絮语

"现在银行所做生意,大家无非是挣扎,什么存息加高,放息减低,折扣放宽。"这句话放到今天,我们的银行高管们看到,不知是否有似曾相识的感觉? 这是王志莘先生80多年前描述的银行经营困境。他认为,银行无生意做,实在是因为人民的购买力很低;要挽救这个危局,则须从繁荣农村入手,使农户生活有保障。问题的关键在于,银行放出贷款,是需要相当的资产或信用作为抵押的,而农户又不具备这样的条件。因此,王志莘先生提出,用经济力量繁荣农村,必须先制造农民信用的基础,而组织农村信用社和农业仓库,应当说都是不错的选择。坦率地说,这样的思路,以今天的眼光来看,都不失其合理性和可操作性。

吴鼎昌(1884~1950)

字达诠,别署前溪,原籍浙江吴兴(今湖州),清光绪十年三月(1884年4月)生于四川绥定(今达县)。1896年入成都尊经书院,后中秀才,1903年4月留学日本,1910年毕业于东京高等商业学校。回国后,中商科进士,任翰林院检讨,在北京法政学堂任教习。1911年8月任大清银行总务长,旋转任大清银行江西分行总办。1912年任中国银行正监督。1917年4月任天津金城银行董事,同年7月任盐业银行总经理。1918年任财政部次长,兼天津造币厂厂长。1920年10月被免财政部次长职务。后任盐业银行总理,旋任中南、金城、盐业、大陆"四行"联合主任,"四行"联合营业事务所主任,"四行"储蓄会主任。1922年任金城银行董事、新华储蓄银行董事、东陆银行常务董事、边业银行董事。1932年1月任中央银行理事会理事、常务理事,同年12月又任国民政府财政委员会委员,全国经济委员会委员,国民经济建设运动总委员会委员,财政部金融顾问第一组委员,中国银行、交通银行董事等职。1949年去香港,1950年8月22日因病在香港去世。著作有《中国经济政策》等。

"统制经济"四字,是最近四五年中经济学上新名词,完全是事实要求出来的,所以在学理上,并无确定明了之意义。鄙人综合各种学说及各国事实,为一般人易于了解起见,可陈述一最明了之解释如下:"统制经济者,各个国家,各在其国某种经济主义下,平时或临时,为某种目的,作成一种整个有系统之经济计划。在某种经济组织中,而以其国家统治之权力施行之。"是也。我们本此,须注意者四点:

一、某种主义,是一个 X,不是一定的。资本主义也好,共产主义也好,社会主义也好,国家社会主义也好,其他各国固有或新发明任何主义也好,只要这个国家认为适宜,是可自由选择的,并且将来可以改变的。不过至少在一个作计划施行时期中,是非定一种主义不可的。不然,这计划是难为有系统之规定的。世人往往认为非共产国家,不能实行统制经济,这是错误的。须知苏俄实行共产主义时,这统制经济学说,尚未发生,此学说完全是非共产主义之国家提倡出来的。

二、某种目的,也是一个 X,不是一定的。譬如这个国家,注重国防,这时期经济目的,当然趋重在利于国防;这个国家,已在战时,这时期经济目的,当然趋重在利于应战;又如这个国家,生产过剩,这时期经济目的,应趋重在推广消费以谋调和;这个国家,生产落后,这时期经济目的,又应趋重在扩充生产以资救济。完全各视其国家政治经济之环境,而各抱种种不同之目的,各按此目的规定计划的。世人往往认为统制经济,系发生于欧美各国生产过剩之时期中,以为其目的专在推广消费,或节制生产,不知生产落后之国家,其目的适应相反;况一个国家,经济上目的,绝不如此单纯,是复杂的,是多种的,是变化的。我们倘若予以研究,是应先以一个现代的某一国家为标准,而论其适宜与否,不是完全跟着世界走的,更不是完全跟着哪一个国家走的。

三、"以其国家统治之权力施行"之一语,更是一个 X。例如法西斯的统治权、苏维埃的统治权、希特拉的统治权、英法美日的统治权,是各各不同的,施行时当然是有事业上区别的,程度上差异的。又譬如我们中国,虽然现在号称党治,统治权未必澈底的及于人民;号称党治的中央,统治权未必澈底的及于地方;号称独立国家,统治权未必澈底的及于外人与租界;号称廉洁政治,运用统治权之人物,未必澈底的能抗衡欧美,尤其与经济有关之官营事业,未必澈底的比民营事业高明了许多,也许有若干还较为腐败;所以这个统治权的 X 问题,是要认清楚的。有许多人认为非苏维埃或法西斯这种政治,不能实行统制经济的,这固然是错误,然认为中国现在这样统治权,便可仿照苏维埃或法西斯的统制经济,抑或仿照美法英日之任何一国,这也是很大的错误。假使中国人能明白我们的统治权弱点,在统制事业上有区别,程度上有斟酌,拟定整个计划,以可怜的统治权,逐步的谨慎施行,鄙人是以为然的。不过中国统治者,不是整个中国脑筋,便是整个外国脑筋,食古固不化,食今也不化,也许统制经济起来,比自由经济还坏,所以鄙人在学理上,是附条件赞成的,在事实上便不敢多发言了。

四、"在某种经济组织中"一语,又是一个 X。譬如苏俄,完全是共产经济之组织,故统制经济,可以只在几个政府设立之委员会中,来设计的,来执行的。譬如意大利统制经济之运用上,就不能不以劳资双方及其他阶级职业构成之各个"新底克托",为设计及执行之基础。譬如英国基尔特制度未破坏前,要实行经济统制,是不能不以之作基础的。譬如美国,是不能不在议会授权范围内,在现在资本主义经济组织中,来实施统制的。譬如日本,事实上是非在军权容许范围内,在现在帝国的资本主义经济组织中,来实施经济统制不可的。鄙人并非谓经济统制,不应打破固有经济之组织,但固有之经济组织,是只有经济主义能打破的。例如资本主义之组织,用共产主义来可以打坏的。若专用国家统治力来统制经济,也许固有组织发生若干变化,但是绝对不能根本取消其固有组织的,所以一个国家,讲到经济统制,当时之经济组织,是不能不认清楚的。譬如我们中国,历史上只是个人的经济组织,并非团体的经济组织,现在经济的团体组织,虽然名称甚多,但事实上一个团体,能统制其团体内之意志行动者,尚属少见。假使我们用共产主义来统制经济,那另是一说。假使用非共产主义来统制经济,在中国是比较各国更感困难的。所以何种事业可以统制,统制到若何程度,更与各国不同了。

鄙人举出这浅薄的四点来,说了许多话,只解释了"经济统制"四个字,我想诸位经济专门先生,必然感觉倦听。但是我为普通一般人明了起见,也许听了鄙人的话,不至认为最时髦的"经济统制"四字,便是现在救济任何国经济困难之一种"万应散",照方买来一剂,一服便可起死回生的;一方不至认为是绝对的毒药,一入口便要命的。鄙人再将这"经济统制完全是事实要求来的"一语,次第述明,一般人便知道这"经济统制"四字,实在是平淡无奇,不过凡是现在国家,都需要定一种经济政策及经济计划而已。

"统制经济"名词,虽然是今年才有的,统制经济之事实,实在历史上却是早经看见过的。我们中国一般人最容易记忆的,莫过于管仲之治齐,商鞅之治秦,王安石之治宋。那时许多经济设施,不能说不是一种统制经济。外国的事,中国一般人最容易记得的,莫过于欧战,东自俄国起,西至美国止,若干种类之事业,若干程度之范围,也实行了一种战时之经济统制,这皆是这经济统制学说未曾发现以前之事实。至于一般人难于记忆或者毫不经意者,更是无时不有,无国不有,所谓禁止现金出口也,所谓禁止某种粮食或货物出口或进口也,所谓禁止某种事业人民经营也,诸如此类,不胜举例。凡国家对于一切自由经济颁布一种限制之法律或命令,不能不谓之含有统制经济之意义。故若就广义言之,历史上恐绝对无自由经济之国家,盖无论何国,均有一种统治力,加以若干限制也。不过就狭义言,这统制经济学说,与历史上事实有若干不同之点:(1)是有系统计划的,不是片段处分的;(2)不仅临时的,且要平时的;(3)不是消极的,且要积极的。这三种意义同时并具之统制计划,在今日方得谓之统制经济,所以历史上虽有统制经济之事实,然不得便谓之是今日统制经济。惟如苏维埃之经济状态,法西斯之经济状态,虽成长在统制经济学说发生以前,而按其实际,则实为今日之统制经济无疑。至于英美法德日等国,现在只在往此方面进行中,不得便谓之已完全实行统制经济也。至于中国今日,我们始终并未看见政府的经济计划,更谈不到统制,近年中耳目所闻见者,不过忽然来一个限于武汉区域不澈底的集中现金令,忽然来一个不准人民贩金出口而公家机关却尽量外运之不澈底的禁金出口令,这个地方,禁止运现,那个地方,禁止运粮,这样事要官办而官不办,那样事中央与地方或地方与地方均争办,而结果皆不办。有许多中央及地方事业已经官办者,而又归民办,甚或从前主张事业国营极力之人,现在反觉得民营为好,开倒车已经开到铁路事业准许人民经营了。但是我们良心上又不能说民营不好,因为"办"究竟比"不办"的好,况且民营成绩,也许胜过国营,更有许多事实可证明的,但是一方面统制经济之呼声,却高呼入云,我们真不知如何主张才好。

总之近年来所谓统制经济者,应具备之条件,已如上述,所以历史上若干事实,不能认为是今日之统制经济。这种情形,我们明白了,我们便知道统制经济,现在世界各国事实上需要的道理了。我的看法,需要的原因,不一定如现在学者所说,是由于欧战后之经济状况,因产业合理化运动之失败,进一步需要统制经济的。我认为物质文明发达之结果,当然是需要统制经济的,因为自由经济,实不足应付物质文明构成之环境也。盖大量生产之事业发生,如何使消费与之适宜，如何使分配对之公允，如何使价值能够安定，如何使金融可以呼应，且至少限度，更如何使一民族一国家能够自谋经济生存，在国际上站得住，且因之国防外交及一切政治与经济均发生更密切变化之关系，不能不兼顾并筹。故在这种物质文明发达后之经济状况中，岂是旧日之自由经济制度所能应付的，势必须由国家因时制定一种整个有系统的经济计划，而以国家统治权力控制施行之。所以鄙人以为统制经济，是物质文明发达后事实上所当然需要者，欧战后之经济状况，不过促其成耳，产业合理化运动之失败，不过更予以确实之证明耳。且苏维埃与法西斯式政治，早已在统制经济名词未发生前，具有这样感觉；尤其苏俄之新经济政策，五年计划，逐步成功，更予英美各国刺激不少，均认为现代式国家，非有一种经济政策及计划，用统治力控制不可。这样感觉，我认为凡研究经济学者，在物质文明发达后之经济社会，是当然应皆发生的。即如鄙人，亦在统制经济学说未发生前，早已认为国家非定一种经济政策及计划以国力推行之不可者，于民国十六年间，曾著"中国新经济政策"一文发表，虽未用"统制经济"之名，而其意初无二致也。且鄙人尤盼望一般人注意者，这个经济学上新名词，在英美大都用"计划经济"四字（Planned Economy），日本专在经济统制一点注意（Economic Control），竟呼为统制经济，且复强为分辨。就实际说，没有计划，哪里说得到统制，没有计划之统制，哪能成立一种论理的学说？一个是体，一个是用，用"统制经济"四字，是不通的，且流弊甚多，在中国尤甚，所以有许多人认为要实行经济统制，非专政不可了。用名词之不慎，发生了误会不少，无如中国人专喜欢用日本名词，故许多人只知道有"统制经济"四字，颇少知道有"计划经济"四字者。故鄙人今日演题，仍只得用"统制经济"四字，但是颇希望经济学会，予以研究，负责纠正，定一正确名词，以免沿用过久，积重难返也。

　　以上所述，皆关于统制经济，吾人所必须知道之要点。至于一国内各种经济事业,应如何分别统制,完全视其国之情形,类别研究,统定计划,固不可强而同之,非短时间所能一一详述矣。

最后,我想诸君也许还要问鄙人,在今日之中国,究竟统制经济,是否可行? 我也不妨再简单答复诸君。我已经在前面声明了,在学理上是附条件赞成的,不过在事实上,我并没有看见计划,我是不愿多发言的。但是假使我们统治者,自己知道我们统治力之弱点,又知道我们现在经济社会组织之散漫,在这种环境下,分别事业,斟酌程度,拟定一种可能的具体计划,逐步进行,我是愿附在赞成之列的。再具体一点说,譬如以水利交通农产为先,而以工商及金融等事业次之,只要统制程度,斟酌得宜,我想绝不致有大害的。假使我们统治者,忘记了今日国家地位,与夫今日人才能力,以为一实行经济统制,件件事可办,个个都可以做斯他林,做墨索利尼,做希特拉,定出一种不可实行的计划,而滥用官权来尝试尝试,这样统制经济,就恐怕有百害而无一益了。更可怕者,连计划都没有,公然挂起统制经济招牌来,零零碎碎的统制法令,忽然的今天公布若干,明天又公布若干,甚或今天公布,明天便取消,抑或公布而不实行,实行而不澈底,养了无算统制官吏,费了无算统制经费,只得一个扰乱经济之结果,造成一种摧残经济之事实而已。所以我对于"统制经济是否可行于今日之中国"这个答案,是有一个前提的,这前提便是请求将具体计划先与我们看看。

我再举一个例来说。现在棉麦借款用途之研究,议论纷纷,莫衷一是,这就是国家预先没有经济计划的原因;假使有了计划,则缓急先后,层次井然,何必再费无聊之争论。现在颇闻有若干用诸盐垦,若干用诸纱业之说,所谓从棉麦来的款,仍用之棉麦,买酱油的钱,不买醋,买醋的钱不买酱油,主持者可谓忠实极了。但是假使我们要定一种整个具体的经济计划,依照我们各个心里所想的计划来说,这用途是否合轻重缓急之宜,恐怕不能不有多少怀疑的。例如我个人的私案,假使要定一个计划,我认为现在经济事业最重而急者,莫如农业,莫如交通,而农业尤以维持旧农业为先,开垦次之,交通又以维持旧交通事业为先,新办者次之。所以假使我的计划成立的话,我一定先尽量用之于设立全国的农业银行,以农田或产物或农具为抵押,低利借诸农民,以恢复农村之经济;若尚有余,又必尽量用诸买车辆、买枕木,以扩充固有之车运;新筑路,新辟荒,又其次焉。我主张之理由甚多,非此刻所能详言。我所以附带及此者,并非来与诸君讨论棉麦借款用途问题,不过用以证明国家没有一确定之经济计划,则见仁见智,各有不同,每一问题,议论百出,更如何谈得到统制经济耳?

鄙人于上星期六、日,承银行学会嘱托,指定演讲统制经济问题,旅居中未带书籍,仅三日间,百忙中匆匆构思,敷衍交卷,希望诸君原谅,并有以指正之。

(《银行周报》十七卷三十期,1933 年)

编后絮语

什么是统制经济?对这个当时的经济学新名词,吴鼎昌先生的解释应当说相当严密而周到。他强调要全面认识和统制经济的内涵。"也许听了鄙人的话,不至认为最时髦的经济统制四字,便是现在救济任何国家经济困难之一种万应散,照方买来一剂,一副便可起死回生的;一方不至认为是绝对的毒药,一入口便要命的。"他同时也认为,任何经济政策的制订都要结合中国国情。他对现实看得很明白,"中国统制者不是整个中国脑筋,便是整个外国脑筋,食古固不化,食今也不化"。而且,他坚持认为,如要真正实施统制经济,则必须遵循其规律和规则,他担心的则是,"连计划都没有,公然挂起统制经济招牌来"。

徐寄庼（1882~1956）

本姓陈，名冕，后出嗣徐姓，改名为徐陈冕，字寄庼，浙江永嘉（今温州）人，清光绪七年十二月十四日（1882年2月2日）生。1898年毕业于浙江杭州高等师范学堂，入东京同文书院、山口高等商业学校深造，1905年回国。1914年任浙江兰溪中国银行支行经理，后调往江西九江，任支行经理，曾任中国银行监事。1917年重返上海，任浙江兴业银行副经理，旋升协理、常务董事、总司库。同年与张嘉璈等发起成立上海银行公会。1918年8月，上海银行公会成立，出版《银行周报》、《银行年鉴》，张嘉璈入京任中国银行副总裁，会务由徐主持。1926年在沪时，历任中央银行监事，浙江实业银行、中国银行、交通银行、中国垦业银行等董事。1932年1月6日行政院任命为中央银行副总裁、代理总裁，12月辞去中国银行总裁等职，仍回浙江兴业银行。同年与金融界同人设立中国银行业同业公会联合准备委员会。1933年创办票据交换所。1944年12月任浙江兴业银行董事长。抗战胜利后，以国民政府特派员身份接收伪上海市商会、上海银行公会。1946年兼任上海商会理事长，上海银行公会理事，中央银行监事，中国银行、上海市银行、浙江实业银行董事，中国农工银行、中国垦业银行常务董事，上海信托公司、泰山保险公司、温州商业银行董事长。1949年5月后辞去浙江兴业银行董事长职。1956年12月25日因病在上海去世。著作有《最近上海金融史》、《近代钱币拓本》等。

兑换券是什么东西？兑换券不过是一张纸而已。但是一圆券有现金一圆之效力，五圆券有现金五圆之效力，百圆十圆券有现金百圆十圆之效力，到底这种替代现金之效力，从何而来呢？因人人衣，食，住，行，都要需要它。人人何以需要它呢？因兑换券随时可以兑现之故。所以兑换券以兑现为原则，不兑现则不成其为兑换券。因此兑换券之兑现与不兑现，至堪寻味。

民国初元，市上流通之兑换券，外国银行居多。中国银行承大清银行改组之后，兑换券甚少，其后渐渐流通，至民国三四年，更益增信用。民国五年袁世凯称帝时，于五月间，下令停止各银行兑换券兑现。其时鄙人适在九江任中国银行行长，料想此项命令，上海中行必不奉行。因上海中行，宋汉章、张公权两先生为正副行长，深知上海金融之不可破坏，竭力维持信用。但九江如何办法呢？当时决定照常兑现后。即与道尹商量，由吴道尹出示布告：九江中行兑换券，照常兑现。不半日，得上海电报，上海果然照常兑现。北京则停兑过数日，中行总处以命令不能尽行，遂电令各行自由处置。北京停兑后，发生恐慌，市上多是兑换券，不再见现金，因现金已被各家收藏起来。上海以照常兑现之故，虽挤兑一二日，即见平静，信用益发达。

五四运动时，上海罢市大约有一个月之久。各银行兑换券兑现，以前只兑英洋。那时候汇丰银行库存英洋甚缺，由银钱两公会商请各外国银行，英龙洋并用。至此可以不一定兑英洋，龙洋亦可兑了。

民国十六年革命军到汉以后，下现金集中命令。各银行兑换券又停。汉口所受影响甚大，而上海可以说绝无。盖兑换券停兑之结果：第一，钞券本身跌价；第二，使物价抬高；第三，币换券变成商品，为一投机物，不再成其为货币兑换券。自经过民五、民十六两次风潮后，大家都觉得非兑现不成。

今年沪事发生，上海全市罢市五日。本来罢市系一种暂时表示，罢市而后，当筹商如何开市？那时候全市流通兑换券，约计共有二万五千万圆之多。而各行现金，共只一万五千万圆。以一万五千万圆之现金，应付二万五千万的兑换券，几日内不难兑光，其余将兑无可兑；且各行又有多数存款，同人不免胆怯。但证之已往事实，北京停兑，而北京兑换券信用以坏；汉口停兑，而汉口兑换券信用以坏。上海若是停兑，更将不可收拾，则为金融中心之上海，势非破坏不可。是以在罢市期内，各银行大门虽不开，仍由后门出入，提取小数存款，兑换钞票。种种通融，皆所以扶植兑换券之信用也。

在未开市前，有人以挤兑现洋，提取存款移存外国银行为可虑。所以事前由银行公会当局与外国银行接洽，由外国银行口头答应，不收中国人存款。开市后，结果甚好，竟非预料所及，提款及兑现，反比罢市时为少。当时还有一部分人主张，兑换券绝对不兑现。其理由以此次沪事，关系甚大，非民五、民十六可比，理论极是。但审察下来，仍是非兑现不成。银钱业开市后，各业还是不开，各业周转不来。还有一部分人士，想法子发货物流通券，偿还债权。他们以为各业的流通券，等于各业所发之礼券，同样可以辗转使用。其实此种流通券，与不兑现的纸币无异，所以到底仍是不发。杭州某君，主张发行不兑现流通券最力。他主张以财产做担保，他把他的主张，写了一部很厚的册子。不数日，即有人在《银行周报》上，写了一篇文字，很痛快地驳他。听说浙江省政府要浙江地方银行，发行七百万不兑现纸币，恐怕就是受了这种主张的影响。

现在不要谈学理，且谈谈实际。兑换券之信用，归根于兑现，兑换券在各银行营业时间内,随时可以兑现。兑换券即是现金,这一张纸,才可以通行无阻。中国银行发行最多,信用最好;经过民五风潮,而信用更著;经过最近"一·二八"风潮,益见巩固。此后发行,当日扩张,不致减缩,可预知也。

(《中行生活》三期,1932 年)

编后絮语

在银本位时代,纸币只能称为兑换券,不过是一张纸而已。兑换券的兑现与否,实际反映了银行的信用程度。1916 年、1927 年和 1932 年,在北京、武汉和上海等地,先后出现了三次较大的兑换券兑现风波,徐寄庼先生对此作了简约而精到的记述与评论。中国银行在其中的表现,显然得分不少,并对此后的发展起到了重要作用。其中,1916 年上海中国银行的抗停兑事件,确实影响较大,从徐先生的这篇文章还可以知晓,中国银行的其他一些分行,譬如九江中国银行,也曾有过不错的表现。

徐新六（1890~1938）

　　字振飞，祖籍浙江余姚，清光绪十六年（1890 年）生于杭州。1902 年入上海南洋公学，1908 年公费赴英国留学，获伯明翰大学理学士和维多利亚大学商学士学位，后又在巴黎国立政治学院学习国家财政学一年。1914 年回国后，派任北洋政府财政部公债司佥事，并任教于北京大学经济系。1917 年夏随梁启超赴欧洲考察战后各国政治经济情况，被委任为财政部秘书，11 月改任中国银行总处金库监事和北京分行副经理。1919 年被任命为巴黎和会赔偿委员会中国代表。1921 年任浙江兴业银行总办事处书记长，1923 年任协理，1925 年升任常务董事兼总经理，兼任交通银行、中国企业银行、中国建设银公司董事，并为上海票据承兑所发起人。全面抗战爆发后，徐新六和李铭受财政部长孔祥熙指派，负责维持上海租界内的金融安定事业。1938 年 8 月 24 日因所乘飞机被日机击落，不幸罹难。

（一）

四川古称天府,沃野千里,物产丰饶,气候近于热带,农田年可三获,而金铜铅锡等矿产,又皆称富,故在全国经济上,占有极重要之地位,惜以地势环境之特殊,政局不宁,未能致全力于生产建设。所幸年来国内人士,于开发西北呼声之余,渐移其目光于四川,金融界之赴川调查者,络绎于途,而四川省内之产业本身,亦次第自动发展,规模渐复,则今后四川经济之日就正轨,似可预期。

四川全省之面积,据中国经济年鉴之新测算,为 403,634 平方公里,占全国各行省之第七位。人口据民国十七年内政部之估计,为 47,992,182 人。地域既广,人口亦多,气候又佳,产物丰盛,而消费之量亦巨,试一查四川今年进出口贸易,为量颇巨,即其明证。

四川进出口贸易价值表（单位：千元）

年份	进口	出口	入超
十七年	82,500	55,500	27,000
十八年	82,500	66,000	16,500
十九年	90,000	69,000	21,000
二十年	84,000	54,000	30,000
廿一年	57,000	37,500	19,500
廿二年	38,900	30,900	8,000

就上表观之,四川之进出口贸易,均有衰减趋势,惟出口物产中,有以各方需要之特殷,数量反有增加者。兹将四川近年来重要出口货之增减,列表如下：

四川重要出口货物价值表（单位：元）

年份	二十年	廿一年	廿二年	增减
丝	13,635,000	10,094,231	5,751,746	减
桐油	6,987,000	7,588,414	12,888,736	增
盐	1,194,000	1,676,811	1,892,180	增
药材	2,719,500	4,432,533	4,238,617	减
夏布	4,914,000	865,291	287,152	减
烟叶	1,563,000	2,120,569	1,716,591	减
纸	1,363,500	950,421	1,872,220	增

四川贸易之衰减，其最大原因，似为省内政治之不安定。因之，原有之事业，既维持为难，新兴之事业，更无从发展，而人民之购买力，亦随之减退。

（二）

四川以地理之关系，足资利用之"生产条件"，至为丰富；所谓"生产条件"者，即煤、铁、石油、水力等基本产业是也。

以言煤，则四川之储藏量，实占全国之第三位，舍山西之714,340,000,000吨，及湖南之 90,000,000,000 吨外，即为四川之80,500,000,000吨。储煤之矿，遍布嘉陵江沿岸，及江北各县，惜均以土法采掘，致未能尽资利用。

以言铁，其产区多在省之东南部，大江南北，均为产铁丰富之区。又四川金矿之产量，在全国占第二位，舍黑龙江外，无与伦比。

以言石油，则四川溢地所产者，久已蜚声。据全国煤油筹备处之调查，川中石油，遍布溢地之中区，在嘉定区牛华溪之附近，有石油井四处，每掘至百余丈，即有煤气能喷至二三百尺高，多含石油。而自流井区、嘉陵区，亦多石油井。

以言水力，则四川为多山之区，更有长江自西南横贯东部，复有岷、沱、嘉陵等江，南北错综。各江之支流分出，为数殊伙，水流湍急，河床之倾斜度亦巨，沿流常有滩涧，或高岩瀑布，水力之利，几于无地无之,确为利用水力机会最富之省份。

故就"生产条件"而言,四川均能自给自足,不借外求,倘能假以时日,力谋发展,其前途正未可限量。

（三）

至就四川原有物产而言,亦莫不产量丰富,在全国贸易上占有重要地位。

桐油一项,为我国近来出口货中最有价值之贸易,出口数量,日见增加。民国二十二年,全国出口总额,共达 1,246,847 担,计值 30,261,269 元,而四川之出口者,共计 12,888,736 元,几占全数百分之四十强,其重要概可想见。

川省土壤肥沃,适于种桑,故民间育蚕之风,极为盛行。而缫丝工业,亦颇发达,全川丝厂,计有二十余家,且用丝之质量品色,均高于江浙所产者,每年缫丝量,约达三万担。惟近受外丝倾销之影响,渐形不振,而其出口量,亦随之年有减少,是则他处皆然,并非川省特有之情形。

四川又为产稻之区,据民国二十一年国民政府主计处统计局之调查,全省水旱农田总数,占 591,495,000 公亩,而农民则为 4,975,252 户,占全省人口百分之六十九弱(全川户数为 7,263,538),可见农业在川省之重要。且各县皆产谷稻,自给自足,无庸仰给于他省。兹举最近三年来,川省之农作物产量如下(单位:担):

年份	数量
二十年	13,639,000
廿一年	15,207,000
廿二年	12,405,000

四川向以产盐著,盐场遍二十余县,占全省面积四分之一,人民之恃以为生者,凡数十万,每年产额达六百万担以上,价值六千

万元。除供给本省外,并运销湖南、湖北、云南、贵州、陕西等省。

至其他药材、糖、纸、茶及夏布等物,四川所产者,在昔莫不占全国经济上之重要地位,在今日大体上,虽似略形减退,然处此不景气迷漫全国全世界之秋,四川尚能维持其现状,洵已非易事。

(四)

更就新兴工业而言,如曹达、硫酸、水泥等,四川又莫不毕备。或系原有工业之副产,而未加尽量利用者;或属天然之富藏,而尚未尽量发展者。

四川所产之盐为井盐,一经电气分解,即得钠素原料,再加以轻养分,即成曹达。曹达之工业,用途甚广,对于陶器、玻璃、制纸、制绒、染色、漂染等工业,皆属重要之原料。而四川随地多盐井,盐产时感过剩,设能大规模利用之,则上述之各化学工业,皆不难勃兴于四川,为四川产业界,打出一新局面。

硫酸亦为工业上必需之用品,基本之原料,大都采自硫磺。而四川为我国产硫磺之重要省份,川东之夔府、南川、江北、合川四县,及嘉陵江畔之华蓥山,均富于磺矿。

水泥为晚近建筑材料之重要原料,制造水泥之材料,为石灰石、黏土,及石膏。而三者皆为四川之特产,产量充足,目下虽无大规模之工厂,以尽量利用此天然之富产,然时机一至,其发展必大有可观。

(五)

总之,川省可资利用之原料既富,而原有之民族工业,亦都具有相当之历史,且以地域广大,气候温和,无论何种产业,均有良好之发展机会,则当此盛倡生产建设之时,吾人安可忽视四川在我国经济上地位之重要。

（《四川经济月刊》三卷一期,1935 年）

编后絮语

　　银行家的眼光有时确实是有独到之处。"九一八"事变后,国势阽危,举国人士皆抱实业救国之决心,"于开发西北呼声之余,渐移其目光四川,金融界之赴川调查者,络绎于途"。徐新六先生详细分析了当时四川省土地和人力资源现状,进出口贸易状况,煤、铁、石油、水力等生产条件,桐油、川丝、稻米、盐等物产资源,以及曹达、硫酸、水泥等轻工业前景;在他看来,川省可资利用之原料既富,而原有之民族工业,亦都具有相当之基础,气候温和,无论何种产业,均有良好之发展机会,决不可忽视四川在我国经济上的重要地位。此文发表后未过几年,抗战全面爆发,重庆成为战时陪都,西南地区亦成为抗战大后方,而整个四川省最终则为抗战胜利作出了巨大牺牲和重大贡献。

叶景葵(1874~1949)

字揆初,号卷盦,别署存晦居士,浙江仁和(今杭州)人,清同治十三年(1874年)生。1898年入通艺学堂,1903年癸卯科进士。1905年任清财政总局会办。1909年8月任浙江兴业银行经理。1911年春任天津造币厂监督,同年由清政府任命为正四品京堂候补,署理大清银行监督。1911年6月辞浙江兴业银行职。1915年任浙江兴业银行董事长,1945年秋改任常务董事。1949年4月28日因病去世。

中国之银行管制

我国银行业创始于逊清末叶，并无管制可言。及国民政府奠都南京，民十八年一月十二日财政部公布《银行注册章程》后，对于银行之设立，始行干涉。民二十年三月三十日，国府公布《银行法》，其中颇多管制性质条文，而迄未实施。民廿三年七月四日，国府公布《储蓄银行法》，实为管制银行之先声。自中日战争后，政府为配合战时金融经济政策起见，遂对银行业务多方面加以管制，其最著者厥为二十九年八月七日财政部公布之《非常时期管理银行暂行办法》(以后简称管理暂行办法)，迭经同年九月十八日、三十年十二月九日、三十二年一月七日诸次之修正。战后财政部于民卅五年四月十七日公布《管理银行办法》以代之，不旋踵间国府于民三十六年九月一日公布施行新《银行法》，管理银行办法亦告废止。此二十年间，政府管制银行之主要法令虽尽如上述，而于管制银行机构业务营运之辅助规章，则甚纷繁，尤以抗战后期者为尤最。此种战时管制办法有引用于战后者，有自动失其意义者，有未经明令引用于战后者。余于批阅诸法规之余，深有政出多端之感，爰为析述，供金融业之参考，及未来主持银行管制工作者得有所改进也。

一、机构之管制

银行机构之设立，本规定向政府登记即可。及抗战发生，行庄之设立者甚多，于是政府先自设立登记着手，进一步遂对新设者加以限制，惟以战前对银行管制工作根本缺乏，禁令亦不能过严，爰有钱庄合并改组银行办法之补救。胜利以来行庄虽未可新设立，但援引《收复区商业银行复员办法》，开设亦不在少，于是无形中禁令效用已失。及《加强金融管制办法》施行，遂严禁新行庄之设立，即号称复业者，亦不得邀准。至于分支行处设立及迁移，亦同样受有严格之限制。新银行法施行后，虽号称视各地区经济金融情形，限制某一地区增设行庄，惜仍未能充分发挥本法条文规定之精义，仍袭用过去规定焉。

设立之登记

民国十八年一月财政部颁行《银行注册章程》，规定银行应依法向财政部请准注册登记后，始得开始营业。事实上未经设立登记而营业者往往有之。及民二十九年八月七日管理暂行办法公布，乃规定凡在该办法实施前已开业而尚未呈请注册之银行，应于该办法公布命令到达之日起，一个月内呈请财政部补行注册。为防止金融业阳奉阴违起见，卅一年五月该部通令复规定凡未经注册之行庄，应不准加入当地银钱业同业公会。嗣为顾及事实，于同年八月该部拟定《各省市未经依限补请注册各行号钱庄变通处理办法》，规定在成都、万县、江津、内江、自贡、宜宾、泸县、西安、贵阳、兰州、衡阳、昆明、桂林、赣县、吉安、韶关等十六地，限于卅一年十月底以前呈请核办，其余全国各商业简单地方，限于卅一年底以前呈请核办，逾期即加以取缔。

设立之限制

旧银行法对银行本规定非经财政部核准不得设立。抗战以后，各大都市，新设行庄，多如雨后春笋，当局以此种现象有膨胀信用、助长物价之嫌，管理暂行办法乃规定：自该办法施行日起，除县银行及华侨资金内移外，一概不得请设新银行。为预防冒充华侨或假借侨资名义请设新银行计，又订立《华侨资金内移请设银行审核标准》，规定：（一）华侨资金内移请设银行以完全侨资为原则；但自愿与国内人士合资共同经营银行业务者，其最低出资额须达资本总额百分之五十一以上，方准设立；（二）申请设立银行之华侨，应向侨务委员会取具身份证明书，证实其确为华侨，随申请设立银行注册文件，一并呈送，以凭审核。嗣管理办法经过修正，则对银行之设立限制转严，规定除县银行外，新银行一概不得设立。

民卅四年九月二十八日，财政部公布《收复区商业银行复员办法》，规定凡经财政部核准注册之银行，因抗战发生停止营业或移撤后方者，得呈经财部核准，在原地方复业。民卅五年四月，管理银行办法沿用管理暂行办法之旨，规定银行除在本办法公布前已经财政部核准领用营业执照者外，一律不得设立，但县银行不在此限。此两办法虽对设立新银行仍未开放，然引用复员办法而复业者或作变相之新设立者仍不在少。因之民卅六年二月十七日国府公布《加强金融业务管制办法》，规定财政部应视银钱业行庄分布情形，指定限制地区，停止商业行庄复业，新设银行钱庄仍一律不准。财部乃据而指定南京、上海、天津、北平、青岛、广州、重庆、济南、汉口、西安、成都、杭州、昆明、苏州、宁波、绍兴、永嘉、沈阳等十八地区。及新银行法公布，新银行之设立，虽不绝对禁止，但由中央主管官署视国内各地区经济金融情形，于呈准行政院后，限制某一地区内不得增设银行或某种银行。因之过去十八地区之禁止，仍行援用。

分支行处设立之限制

旧银行法规定银行设立分支行及办事处或代理处须得财政部之核准。管理暂行办法，亦规定银行设立分支行处应呈请财政部核准。民卅一年五月，财部规定未经报准之分行行处不准加入当地银钱同业公会。同时又公布《商业银行设立分支行处办法》，规定实收资本超过五十万元者方得设立分支行处，每超过廿五万元得增设一处；但经财部查核该地工商业及一般经济金融情形，认为无增设必要者，得不准设立。是年冬，财政部以重庆、成都、内江三地，行庄已多，对商业行庄请求在该地区请设分支行处，一律截止核准。卅二年四月廿六日，限制地域扩展至西安、兰州、衡阳、昆明、桂林、曲江、宜宾、万县八地。同年七月十五日，增列贵阳，十月十一日增列柳州，十二月增入江津、合川、南充、自贡、资中、遂宁、泸县、乐山、雅安、康定、达县、长沙、梧州、温州等地。连前共计廿七地区。

民卅四年九月，《收复区商业银行复员办法》规定：凡经财政部核准注册之银行，呈准在收复区已设立之分支行处，因抗战发生停止营业或移设后方者，得呈经本部核准在原设地方复业。民卅五年《管理银行办法》根据战时事实，仍规定商业银行设立分支行处，应先呈请财政部核准，但限制增设分支行处地方，不得请求增设，至限制地点以外之分支行处，亦不得请求迁入限制地点营业。同年四月二十四日，财部据此公布《商业银行设立分支行处及迁地营业办法》，规定：(一)凡商业银行须注册已满四年，实收资本在二千万元以上，业务正常者，方得设立分支行处，每超过五百万元得增设一处；至本办法公布前已呈核设立之分支行处，得不受上项规定之限制，但其所设分支行处已超过上项规定者，不得再行增设。(二)凡经济上无增设金融机构需要之地方，财政部得限制商业银行增设分支行处，其地方另以命令定之。及《加强金融业务管制办法》公布后，即指定南京、上海、天津、广州等十八地区停止增设分支机构。新《银行法》施行后，分支行设立不再有年限及资本额之限制，规定凡银行经核准营业登记后欲设立分行时，应开具营业种类及范围、营业计划，及分行所在地，分别呈请营业登记，但亦由中央主管官署视国内各地区经济金融情形，于呈准行政院后，限制某一地区内不得增设分支行或某种银行之分行。事实上现亦援用十八地区之禁令。

总行分支行处迁移之限制

民卅三年十月廿一日颁行《商业银行及其分支行处迁地营业办法》，规定不得迁入重庆、内江、西安、兰州等廿七地区，亦不得互相迁移，如因战事撤退而欲迁移至上述廿七地区以外地点营业者，须于撤退后六个月内为之,并应先行报经财政部核准,他日恢复原地营业时,其迁地营业之行处,应即报请撤销。

民卅五年四月,财部公布《商业银行设立分支行处及迁地营业办法》规定:商业银行总行及其分支行处迁地营业,应先陈明理由,呈请财政部核准,方得迁移,但其迁移地方,须在原营业地方附近,而系适应经济上之需要为限,惟不得迁入限制地方。

银号钱庄改组银行之限制

财政部为严密管制行庄,使银行机构基础渐趋巩固,对于银号钱庄之增资改称银行,予以限制。卅二年三月,财政部以渝钱字第三七七八五号训令通令钱业公会,谓此后银号钱庄之欲增资改称银行,除合并三家以上银号钱庄改组为银行得予核准外,概不得单独增资改称银行。嗣参酌各地金融情形,乃于卅三年一月增订银号钱庄改组为银行办法四项:(一)重庆、昆明二地,凡已注册之银号钱庄,增加资本改组为银行者,至少应实收资本一千万元;(二)成都、西安、桂林、贵阳、康定、曲江、兰州、长沙、内江、衡阳、宜宾、万县、柳州、江津、合川、南充、自贡、资中、遂宁、泸县、乐山、雅安、达县、梧州、温州,廿五处已注册银号钱庄增加资本改组为银行者,至少应实收资本五百万元;(三)除以上二项所列地点以外,其余各地已注册银号钱庄增资改组为银行者,应实收资本二百万元;(四)如遵照卅三年三月渝钱字第三七七八五号训令,合并已注册银号钱庄三家以上改组为银行者,得不受前三项地点资本额之限制。惟自上项办法实施以来,往往有藉顶替牌号增资改组为银行者,与财部立法本意不符,为矫正流弊起见,乃于卅四年三月六日将上项办法取消,并规定已呈请增资或合并改组为银行未经核发营业执照者,一律不得改用银行名称,以示严格限制增设商业银行之意。新《银行法》公布后,复加放宽,凡钱庄资本合于规定之银行资本额者,得改称银行。

二、存款之管制

银行存款管制，始于《储蓄银行法》，如第九条规定，储蓄银行至少应有储蓄存款总额四分之一相当之政府公债库券及其他担保确实之资产，交存中央银行特设之保管库为偿还储蓄存款之担保。战时为控制信用起见，乃有存款准备金之缴存。惟政府对存款管制，固不仅在于控制信用为已足，因此管制方法亦有多端。

缴存保证准备金

保证准备金初为存款准备金，管理暂行办法第三条即规定：银行经收存款除储蓄存款应照储蓄银行法办理外，其普通存款应以所收存款总额百分之二十为准备金，转存当地中、中、交、农四行任何一行。三十一年七月十六日，渝钱稽字三〇七四六号训令改由中央银行集中收存，在无中央银行地方，由该行委托中交农三行之一办理。管理银行办法公布后，规定银行经收普通存款，活期应按百分之十五至百分之二十，定期应按百分之七至百分之十五，以现款缴存准备金于中央银行或其指定代理银行。缴存率既有变更，事实上银行受惠仍少，因活期仍按百分之二十计算，定期虽改按百分之十五，但银行定期存款在存款中所占比重甚微。及新《银行法》施行，规定商业银行、储蓄银行、信托公司、钱庄应按活期百分之十至十五，定期百分之五至十，实业银行应按活期百分之八至十二，定期百分之五至八，缴存保证准备金于中央主管官署所指定之银行，此项保证准备金得以公债库券或国家银行认可之农工矿业或其他生产公用交通事业之股票或公司债抵充。惟今日财政部仍规定活期按百分之十五，定期按百分之十，一律以现金缴存。

提存付现准备金

"付现准备金"事实等于库存，其名称始见之于新《银行法》，据规定各类银行最低之付现准备金比率，为商业银行、信托公司、钱庄均为活期存款百分之十五，定期存款百分之七，实业银行为百分之十二及百分之六,储蓄银行百分之十及五。

禁收机关存款

初财政部迭据报告各机关间有将公款提存国库以外之其他银行者,嗣又据报各地银钱业特别提高存款利息,收受军政及国营事业各机关存款者,因于三十二年九月廿六日渝钱稽字第四三九六六号训令,通饬各地银钱业公会转行各商业行庄,一律不得收受军政及国营事业机关存款。

存户限用本名

财部为监管银钱业对于存款户名限用本名起见,特于民卅六年五月十二日公布《存款户限用本名推行办法》,规定:(一)行庄应以书面通知以堂名记号为户名之存款户,尅即依照《姓名使用限制条例》之规定,洽改本名;(二)行庄于存款户开户时,应嘱存户将其真实姓名、职业及详细地址,在开户申请书内详细填注,不得遗漏;如系商号存款,并应填明负责人姓名及地址。

三、放款之管制

放款管理,最初本限于对他银行之放款及本他银行股票之押款,如旧《银行法》第十一条规定:银行不得以本银行股票作借款之抵押品;第十一条规定:银行放款收受他银行之股票为抵押品时,不得超过该银行股票总额百分之一,如对该银行另有放款,其所放款额连同上项受押股票数额,合计不得超过本银行实收资本及公积金百分之十。及《储蓄银行法》施行,对放款正式加以限制,如:(一)以同一公司发行有价证券为质之放款,不得超过该公司已缴资本及公积金总额十分之一;(二)以继续有确实收益之不动产为抵押之放款,不得超过其存款总额百分之一;(三)以他行定期存单或存折为质之放款,不得超过其存款总额十五分之一;(四)购入他银行承兑之票据,不得超过其存款总额二十分之一;(五)以农产物为质之放款与对于农村合作社之质押放款,其总额不得少于存款总额五分之一。惟此项规定亦过于苛细,无法认真做到。抗战期间对银行放款虽不若过去之详订比额,但法令亦甚繁多,最著者为民卅一年五月二十一日财部公布之《管理银行抵押放款办法》及《管理银行信用放款办法》,兹依此分类并参入其他法令,分析如后:

甲、抵押放款

(一)放款对象。初财部于民二十九年三月二十六日渝钱银字第一四四四六号训令,规定各银钱行号对于货物押款,应注意请求押款人是否为各该行业正当商人;如不能确定其为本业正当商人,应即予以拒绝。管理暂行办法规定:银行承做以货物为抵押之放款,应以经营本业之商人并加入各该同业公会者为限。民卅五年管理银行办法除有同样规定外,并进一步规定:贷放应以农工矿生产事业,日用重要品之运销事业(日用重要物品之范围由财政部商同经济部订定之),对外贸易重要产品之运销事业为主要对象。

(二)填报用途。管理抵押放款办法规定,银行应责令押户填送借款用途申明表及营业概况表以备抽查,个人抵押借款得免送营业概况表。三十六年二月,《加强金融业务管理办法》规定,银行放款必须逐笔记载其用途,以备查核。

(三)押品范围。押品范围之规定,始于《管理银行抵押放款办法》,可以抵押之证券物品为:(1)有价证券;(2)银行定期存单;(3)栈单、提单、商品或原料,但另经主管机关定有管制办法者,应依照各该办法办理。

(四)禁押物品。民二十九年三月训令规定,川、黔两省境内各银行钱庄,应即停做粮食押款,其已承做者并限令押款人取赎。《管理抵押放款办法》规定:不得以(1)本行股票;(2)禁止进口物品;(3)违反禁令物品;(4)容易腐坏变质物品为押品。民卅二年十一月四日渝钱巳字第四五二五七号训令,禁止行庄不得以美金公债及美金节约建国储蓄券为抵押放款。民卅三年三月间,禁止行庄不得以金类为质押放款。同年十一月间训令银钱公会转知各行庄,严禁以粮食为抵押之放款。民卅五年管理银行办法禁止承受本银行股票为质押品。

（五）放款数额。管理暂行办法规定,每户放款数额不得超过该银行放款总额百分之五,但工矿业以原料为抵押,经主管机关证明,确系适应生产需要者,不受上项放款数额之限制。管理抵押放款办法根据此项意旨规定：银行承做抵押放款,如系承销国家专卖物品之商号,及受国防或经济主管机关委办事业,或增加日用必需品生产之厂商,经各该主管机关证明报由财政部特准者,不受放款数额之限制；又以附有担保单据之票据承兑及贴现方式之放款,得不受暂行办法百分之五之限制。民卅五年管理银行办法规定,银行对农工矿商之贷放,不得少于贷放总额百分之五十；又规定收受他银行股票之押款,连同对该银行另外放款,合计不得超过本银行实收资本及公积金百分之十。民卅六年四月十一日财部京钱庚三字第三一六六四号代电重申,商业银行对农工矿商之贷放不得少于贷放总额百分之五十之标准,并注意借款客户所借数额是否与其业务相称。及新《银行法》公布,规定商业银行钱庄以不动产为抵押之放款总额,不得超过存额总额百分之十五,实业银行、储蓄银行、信托公司不得超过百分之三十。

（六）借款期限。管理暂行办法规定,放款期限最长不得超过三个月,已届期满请求展期者应考查其货物性质,如系日用重要物品,应即限令押款人赎取,不得展期,其非日用重要物品押款之展期以一次为限。但工矿业以原料为抵押,经主管机关证明确系适应生产需要者,得不受上述之限制。《管理抵押放款办法》根据此项意旨规定：银行承做抵押放款,如系承销国家专卖物品之商号,乃受国防或经济主管机关委办事业或增加日用必需品生产之厂商,经各该主管机关证明报由财政部特准者,得不受借款期限之限制。民卅五年管理银行办法规定：银行对于农工矿生产事业之放款期限,最长不得超过一年,其余放款期限,最长不得超过六个月,展期均以一次为限。民卅六年四月十一日财部代电,令行庄应注意借款客户之借款时期是否与其业务相称。及新《银行法》公布,规定抵押或质之放款期限,商业银行钱庄不得超过一年,储蓄银行不得超过二年,实业银行与信托公司则未加规定。

(七)押品折扣。历来管制法令,对抵押品之折扣,均无规定。及新《银行法》公布始规定:银行放款以不动产或动产为抵押或质者,每次放款之数,不得超过其抵押物或质物时价百分之七十;对于为抵押之不动产已设定其他债权者,应合并计算,仍不得超过其时价百分之七十。

乙、信用放款

(一)信用对象。《管理信用放款办法》规定:(一)个人信用放款,除因生活必需,每户得贷予两千元外,其余一律停做。(二)工商各业信用放款,数额在五千元以上者,应以经营本业之厂商已加入各该同业公会持有会员证,并取具两家以上曾在主管官署登记之殷实厂商联名保证其到期还款,并担保借款系用于增加生产或购运必需品销售者为限。新《银行法》规定:银行不得对本行负责人或职员为任何方式之信用放款。

(二)填报用途。《管理信用放款办法》规定:银行应责令借款人于申请借贷时除依照规定办法办理外,并应填具借款用途申明书及营业概况表。三十六年二月《加强金融业务办法》规定,银行放款必须逐笔记载其用途,以备查核。

(三)放款期限。《管理信用放款办法》规定,最长不得超过三个月,已届期满请求展期者,得查明需要情形以展期三个月为限。但如系承销国家专卖物品之商号,及受国防或经济主管机关委办事业或增加日用必需品生产之厂商,经各该主管机关证明报由财政部特准者,得不受借款期限之限制。新《银行法》规定信用放款期限,商业银行、钱庄及储蓄银行不得超过六个月。

(四)放款数额。《管理信用放款办法》规定,银行承做工商各业信用放款,每户不得超过该行放款总额百分之五,各户总计不得超过百分之五十。新《银行法》规定各类银行信用放款,商业银行不得超过存款总额百分之二十五,储蓄银行百分之十,钱庄百分之五十。

四、其他之管制

政府管制银行之基本用意,除在配合战时金融政策外,对行庄之投机囤积,更多方面加以防止。仅在基本上对银行授信业务加以收缩,如缴存存款保证准备金及限制授信业务,使不致滥行贷放外,犹恐行庄高利吸收存款,高利贷放,或利用存款经营商业,或利用买汇为名,而达放款之实。因此复对利率、汇兑、投资等加以管制。

管理存款放款利率

抗战之后,利率逐渐增高,因之民卅年底财部核定《比期存放款管制办法》,规定:比期存款之利率,由当地银钱公会于每届比期前二日分别报请当地中央银行核定之,比期之日拆按日计算,亦不得超过本比核定之利率;比期放款之利率,至多不得超过当地该届比期存款利率二厘。民三十五年二月十六日,国府公布《银行存放款利率管理条例》,规定:(一)银行存款利率不得超过放款利率,放款之利率最高限度,由当地银钱业同业公会斟酌金融市场情形,逐日拟订同业日拆及放款日拆两种,报请当地中央银行核定,牌告施行。(二)未设中央银行地方之银行放款利率,以距离最近地方之中央银行牌告为标准。(三)银行放款利率超过当日中央银行牌告日拆限度者,债权人对于超过部分无请求权。新《银行法》中亦有同样规定。

规定经营汇兑办法

管理汇兑始于管理暂行办法,当时规定银行承做汇往口岸国币汇款,以购买供应后方日用重要物品、抗战必需物品、生产建设事业所需之机器原料，及家属赡养费之款项为限。卅三年五月卅日，财部以渝钱庚三字第五一六一九号训令，颁行银行经营汇兑业务办法六项，关于买入汇款：无论即期或定期，应以买入同业汇款为限，其买入普通工商业或农业汇款，以合于非常时期票据承兑贴现办法规定之承兑汇票为限。至汇出汇款业务，无论信汇、票汇或电汇，不得于汇款人未将汇款交到以前，先行汇解，如须为汇款人先行拨垫一部分或全部款项时，应先将拨垫款项依照规定办理放款手续后，再行办理汇解手续。

禁止直接经营商业

旧银行法本规定银行不得为商店或他银行、他公司之股东。抗战时间银行颇有利用吸收之资金从事商业者。因之管理暂行办法乃明白规定：银行不得经营商业或囤积货物，并不得设置代理部、贸易部等机构，或以信托部名义另设其他商号，自行经营或代客买卖货物。三十五年四月公布管理银行办法，亦有同样规定。民卅六年二月《加强金融业务管理办法》规定，任何银行行庄，非经政府委托，不得经营物品购销业务，违反者以囤积居奇论罪，并得吊销其营业执照。同年四月十一日，财部以京钱三字第二一六六六号代电重申银行不得直接经营商业之禁令。新《银行法》规定，银行不得经营其所核准登记业务以外之业务。

督导投资生产事业

管理暂行办法第四条规定：银行运用资金，以投放于生产建设事业暨产销押汇增加货物供应，及遵行政府战时金融政策为原则。但银行扶植生产建设事业时，如不用贷款方式融通资金，而直接投资为股东者，若不妥加限制，一旦遇有经济恐慌发生，必将动摇银行基础。财部乃于卅一年三月二十三日，以渝钱行字第二七八五八号训令规定银行投资生产事业公司入股办法：银行投资于各种生产建设事业，加入该事业之公司或厂号为股东时，除依照公司法第十一条限制，不得为无限责任股东；如为有限责任股东，其所有股份总额,不得超过银行实收股本总额四分之一,并须先行呈经财政部核准后,方得入股,以资核实;如在规定以前已有上项投资者,并应开具清单,胪列事实,补行呈准,以完手续。卅五年管理银行办法则规定:银行不得为商店或他银行、他公司之股东,但经财政部之核准,得投资于生产建设事业。新《银行法》中则规定,商业银行及钱庄购入生产公用或交通事业公司之有限责任股票,其股票购价,每一公司不得超过其存款总额百分之二,总额不得超过其存款总额百分之二十。实业银行购入农工矿业及其他生产公用或交通事业公司之有限责任股票,其股票购价,每一公司不得超过其存款额百分之四,总额不得超过其存款总额百分之四十,但对于商业银行规定之比额亦准用之。储蓄银行及信托公司之投资对象与实业银行同,但每一公司之比额为百分之二,总额为百分之二十五。

当日票据禁止抵用

当日票据禁止抵用,实始于民国卅六年。按是年财部七月十七日财钱庚二字第二九九八三号代电称:据查报各地行庄每有客户解入他行票据,于未兑收前,即准抵现支用情事,非仅足以扩张信用,抑且足使行庄自身头寸匡计难周,弊端滋大,风险甚虑。故特分饬各地银钱业公会转令行庄遵照纠正。嗣财部据而正式颁行办法,禁止票据当日抵用,银钱业工商业因此事影响工商业资金之周转,一再颁请收回成命,未蒙允许。后金融业拟订在限额内得随时抵用之抵用透支契约办法,但行庄亦得随时停止抵用,此点未邀许可。因于卅七年六月一日起规定,除银行本票、汇票、解条、保付支票外,一律不得抵用。不意禁止抵用之后,工商业纷纷使用本票,致行庄本票泛滥市场,当局深觉未妥,乃规定每日本票余额应提存中央银行或票据交换所,并规定采取抵用透支契约焉。

五、管制机构之演变

民国卅一年二月财政部为实施银行检查,特于钱币司添设稽核室,专主其事。嗣为加强管制,于卅一年七月廿四日公布《财政部银行监理官办公处组织规程》《财政部银行监理官办公处办事细则》及《财政部派驻银行监理员规程》,决定先在成都、内江、万县、宜宾、桂林、昆明、贵阳、衡阳、曲江、西安、兰州、金华、屯溪、永安、吉安、洛阳等十六处设监理官,监理官所在地设监理官办公处。监理官之职掌为:(一)事前审核行庄放款业务,事后抽查放款用途;(二)审核行庄存款汇兑等表;(三)促督行庄提缴普通存款准备金及储蓄存款保证准备金;(四)检查行庄帐目,并会同主管官署检查向行庄借款厂商之帐目;(五)报告行庄业务状况;(六)调查报告金融经济状况;(七)向部建议金融应行兴革事项;(八)其他部令饬办事项。惟监理官管辖区过于广阔,不易严密执行职务,故另于各省地方银行及重要商业银行设置派驻银行监理员,常川驻行办公,以便随时监督驻在行之业务。

民卅三年十一月廿八日,国家总动员会议通过加强银行监理办法九条,将各区银行监理官办公处改为某某区银行检查处,负责检查各地中国、交通、农民三行,中信、邮汇二局,当地省银行及各商业银行之业务,各区银行检查处设处长一人,由财部派充,副处长一人,由当地中央银行经理兼任,以下秘书、稽核、办事员等,仍由财政部派充,所有待遇比照银行人员办理,经费则由中央银行负担,作正式开支。卅四年四月二日行政院第六六八三号指令照准财政部授权中央银行检查金融机构业务办法十三条,于中央银行内增设金融机构业务检查处,该处遂于六月一日正式成立,各区银行检查处则于五月底一律撤销,同时过去颁行之监理章则均告废止。

民卅五年中央银行常务理事会决定,将金融机构业务检查处与稽核处合并为稽核处,所有财部授权办法检查全国金融机构业务,自十月一日起由稽核处继续办理。民卅六年十二月初,财部为防止各地金融机关之投机及非法活动,颁行金融管理局组织规程十四条,规定于上海、天津、广州、汉口四地设置金融管理局,其职掌为:(一)国家行局库暨其信托部或其他财政机构之放款、汇款、投资,及其他交易之审查及检举事项;(二)省市银行、中外商业银钱行庄、信托公司、保险公司、信用合作社及其附属机构,或其他经营金融业务之行号之放款、汇款、投资,及其他交易之审查及检查事项;(三)银钱业联合准备委员会及票据交换所之督导及检查事项;(四)政府机关及国营事业机关违背公款存汇办法之检查及取缔事项;(五)非法金融机构之检举及取缔事项;(六)黄金、外币、外汇非法买卖之检举及取缔事项;(七)金融市场动态之调查及报告事项;(八)其他财政部命令饬办及中央银行委办事项。

金融管理局之工作,其管制对象大为扩展,不但民营金融机关在其管理之列,即国家金融机构及事业机构亦为焉。惟范围过大,亦难作周密之管制,兼之地域亦限于四大都市,其余各地仍由中央银行分行检查课负责。未来演变,固难逆料也。

(《兴业邮乘》一百六十期、一百六十一期,1948 年)

编后絮语

　　一家著名的民营银行董事长,闲暇时间以"读金融法令消遣",这本身就相当令人玩味。此文对南京国民政府二十余年间在机构、存款、放款、利率等方面的管制措施,以及管制机构自身的沿革,都进行了细致的归纳和分析。姑且不论此文对近代中国银行监管制度历史研究的贡献,仅仅这一做法就非常有意义。被监管者主动去研究监管者的方方面面,并且提出不少有益的建议,一方面自然是为了因应监管,更好地发展自身的业务经营,而另一方面则体现了一种特殊意义上的社会责任。

俞佐廷（1890~1951）

名崇功，又字荫堂，浙江镇海人，清光绪十六年（1890 年）生。早年在宁波慎余钱庄供职，不久去上海恒祥钱庄任账房。1916 年回宁波，先后任慎德、天益钱庄经理。1920 年任中易信托公司银行部经理。1926 年在天津发起设立中国垦业银行，任经理。1927 年后回宁波，任财政局长、宁波总商会会长等职。后在上海投资恒巽钱庄，任经理。1935 年赴日本考察，先后兼任中国通商银行监察人、业务局理事，四明商业储蓄银行董事、常务董事、董事长、总经理，国泰、大中、至中、浙江建业、两浙商业、统原等银行董事、常务董事，在宁波投资天益、泰源、五源、钜康、慎泰、仁和等钱庄。1951 年 6 月在香港去世。

金融业之盛衰,即国家经济之盛衰,证之古今欧美金融史中,无或爽者。数月前,美国银行受经济衰落之影响,纷纷倒闭,罗斯福总统于挽救金融潮后,乃有复兴经济之计划,其重要政策,如劳资休战,救济事业,戢止投机,限制农产,维持物价,推广银行放款,发行公债,以偿还政府施行复兴计划所负之债务,无一不与金融业发生直接或间接之关系,而须金融界协力合作,始有所成。盖金融业与国家经济之相互为荣,其重要程度,有如是也。我国金融业近十数年内,风涌云起,弥增向荣之象,最近复有银行联合准备库,及票据交换所之组织,可谓盛矣,然其所反映之国内经济现象,则适得其反,奄然无生色可言,此何故耶? 其主因固由于诸列强经济政策及汇兑政策之侵占,而金融业缺乏健全之发展,似不无相当因果关系。爰就管见所及,以为贡献。

银行既所以服务社会,调剂金融,社会之现象,综错纷繁,非诚实,协和,机敏,果断,不足以维持之。凡视为有改良之必要者,应恃其坚强之自信力,按已定之方针,努力进行,公诸社会,不可有所隐蔽,庶得社会之公正批评,而引起其同情心及信任心。银行欲有健全之发展及成功,当以此为最重要之基本元素也。更就营业上、管理上二大点申论之,并将票据法应注意各点,附带缕述焉。

一、关于营业上者

(一) 存款

存款为银行资金之重要来源,与普通商店之进货性质无异,进货须力求成本之减轻,存款之吸收亦然。存款利息,即吸收存款之成本,此利率之所以不宜过高也。银行于吸收各种不同之存款时,必须认清其所定之目的,绝不宜过分提高利息,以吸引顾客。须知因高利而存入之顾客,对银行必无确定之信仰心,一有流言,即致挤提,危险殊甚,故此种顾客,实非健全银行所须要者也。英美银行对于零星进出之存款,不付利息,反向顾客支取手续费,其理由即银行对于此种存款,服务代价太高,不但无运用资金之利益,且进出频繁,常须准备,成本过大故耳。总之,存款之吸收,须视运用资金所得之正当利益如何,以定其利率。例如某种工业,须要定期一年之资金十万元,以月息八厘向银行借款,该工业始有正当之发展,则银行对于吸收该种存款,应支以年息若干,始可保持合理之利益。此点最为重要。其他如对于往来存款,应否付息?各种存款利率,是否适当?付息应否有最低存款余额之限制?均须详加研究,视金融市场之趋势,同业间之协定,酌量改革之也。

(二) 放款

放款为银行资金运用之重要所在,其性质类于普通商店之销货,销货须力求稳妥,售价务须合理,银行之放款亦然。对于少流动性不动产之固定放款,应避免之。在市场勃兴时,对于急于设立事业之放款,尤须谨慎,不可徒贪高利。应常注意存款准备之丰足,公积金之增加,盖经营银行之良否,大半视此。股利方面,则不妨减低,银行在社会上之价值,决不在于多付股息,股东应认清此点也。

近代商业愈形发达,银行对于商人之信用,愈应加以注意,不能仅视其营业报告书,以定其财政情形之稳定与否,必须考查其存货为何物,系何时购入,今日之市价究值几何,其干部职员之人格才能又如何。

总言之,银行于运用资金时,在稳妥范围之内,以远大之眼光,竭力发挥其扶助工商,发展经济之功能,斯为可贵耳!

(三) 商业票据之投资

商人因货物之辗转流通,而有商业票据之形成,此种以卖买实在货物为基础之信用证券,银行应加以提倡,而善为投资,庶正当商人得其调剂,国家经济间接蒙其裨益,功莫大焉。惟最当注意者,即对于专为定期卖买或经营投机者之票据,应严密视察。又对于票据法方面,亦须加以十分注意,此点另详篇末。

(四) 有价证券之投资

银行投资于有价稳妥之证券,未尝不可,但须斟酌期限之长短,与营业状况之变动,适当分配之。如百分之六七十债券,在数年内到期,其余百分之三四十,则为期限较长、利率较高之债券。因短期证券,可为银行之副准备也。同时须常注意偿债基金之实在情形。

(五) 近年来,我国农业经济,已入溃崩极端之状态。银行对于农业金融之调剂,亦应引为己责,盖农业为一般工商业之基本,农业苟无救济办法,银行殊不能众辱而独荣。上海银行以商业银行试办农业合作贷款部,卓见可佩,愿金融界共襄此举。

(六) 应确立整个适合该银行特殊营业情形之会计制度,以助全行业务上健全之成功。

二、关于管理上者

(一) 采行成本会计制度

银行应采行成本计算之方法,以图收支之适合,成本过高,即有陷于经营困难之危险。故银行应详察每一交易之成本,视付与顾客服务成分之多寡,作合理适当之收入,既可增进管理效能,而每营业年度成本记录之比较,又可使经理知某种成本费用之增减,而酌量改变其营业方针。故成本会计制度之采行,为银行管理问题之要点,实不容忽视者也。惜乎此种制度之成效,在大银行中,始为显而易见耳。

(二) 行员之选择训练及奖励

吾国银行员,对于顾客,每少诚恳和易之态度;对少额存户,甚且现其傲慢之色,此实足引起顾客对于银行不良之影响。盖行员工作时,乃代表整个银行,务须迅速精确,态度和平,使顾客发生好感,直接间接,均可增加其对于银行之信任心,无形中增进银行在社会上之地位。故银行对于行员之选择训练及奖励,应力加注意,否则,无极完全之内部工作人员,银行虽对外自炫其资金雄厚,亦殊未足以语健全成功也。

三、关于票据法方面应注意者

票据法(票据,指汇票、本票、支票三种)早已颁布施行,但实际上殊鲜注意之者。银行既常投资于商业票据,对于票据法制研究,尤为必要。兹略为附论其要点,以供参考。

(一) 票据之伪造问题

票据无论其为本身之伪造,或签名之伪造,并不影响于真正签名之效力;换言之,被伪造人虽可不负责任,伪造者则仍负其刑法上之责任。例如甲出票与乙,令至丙银行取款,后乙知甲在丙银行已无存款,乃假造丙银行之承兑签名,以票据移转与丁。按此情形,甲乙为真正签名负责人,丙银行不负责任(参阅第十二条)。

(二) 票据之变造问题

变造票据上与法律有关系之记载,其效果如下:

甲、签名在变造前者,依票据未变造前原有文义负责。如甲出票与乙,金额为一万元,乙变造为十万元,再背书与丙,丙背书与丁,则甲之签名在票据变造以前,故甲可依原记一万元负其责任。

乙、签名在变造后者,依变造后文义负责。如上例,乙、丙二人均须依十万元负责。

丙、如无从证明其签字在变造前或变造后者,则法律上推定其为变造前签名(参阅第十三条)。

(三) 背书之条件问题

汇票之背书,不能附有条件。背书附有条件者,其条件视为无记载。且背书须包括汇票金额之全部,故就汇票金额之一部份所为之背书,或将汇票金额分别转让与数人之背书,不生法律上之效力。例如汇票金额一万元,则不能以其六千元背书与他人,亦不能各以五千元分别背书,转让于二人也(参阅第三十三条)。

(四) 承兑之撤销问题

付款人或承兑人,虽在汇票上签名承兑,未将汇票交还执票人以前,仍可撤销其承兑。但已向执票人或汇票签名人,与以书面通知承兑者,则不能撤销其承兑。例如甲为汇票执票人,在津,乙银行为付款人,在沪,乙银行于承兑后,虽未将汇票寄还与甲,而已以快信将已承兑之事实告甲,则乙银行不得撤销其承兑,而须绝对履行其付款之义务(参阅第四八条)。

(五) 支票金额超过存数问题

付款人于发票人之存款或信用契约所约定之数,不敷支付支票金额时,经执票人之同意,就一部份支付之。又付款人不得为存款或信用契约所约定数目以外之保付(参阅第一三二条、第一三三条)。

(六) 平行线支票问题

发票人、背书人,或执票人,在支票正面画平行线二道,或于其线内并记载银行、公司,或其他同义之文字者,其支票仅对银钱业者支付之。于平行线内记载特定之银钱业者,其支票仅得对于该特定银钱业者支付之。违反上述规定而付款者,付款人应负赔偿损害之责;其赔偿金额,以支票金额为限(参阅第一三四条、第一三五条)。

(《银行周报》十七卷三十八期,1933 年)

编后絮语

金融业如何有健全的发展？这个问题是向银行业自身提出的，也是向整个社会提出的。"金融业之盛衰，即国家经济之盛衰。"俞佐廷先生认为，金融业与社会应当相互沟通，实现良性互动。从这一意义上说，金融业的重要举措应当公诸社会，"不可有所隐蔽，庶得社会之公正批评而引起其同情心及信任心。"因此，无论银行营业上的，管理上的，还是票据法方面应注意者，银行希望做什么，为什么要这么做，都要明白无误地告知银行股东，也告知社会公众。

张嘉璈(1889~1979)

字公权,江苏宝山(今属上海)人,清光绪十五年十月二十一日(1889 年 11 月 13 日)生。毕业于日本庆应大学财经科。1909 年在北京任《国民公报》编辑。1913 年 12 月任中国银行上海分行副经理。1916 年在停兑风潮中,同中国银行上海分行经理宋汉章决定不执行北洋政府停兑命令,风潮过去后,中国银行声誉大增,被称为"有胆识、有谋略的银行家"。1917 年参与创办《银行周报》,为民国时期最早发行的金融专业刊物。同年 7 月调任中国银行副总裁,其间主持修改《中国银行则例》,并整理 1916 年遗留下来的不能兑现的"京钞",设法扩充商股,增强了中国银行的实力。1928 年 10 月中国银行改组为国民政府的外汇专业银行,张被任命为总经理。1935 年 3 月辞去中国银行总经理一职,同年底任国民政府铁道部部长。1947 年 3 月任中央银行总裁,后兼任中央信托局理事长,1948 年 5 月免去中央银行总裁一职。1949 年 4 月去澳大利亚,担任悉尼大学经济系教授,1953 年赴美国任教并从事经济研究。1979 年 10 月 15 日因病在美国去世。著作有《中国铁路发展史》《通货膨胀的螺旋:1939—1950 年在中国的经验》等。

诸位一定知道,近年来中国内地的情形是如此的困难衰落,而都市的上海又是如此的畸形发展和不健全。因为我最近数次跑到内地的农村里去视察,觉得深深地感觉到中国内地和上海的前途,确已同样酝酿着一个极大的危机!

中国内地的困窘,在民国五年到十六年这一个时期里,虽然在内战期中,但尚还有相当办法。在十六年革命以后,内地的一切习惯和法律,完全已为长期的战事骚动破坏,在另一个新的习惯和法律尚未有充分时间建立起来的时候,继续着新的内战又发生起来,于是,这循环的内地不安定的进展,一般人对内地视为畏途,以至于逐渐形成目前内地农村濒于破产的状态!

内地农村破产的理由很简单。譬如在从前前清的辰光,对于水利和农事学校等均尚相当勉强进行,而今连这一点建设工作都谈不上;同时因连年战争的结果,政府需款浩繁,又不得不向农民头上增加赋税负担。中国的农民本来尚有一部分积蓄的,但经累年天灾人祸的结果,另一方面随着政府税抽的逐渐增加,于是农民的固有一点积蓄亦逐年减少,以至于到农民穷困,农村呈现极度破产状况的今日。

因为内地农村破产的结果,亦就影响到上海前途的危机,尤其和上海的金融资本方面,有着密切严重的关系。

我们都知道,过去我国各省虽无办法,但每年尚有一二新工厂的设立,惟近一二年来,因内地产业的无法律保障,有资产的事业家多不愿向内地投资,而内地固有的一点工商事业,复受种种环境的打击而崩溃,致造成今日国产新兴工业一蹶不振的因果。关于此种情况,过去一般人尚未加以深刻注意,及到我们发现了每年八万万元以上的国际贸易入超的惊人数目,才稍稍引起大家的顾虑。

据海关报告:去年入超达七万万元以上,这种每年大量贸易入超,我们用什么东西去抵付呢?在前几年,每岁尚有大批银子入口,稍可勉强支持平衡,但自去年起,现银亦突破为出超趋势。其他尚需注意的,近三年中现金出口达八万万元;过去三年里,虽尚有若干现银入超,但和五六年前相比较,已相差得多。因近年每年三万万现金出口的累积,直到去年为止,由于现金储藏的减少,现银便代替现金而大量流出国外,以致上海的中国金融界就发生了根本的动摇。

近年内地困难,日深一日,上海的繁荣则反有畸形的发达,一切现金财富均集中上海,每年估计约达数千万元。只要观乎上海方面银行的发达和存款的增加,便可证实。如华商银行最初存款不过一万万元,而最近已增加至二十万万元以上。内地农村脂血一天天向上海灌注,现金完全集中上海以后,而内地的投资又缺乏保障,于是便产生了现今的出路问题。

我们敢说,自今而往,上海的繁荣将有重大的变迁。上海自上年开始,不可否认的已踏入了衰落的途径!原因是:工厂不振,生产品跌价,内地购买力减退。接着自去年起,上海的地价亦呈现跌落的趋向,金融界方面,投资困难,存款停滞。于是无论上海方面的银行和钱庄,都相率趋于公债、证券等的投资,但这不过更形增加恐慌的程度而已。

等到一切繁盛衰退了的时候,必然地银行界将亦不能逃脱衰落的命运。反之在金融界有了前途的时候,一切才有振兴的希望。如果目前的状况仍旧继续着,而不设法提高人民的购买力,则商业决难振发,而金融亦无法流通。结果就有几个绝对的趋势:(一)内地现金继续集中上海而转流出国外;(二)政府税额继续增高;

(三)但内地农村更迅速的崩溃。如此循环的继续,上海的金融界亦将有同归于尽的危险。

尚有一点,上海名义上是中国的地域,但上海包括国际资本势力的存在。所以我们亦可以说,上海是一种特殊的都市组织,它的经济行政和组织完全代表了一个特殊的方式而出现,所以中国政府的行政权和经济政策的行使,都不能全部及到上海。但是我们反过来说,假使要改革中国的经济组织,而仅仅着手于上海经济权的据有和改造,亦是一件不可能的事。

上海现金的储积,前几年华商银行占百分之五十八,外商银行占百分之四十二。去年则外商银行占了百分之五十二,而华商银行只占百分之四十八。这全为近年贸易大量入超的必然现象。今后中国农业及工业生产品,如不能设法增加对外输出,前途诚恐不堪设想!

在百业凋敝,信用发生了空前动摇的现状之下,银行方面只有更进一步的采取了收缩政策,工商业方面因此更为感到金融的周转不灵,于是工商业出品都一齐实行再贬价,而痛苦益深。

内地一切的恐慌,将进而第二步影响到上海的衰落。

现在一般人已观察到当前的危险,大家已有了往内地去的尝试,如银行业向内地去设立分行的,已逐渐增加。但放款内地,据个人的经验,困难仍是很多。最困难的是人才的缺乏,把现金输入内地,是件容易的事,问题便在乎不易找到适当的人才去应用这现金!

此外尚有一种现象,就是内地人民对上海人很觉讨厌,这正和穷人看见财主的讨厌心理一样。而且内地的一般乡土观念很深,这类思想确在内地很普遍的发展着。但是我们得改变方针去做,我们现在应将上海不当是中国人的,把我们的目光转移到内地去,我们需要训练一批刻苦耐劳而富有思想、专门技术的人才,以殖民的精神和宗教宣传般的真诚深入内地去,设法和他们的生活打成一片。拿我们的心,我们的精神,到内地去指导、去开发,换句坏的话说,就是我们要实行征服内地。

我们把现金和人才输入到内地去,也许有人会怀疑到放款内地是否稳当的问题。但我认为一切事业的开端,必须要有牺牲的精神;在另一方面,当计划一种好的办法来应对环境,以内地人民的朴素忠实,不难收较好的效果。时期一久,待他们在心理上建立了一种信仰之后,歧视上海人的观念,我想一定能逐渐减少,而能达到互相地负起挽救中国经济危机的使命。

所以我的结论是:照目前内地情形的不景气,上海的产业界和金融界亦将有随之衰落的危机,唯一救济办法,是需要上海有资产者立刻送钱、送人才到内地去。但送钱是比较容易,人才的产生则困难,所以现在我们至少应该着手去训练起来。我相信内地是有救的,关键便在于我们上海人的目光,是否能即刻注意到内地去!

(《中行生活》二十六期,1934 年)

编后絮语

"内地人民对上海人很觉讨厌。"说这话的张嘉璈先生,本身也是一位上海人。1934 年 4 月,他在圣约翰大学的一次演讲中认为,"这正和穷人看见财主的讨厌心理一样"。当年的中国社会情形确实令人担忧:一方面,由于对水利、农事、学校等建设工作无暇顾及,再加上连年战争的结果,农民头上的赋税不断增加,农民储蓄逐年减少并陷入窘困,农村呈现极度破产状况;另一方面,一切财富均集中上海,上海的繁荣出现了畸形的发达,内地投资又缺乏保障,在百业凋敝、信用发生空前动摇的现状之下,银行方面则只能进一步采取收缩政策,工商业更感金融周转不灵,所有出品一再贬价。有鉴于此,张嘉璈先生提出,上海人应担负起社会责任,把现金和人才输入到内地去;至于放款内地是否妥当,则要有牺牲的精神。他认为,内地是有救的,关键在于上海人的眼光。

章乃器（1897~1977）

又名埏，字金烽，又字子伟，浙江青田人，清光绪二十三年（1897年）生。1913年考入杭州浙江省立甲种商业学校。1918年毕业后任杭州浙江实业银行练习生，后调往上海分行。一年后改任北京通州京兆农工银行营业主任，后升为襄理兼营业主任。1920年重返上海，任浙江实业银行营业部科员，后升营业部主任。1929年创设中国征信所，自任董事长。1932年任浙江实业银行副经理兼监察部主任。又历任中国兴信社干事、中国银行公会理事等职。1938年3月任安徽省财政厅厅长，兼任安徽地方银行董事长。1949年9月当选为政协全国委员会委员、常务委员兼财政组长，同年10月任中央人民政府财政经济委员会委员。1977年5月13日因病在北京去世。著有《中国货币论》、《国际金融问题》等。

金融业之惩前毖后

——在中国银行演讲

上星期戴蔼庐先生打电话给我，说要要求我一件事，但要我先答应他，再把内容告诉我。那时，我想银行家最难答应人家的，要算是借款，戴先生是一位学者，他决不至于要向我们行里借款，他的要求大概总是容易答应的。于是，便和他说："总可遵命，请说吧。"他就说贵行要我去演讲，我听了，倒觉这个要求真要和借款一样的严重。因为一转想，贵行里的居逸鸿先生，就是我的老师，那末，诸位同人，都可称是我的前辈；在前辈面前演讲，真所谓班门弄斧，免不了要露出马脚来，塌台完结的。然而，我已经答应他了，倘使反悔，他少不了要说："你做银行家的人，怎好这样没信用?"于是，我不能不运用一些对付手腕，转个弯和他说："演讲真是不敢，随意谈谈，带便向诸位前辈请教请教倒是很愿意的，请你把我这个意思转达吧。"所以今天到此地，不过是随便谈谈，或者可说是到诸位前辈面前，来应应口试，诸位前辈觉得我说得还对，不妨下一个"大致不错"或"堪以造就"的批语，说得不对，马上要教训一下子。

照今天的题目，不外要指出我们金融界过去的若干错误，和今后的若干纠正的办法。可是，我要声明，我存心决不是要派谁的错，或者派哪一个机关的错，我是泛指金融业一般的错误。我们金融界里的人，有一种毛病，就是讳疾忌医，尤其是位置高一些的人，不肯认错，他们恐怕一认了错，就失了他们的尊严。其实呢，错是圣贤都难免的。俗语说得好，"做到老，错到老"，所以，要不错，除非什么事都不做。就说我个人吧，我昨天做的事，往往今天就觉得错，所以，今天所指出的许多错误，恐怕多半已是我自犯过的。

在三五年以前，我常常要怨上面人给我的权力欠大，不能使我有充分的作为；近年，我自己检查检查我过去的错误，才觉到那时他们不给我过大的权力，实在是成全我。而同时呢，我还亲眼看见许多失败的银行家，那失败的原因，就是他的权力超过他的能力。固然许多的银行家都是几十万或几百万的学费学习出来的，然而这当然是社会经济的一笔大损失，倘使能少出一些学费，养成一个银行家，那不是更好了吗？少出些学费的方法，第一是授权的适当，授给一个人的权力，固然不可过小，然而更不可过大。最适当的方法，是逐渐的增加他的责任，比方挑担的人，能挑五十斤的，不妨给他五十五斤，等他能挑五十五斤的时候，再给他六十斤，那末，他的能力就可以逐渐增进。倘使能挑五十斤的人，马上给他挑一百斤，那就不单是挑担的人要送命，恐怕连担子都要给他倒毁了。第二，就是大家肯说出来自己过去的错误，因为那样，可以使别人不至于再蹈同样的错误，银行就可以避免许多损失。所以我觉到，大家聚拢来说说自己的错误，是十分重要的。

说到过去的金融界状态，我们可以批评它，"不上轨道"四个大字。第一，先说金融市场的组织。我有一个很平常的譬喻，金融的流通，犹如血液的循环。然而照目下和过去的情形而论，上海的金融市场，因为没有一个名实并具的国家银行，可以做金融业的中枢，可说是循环系失去了心脏；循环系失去了心脏，血液自然变成无统系的乱流；乱流的结果，是在分量上，有时候要流出去太多，有时要流出去太少。流出去太多的时候，就所谓信用膨胀，结果是要鼓励投机；流出去太少的时候，就所谓信用紧缩，结果便酿成恐慌。倘使我们能有一个有势力的国家银行，那末它就可以出来调节一下子，犹如心脏调节循环系一般，过多过少的弊病，就可除免了。

说到投机，我并不是说金融界绝对不能做地产证券的买卖，或者做地产证券的押款，但是应该要适可而止，倘使金融界放资太滥了，那就不单是证券地产成为投机性，纺织业面粉业和一切的产业都可能变为投机性的。美国在一九二四至一九二九之间，一切产业都从股票市场转变出充分投机性来，就是一个证例。要之若干限度的投机，是在什么市场什么时候都存在的，然而过分的投机，却往往是由于金融业放资过滥而起的。像去年一年中间，上海市面有这许多雨后春笋般的新设立的地产公司、投资公司、银公司和银行，他们在主观的立场上，固然都是以稳健经营自负，然而在客观的立场，终还逃不出是通货膨胀结果的投机。有远见的银行家，早就应该见到这种投机的结果，一定要酿成恐慌。我们应该明白，依照经济史上的先例，这种恐慌是万难避免的，去年的九一八事变，不过是这种恐慌的一个诱因，恐慌的原因，却早已根深蒂固的种着。所以就整个的政治经济言，去年的宁粤分裂，和九一八事变，固然是很不幸的事，然而单就金融业而言，却是很侥幸的一件事。这种政治上的变化，隐隐中在那儿代行国家银行的职权，给我们金融界以一种警告，使我们金融界在地产证券的投机上，还走得不十分远就停止。恐慌的恶疽，在毒气未攻心之前，就给它开刀了，虽然受点痛苦，总还不至于丧命。倘使不然呢？那末，等再过一两个月，投机到了最高阶段的时候，恐慌依然是要来的，可是，那时候恐慌的表现，一定是金融自身的崩溃，就是金融业的一部分自己先出了破绽，然后成为一般的恐慌。

现在再研究上海的金融界，为甚么要直接或间接走上投机的路呢？这我们决不能责怪几个人就算完事，我们一定要找出那实质的背景，这可说是因为上海银洋存底的骤增，而一时找不出正当的用途。金融界所有的资金，不是白来的，多少是要出一些利息的，决不能长久关在库房里，倘使一面没有好多正当的放资途径，可以将本图利，那末，如上文所述，因为许多资金投在一二种事业的结果，那一二种事业就要发生投机性，——哪怕在本质上并不是投机事业。上海的存底，何以近年要骤增呢，这一部分固然是和一般人所说，由于内乱频仍，而大半的原因，还是由于因丝茶失败和农作歉收而起的农村经济破产。我们应该觉到，近年以来的金融季节紊乱了,四五月里的洋厘,是应该飞涨的,何以现在不然呢?我们要晓得,在从前四月五月六月,因为茶茧和北方的小麦上市,八月九月十月,因为秋收上市,洋款要由上海流到内地,由农产物的收买,到了农民手里去,在其余的几个月当中,又因为内地农民要买点洋货消费消费,再由内地流到上海来。如是,在全国金融上,上海恰如循环系上的心脏,四、五、六、三个月,和八、九、十、三个月,是回血管的作用,血液到心脏里来,一、二、三,三个月,和七、十一、十二,三个月,是输血管的作用,血液由心脏运到四肢去,这样,一年两次的循环,全国的金融,赖以调节。近数年来,丝茶的出口,是失败了,去年长江流域,更有空前的水灾,洋款到内地去收买农产物的机会消失了,而年来粮食反要常常向外国买进来,内地金钱向上海来的机会反而格外多。我刚刚曾经说过,上海的金融市,犹之循环系失去了心脏;现在呢,我要说,全国的金融市,犹之循环系失去了输血管,一面回血管的作用亢进,一面输血管的作用停止,血液自然就要淤积在心脏里,那结果是要脑充血。

单说从九一八事变到现在,上海的洋款存底,由一万五千几百万增到二万一千几百万,要增加六千多万;我们总还记到,在五年以前,上海洋款存底的总数,才有五六千万呢。有人说,内地的现洋到上海,也许上海的钞票要到内地去,然而我计算各家发行银行的发行额,九一八事变到现在,却要减少了七千多万;可见内地不单是现洋到上海来,近来是连钞票也回到上海来。这一部分的原因当然还是大恐慌之后,信用极端收缩的结果。我们要晓得,农村金融的枯竭,固然是很坏的一件事,而这许多现款集中在一个无组织的上海的金融业的手里,当然也是一件很危险的事。我们倘不把它筹划一条正当的出路,那末,我敢说,六个月以内,投机的高潮要再次出现的。一个怕晕船的人,当他遇到风浪的时候,往往要发誓不再坐轮船,然而过了几个月,那痛苦的印象过去了,除非有火车可坐,他还是要踏上轮船。所以我们为调节全国金融计,固然应该要设法使金钱流向内地——使输血管的功用恢复,即为上海金融安定计,也得使金钱流向内地。关于这个问题,我近来研究了许多时候,已经想出了一种妥善的方案,不过这话略长,等过几天写出,再向诸位请教吧。

说到我们的金融制度,在立法上,可说是已经应有尽有,然而在事实上,可说是大家都跑上一条路——普通商业银行的路。而所谓普通商业银行的路,还往往是逃不出地产和证券的投机。放款的抵押品,投资的标的物,钞票的保证准备,除了公债票,就是道契。我曾经说一句痛心的话,以为我们银行界对于经济社会的贡献,实在是远不如钱庄。钱庄倘使全体停了业,的确可能使上海的商业完全停顿,而银行全体停了业,恐怕倒没有多大影响,我们银行界平时和一般商业实在太隔膜了。月前,有几位大学教授发表文章,说我们银行界资助军阀内战。我说句公平的话,在主观的立场,我们银行界里决计没有存心结欢军阀,资助内战的人,然而在客观的立场,我们过去对于公债的过分投资和放资,的确是不啻间接资助内战。

固然在事实上,财政和金融要有密切的关系,哪一国都是这样,银行投资国债,也不是我们中国为然。政府拿了公债做内战的用场,那是政治不上轨道,那是政府的过失,然而我们要明白,倘使这样不上轨道的政治和不上轨道的金融,永远互为因果的循环下去,我们的国家有出路吗?我们金融业有出路吗?当然我们金融业要负相当的责任。而尤其银行的放资,以公债为主要的标的,是哪一国都没有的,这种的放资政策,决计不能使资金投到正当的用途上去。一个纯洁的商家,或者一个事业家,决计不会提供公债向银行要求资金的通融,因为他决没有余力去买公债。关于这一层,我要附带声明,我对于贵行近年以来的精神,和上海银行的精神,十分赞佩,你们两个行近年来倒着实做些对于工商事业有利益的事情。

因为大家走上一条路，所以立法上的分工精神完全消失了。从前有人讥笑，殖边银行把它的主力殖到上海来，蒙藏银行把蒙古西藏搬到上海来，我们看看眼前的金融界，还不是如此这般？去年有人和我说，中国银行广设本埠支行，贷放低利资金，实在是侵犯我们商业银的营业，倘使发行银行可以利用它发行权和商业银行竞争，我们商业银行非被它打倒不可。我那时想想倒觉得有理，后来我再加研究，才晓得中国银行也自有苦衷。在立法上，中国银行是国际汇兑银行，和日本的正金银行地位一样，金银的输出入，应该是中国银行的事，然而，在事实上，自从禁止金条金币出口以后，只有某银行可以特许出口，中国银行反而不能装金子出口，这在事实上，某银行实在侵犯到中国银行的营业范围里去了。办银行的，当然要想把自己的银行基础打得稳固，倘使立法上赋给的特权可以随时被剥夺，自然不得不向普通商业银行的路上去打基础。所以，中国银行要运用目前尚得保有的发行权，打定商业方面的基础，适足表示主持者对于职务的苦心和忠诚，是无可非议的，何况我们商业银行，并不在那里做辅助工商业的工作呢。

然而某银行为甚么要侵害银行的营业呢？我们倘使替某银行设身处地想一想，就会觉某银行也自有某银行的苦衷。某银行在立法上的地位，应该是银行的银行，一个银行的银行，必须有超出一切银行的雄伟的实力，然而某银行，因为历史的缘故，钞票的发行数和存款额，都还远比不上中交两行，资本虽然比较还算大，然而也只有二千万元，还在中国银行之下。这样一个局面，倘使它不在营业赢利方面做出一些好成绩来，就决不能坚一般人的信仰，也决不能巩固自身的基础，它的银行的银行的地位，恐怕要永远没有实现之一日。倘使主持的人徒然唱唱银行的银行的空洞的高调，放弃现成的钱不去赚，一定有许多人会批评他迂腐。而尤其在中国的经济界里面，除了赚钱以外，什么成绩都不能算数的呀！"上梁不正下梁歪"，下梁歪而仅归咎于上梁的不正，还不能算是透澈，要晓得上梁的不正，已经是打样打得不好，或者房子的基础打得不坚实呀！所以眼前的金融界不上轨道，倘使我们仅仅埋怨几个人，是十分不公平的，根本的原因，还是制度和环境的不良。我们一定要把目下的制度和环境澈底研究一下，纠正一下，否则谁去办理都不会有办法的。

现在我们再观察观察我们银行界的营业政策。

第一，我觉得我们银行界的营业政策，大多数是举棋无定，一味在那儿赶时髦。比方，在二十年以前，大家在那儿忙着发行钞票，似乎不发行钞票，就没有买卖做；十五年以前，大家在那里忙着办储蓄；十年以前，北方的银行忙着做政府的买卖，南方的银行忙着办国外汇兑。这中间有许多是很好的现象，因为大家慢慢的学得多做得多了。可是因为新业务的缘故，就把固有的业务丢在脑后了，那可不行，要晓得各家银行有各家银行的特质，决计不能大家赶上一条时髦的路。一个商业银行办理储蓄，难道就要变做储蓄银行的么？一个银行尽可以有许多种的营业，然而只容许有一种的主要营业；这种主要营业，应当是依照自身的特质定立下来，一经定立下来之后，决不能随便在那里变更。一个银行有一种主要营业，而有许多种的辅助营业，那末，就如用兵有主力偏师一样，大家的努力，才能一致，才能殊途同归。赶时髦的恶习，固然可以免除，组织上的冲突，办事上的矛盾，也都可避免了。

第二，是不计成本。银行的放款，通常不过一分左右，而银行的存款却有在一分以上的。我们倘使用经济史上的记录，来批评一般银行储蓄存款的利率，真可说是奇妙之至。历史告诉我们，利息是跟着信用组织的发展逐渐降低的——哪一个都市的利率，都是由高而低，然而我们的储蓄存款的利率，是依照"期限愈长，利率愈高"的原则的；尤其是零存整付存款，一部分的存款还要在五年十年以后才可以存入，而利率可是早经订定。在这种交易上，我们在事实上是一面已经结进十年以后的远期资金，然而一面我们却无法抛出十年以后的远期资金，我们能在目前和别人订定一个十年以后付款的放款契约吗？这中间的投机性，实在有些太大。近年以来，上海的利率，通常已经是很低，大家都常常有有款无处放的现象，对于这种不合理性的储蓄存款，应当是有点觉悟了吧？而近年许多的投机潮，多少还是因为银行界所收的资金的成本太高，不能不急急乎向投机的路上找高利的出路吧？再呢，我们银行界的存款利率，是通年固定的，三月份的活期存款利率是三厘，七月份也还是三厘，一月份的一年定期存款是七厘，九月份也还是七厘。这种固定利率的存款，决不能适用于变化多端的上海市场。我们吸收了高利的存款，一到金融呆滞的时候，不肯贴赔利息，也可能走上投机的路。

第三，是存款和放款性质上的矛盾。说到银行的本质，我们应该要有较多的固定负债和较少的固定资金，那末，我们对于我们的债务就可以应付裕如。可是，照一般银行的情形，负债除了资本和公债以外，几乎完全是活动的，我们甚至连定期存款都要在未到期以前付还，和活期存款又说一样的是要求即付的性质，而我们的放款呢，定期押款的一再转期，成为天经地义。活期押款之所谓活期，是押户可以随时付还我们，而不是我们可以随时要求付还——可说是授柄他人；活期存款到了最后的偿还期，也是往往要转期的。所以，我们的资产，除了准备金以外，可说多数是固定的。这样的一个财产情形，在这样一个没有国家银行做后盾的金融市场当中，应付上是怎样的为难，而且是怎样的危险呀！

现在，再说到银行的事务组织。中国人的所谓组织，原不过是官样文章，使大家能分派分派头衔罢了，目下许多银行的事务组织和会计组织，恐怕都还是在十八世纪出版的书籍上直抄下来的。我去年到日本去看几个星期，当然，我不敢说我能够在很短的时间对于日本有很透澈的观察，然而我觉到一件事，就是，日本人一切的优良的表现，都是组织力、团体力的表现，而不是个人能力的表现。说到个人的能力，平均上日本人恐怕还不如中国人。目下，事业界中大家都有点觉悟了，大家都在那儿高谈科学管理了。说到科学管理，倒并不是十分新奇的一件事，在古兵书里面，我们就读到"良工无遗材，良将无遗士"两句话。他还说"聋者善视，瞽者善听"。一个胆怯的人，在军中应该没有用了，然而他告诉我们，"怯者可以守门"，这样的设计可说是精密极了。可惜这种原则，我们大家都不晓得去运用它，阐明它。组织上精密适当的分工，是十分重要的，分工得精细，低能的人都可以发展他的本能；没有好的分工，能力极好的人都要做坏了事。比方，有一件事务中间有十个手续，而这十个手续中间有一个手续，仅仅不过很简单的打上一颗橡皮图章。现在，倘使我们把这十个手续让一个人一手包办，那末，恐怕即使办事能力很高的人，有时不免要把那橡皮图章忘记了，或者倒打歪打了。若是我们把这十个手续分给十个人去办，而让一个最愚蠢的人专打那橡皮图章，他倒一定可以打得很整齐而没有错。所以，分工的结果，可以使愚蠢的人的成绩比能力高的人还要好。

整个中国社会的表现，是"能力消失"四个大字。上层的人们的能力，是因分散而消失，中层以下的人们的能力，是因为无由发展而消失。外国的领袖人物，晓得用他的组织力，他把事权分给适当的人。中国的领袖人物，只晓得用他的对付能力，他四方八面去对付，表面上把一切事权集中在自己的手里，而事实上都没有时间去行使那许多事权。结果，他自己成为一个溺职的人，而使社会上许多人没事做，弄得上上下下的人的能力都消失了。

回转来再说到我们银行界自身，极端严厉的保人制度还保存着，而舞弊的事情却依然常常听到。一般的人总还以为一切事情，只要有亲信的人或者保人、可靠的人办理，就一切可以放心，和把家里箱子的钥匙交给自己夫人管一样，组织和制度是用不着的。我曾经说一句偏激些的话："行员的舞弊，与其说是行员贻害银行，无宁说是银行贻害行员。"这在古语上,就所谓"漫藏诲盗"。只要有精密的制度,办事人晓得舞弊是容易败露的,自然他就不至于转那念头。一面再在待遇上面给他一个安定的生活,在前途给他一个光明的希望,他自然也决不至于走上舞弊的路。

再说到用人上面,我觉得我们还有一种缺点,我们偏重对付的人才,而欠注重技术的人才。就本能的发展和社会的公平而论,收支课里善于处理现款的人,文书课里书法好的人,和营业课里能够招呼顾客的人,应当是一样的待遇,然而在事实上,前两种人往往容易受歧视。固然,这或者是因为供求的关系,然而要晓得这种的甄拔人员的方策,要渐渐使行员怠于技术的修养。还有,一般的高级人员,往往不明白中下级人员在营业上的重要,他们没有晓得中下级人员的得力,可以使银行增加许多营业,而中下级人员的无训练或者无纪律,要使银行的营业衰落下去。因为这种对于人事上面观念的错误,加以外面政治的不安定,往往造成银行里面人心的浮动。在许多银行里面,高级的人物忙着应付政治,中级的人员忙着对付高级的人物,而下级职员却要去应付中级的人员,如此,大家都只知道对上面做应付的工夫,而忽于职务上的研究和技术上的修养,营业哪里会不糟? 所以,在银行员的修养上面,我们应该赶快提倡"人心向下"做埋头工作,而不要使"人心向上"。

上面说了许多对于目下金融界的指摘,我要重新声明一下,我决计不是要派谁的错,因为内中有许多还是我自己也犯过的错误。当然,我们假使要希望我们金融业马上把所有的错误都纠正净尽,那是不可能的。理论方面的调唱得太高了,反要使听的人寒心而至于一事无成。为甚么中国人坐而谈的事情往往不能起而行呢? 这一半固然也由于做的人懒惰不长进,而一半却由于说的人太空洞而不切实际——目下的欧美长欧美短,和从前的开口三代,闭口禹汤文武,是一样的不近人情。有些人在那里怪华商银行间没有团结,主张要效法钱庄团结一气,他却没有知道钱庄之所以能够团结,是因为它们的地位相同,营业相同,和因此而起的利害一致。它们的资本,都在十廿万两之间,东家有几乎相等的信用,营业都不出替银行当差,做往来,买卖洋钿,开发本票。尤其是它们的汇划制度,是小资本的金融业者,在没有国家银行可以做后盾的金融市场当中,一种极好的联合自卫自救的方法,是极端不可少的。

汇划制的起源,就是要应付恐慌,虽然这种制度的演进,没有历史的记载可寻,然而我们可以相信,较早时代的汇划,原来是和前几个月不付现款的办法一样的,平时所行的隔日付现的办法,还是它们应外商银行的请求之后的一种通融办法。这种汇划制度,倘使它们不是切身的利害一致,就不能实现。不是地位相同,就不肯把每天轧帐,及多缺的数目,互相拆放了结。倘使在我们银行中间,信用地位有很大的差别,拆放款项能做得成功吗?几年以前,陈光甫先生主张办一个公库,由公库保证银行本票的信用。后来,有些银行,因为他们所发的本票,曾经和外商银行和大洋行的买办们接洽好,认为公库不需要,而且恐怕公库成立之后,反而使他们显不出特色来,所以不赞成。还有些银行,觉得他们所发本票极有限,向钱庄里去打掉也不费事,所以也觉得不切需。因此就冷下去了,一直到了前次大恐慌,才大家感到有一致的需要,于是我们才有一个准备委员会。焦头烂额,何如曲突徙薪?然而主张曲突徙薪的人,终归是徒劳无益,功劳终还只好归到焦头烂额的人。一般的人,不碰破了额角头,是不会觉悟的,所以,理想高的人,最好是把今年想说的话,留到明年说。

现在,也许我们大家都觉到,在中央银行实力还未充分养成之前,我们应该替上海金融市造成一个临时的心脏吧?固然我们已经有了一个准备委员会,然而我们应该明白,它只能在通货过于紧缩的时候,通融些款子出来救救饥荒,而不能在通货过分膨胀的时候,向市面收些款子回去,以示警戒;它可以帮助中央银行做些积极的功作,而不能帮助中央银行做消极的功作。调节金融,是要能伸更能缩,能伸而不能缩,功用还是没有健全;而且,恐怕反要使金融业觉得有个后盾,平时把准备委员会所能给与的通融,安排在自己的头寸里面,那样,反而把通货可能膨胀的范围扩大了。我以为几家资力比较雄厚的银行,应当在放资方面,有一个联合的组织,平时要互通放款的状况,协定放资的政策,一觉到市面上信用过于膨胀了,立刻一致用限制放款或者抬高利息的手段,向市面下一个警告,那末,总多少可以调节市面吧。

第二点,我们的票据交换所或许是应该可能实现了吧?说到交换所,提倡了差不多十几年了,筹备了也有四五次了,也是因为我们华商银行间的利害不一致,所以没有实现。有几家银行是收现解现的,他们可以和洋商银行通汇划,觉得交换所和他们不相干,有些人家觉得他们的收解款项不多,托钱庄代理也很方便,所以结果是没有成功。自从上次钱庄停止解现,也许有许多银行,因为两面受轧,会觉到别人锅里的饭是不容易永远吃下去的了。说起来,我们自己的票子,自己直接轧算,不是简单许多么?我们自己的款子,自己用存在准备委员会的财产作担保,互相拆放,不是十分稳妥么?而且钱庄的汇划制度,有他的习惯上的根据,汇划银子和洋钿,是钱庄创造的货币,他们在票子上面印得明明白白,隔日解现,是他们的通融、客气,在货币紊乱的中国,谁都恐怕不能制裁他们。而在理论上,可说是一种自动的集合停止支付,在恐慌的时候,政府既然不能对金融有积极的处置,这种手段是很合理而且必要的。我们华商银行可不然,我们的票据,大多没有汇划字样,而我们的顾客,也多数不愿意我们应用汇划的限制,我们一面还要对外商银行竞争,他们在那里付现,我们何能独异?然而我们的准备金,却大半在钱庄手里,却提不到现金了。烧荤菜的锅子里带烧素菜,遇到吃净素的人,可是糟了。

说到钱庄,他们在金融市场,有悠久的历史和丰富的经验,诚如陈光甫先生所说,是无论如何不会消灭的。然而,在大势上,他们将来的营业,决计不能在代理银行收解上面找出路。规模较小的钱庄,要代规模大的几倍甚至好几十倍的银行,代理收解和代管准备金,真好比是鸦片烟灯烧大锅饭,早就已经是头重脚轻,这只能适用在十数年以前,而决不能适用在今日。而在金融市场的组织上,可说是太阿倒持,金融市场的资金,应该是向上面集中的,小银行的余资,存给大银行,大银行的余资,存给国家银行,小银行需要资金,向大银行去借,大银行需要资金,向国家银行去借,这样,在一般银行的手里,不至于有过多的游资,可以不会向外面滥放。国家银行集中金融业的游资,依照金融的情形,酌定利息,倘使他觉得市面上的货币已经过多了,即使他手头有过多的游资,仍要提高利率,使通货减少。目下上海的情形,是适得其反,国家银行有时要把款子存给我们商业银行,不问我们需要不需要,我们也把我们的游资,向钱庄里一塞,不管他们需要不需要,这样,金融业的资金是向下面分散了,自然就没有人会知金融全体的情形来。钱庄更无从知我们的情形怎样,存给他们的款子是怎样的性质,他们一见款子太多了,自然只好压低拆息,以减轻成本,也并不是故意压低拆息,拆出的款子多,而拆进的人家少,拆息当然要低,拆息低了,放款自然也滥了,一切的投机就此引起来。所以,这样一个太阿倒持的局面,而要希望有严谨的金融组织,是绝对不可能的。关于钱庄营业的出路下文再谈。

第三点,我们应该提倡提倡票据的市面了。上文曾经说过,在目前,我们的资产几乎多数是固定的,可是我们的放款,到期之后,往往是要转期的。我们也不必怪大家抢着买公债,要晓得,平时我们倘使要置一些能给我们较好的利息,而比较活动的资产,还只是公债。别国的银行,何以不然呢? 因为他们的放款,大多数是用票据贴现的方式。票据贴现最通行的要算是汇票,汇票贴现的请求者是一个人,而付款者是另外一个人,比较不容易要求转期。汇票的发生,往往由于货物买卖的关系,事实上也往往不至于转期,一经贴现之后，也许还要再贴现，转手多了，转期更无从谈起。所以，在还款上，贴现要比较的准确，而在周转上，需要资金的时候，更可以向别人转贴现，可说是活动得多了。

那末，我们为甚么不做贴现的生意呢？是因为无票可贴。很有限的一些庄票，能够得我们的贴现么？所以，我们要贴现，还得先去提倡票据，在两年以前，我曾经在《银行周报》上发表一篇文字，主张由商会发起，劝令各业公会通过一种议案，以后一切赊帐的交易，数在五百元以上的，一律要由买主在汇票上面承兑，而把盖回单的手续取消。我认为盖回单的手续，要使商家周转不灵，因为盖了回单，所得的是帐面上的债权；倘使把帐面的债权变成可以流通的票据，可以用那票据去付款或者向银行贴现，资金不就容易周转了么？再就我们金融业说，照目前送折子放信用款子给人家，未免太没有根据了。我们的放款，当然是没有保障，客户的款项去路，也不容易明白，连客户的营业状况，也容易隔膜。倘使把我们给他的欠款额改为贴现额，我们的债权就有担保了，我们就可以明白他的款项，是在买卖上用的，我们再看他的买主是谁，更可以明白他的营业是否稳健，比目前跟着人家塞折子的方法，不是稳妥得多了么？比目下做放款取到一种固定而且不能转让的债权，不是活动得多了么？

现在，谈到钱庄的出路。在目前，钱庄一面收受银行存给他的款子，一面把这款子放给商家，从中赚几厘的利息，事实上，他是银行放款的中间人。固然，钱庄并不完全靠银行的款子，然而当然这是很大宗的一笔营业。目下的缺点是怎样呢？第一，就是钱庄放出的信用用款子，没有担保；第二，是银行放给钱庄的款子，也没有担保；第三，是银行放给钱庄的款子，不能应钱庄的需要。倘使我们有一个票据市面，钱庄用贴现的方法放款，一面用转贴现的方法，向银行通融所需的资金，不是一切问题都解决了么？倘使钱庄在这上面找出路，可说是驾轻就熟，再好勿有。他们的营业，和现在并没有重大的变更,而他们将来的地位,要比伦敦、纽约的票据掮客还高一些,做钱庄的股东的,似乎晚上也格外可以睡得熟一些吧。

以上,不过是就服务上所感觉到的,随便谈谈,甚望高明加以指教。

（《银行周报》十六卷十九期,1932 年）

编后絮语

坦率地说,章乃器先生的这篇文章无论对于金融制度,或是银行营业政策,或是事务组织等等,都有精辟的论断,可谓嬉笑怒骂,庄谐杂出。不妨分享一些有趣的语录:

"我还亲眼看见许多失败的银行家,那失败的原因就是他的权力超过他的能力。"

"在中国的经济界里面,除了赚钱以外,什么成绩都不能算数的呀。"

"我们银行界的营业政策,大多数是举棋无定,一味儿在那儿赶时髦。"

"中国人的所谓组织,原不过是官样文章,使大家能分派分派头衔罢了。"

"行员舞弊,与其说是行员贻害银行,无宁说是银行贻害行员。这在古语上就所谓'漫藏诲盗'。"

"在许多银行里面,高级的人物忙着应付政治,中级的人员忙着对付高级的人物,而下级职员却要去应付中级的职员。如此大家都只知道对上面做应付的工夫。"

"目下的欧美长欧美短,和从前的开口三代,闭口禹汤文武,是一样的不近人情。"

"焦头烂额何如曲突徙薪,而主张曲突徙薪的人,终归是徒劳无益,功劳终还只好归到焦头烂额的人。"

赵棣华(1895~1950)

别名同连,江苏镇江人,清光绪二十一年(1895 年)生。毕业于美国西北大学商学系,获硕士学位。1931 年任国民政府主计处主计官兼会计局副局长、局长。1933 年任江苏省政府委员兼财政厅厅长,同年兼江苏省农民银行总经理,并发起设立江苏农村金融委员会。1935 年由财政厅委任为江苏银行董事长。1936 年四明商业储蓄银行改组为官商合办银行,任常驻监察。全面抗战爆发后,随江苏银行及江苏省农民银行迁往重庆。1940 年任第三战区经济委员会主任委员及交通银行协理,同时卸任江苏省银行职务。1942 年任交通银行代总经理,1945 年任总经理。另任中央合作金库常务理事、大中银行董事长等职。1949 年秋赴台湾。1950 年去世。

经济恐慌中金融界应有之责任

欧战以后，各国经济，均蒙重大损失；为恢复战前繁荣，及救济大规模失业计，乃不得不于政治外交敌对阵容以外，在经济上力谋国外市场之开拓，以求增加国际贸易；同时为抵御他国产品倾销，保护本国产业起见，又高筑关税壁垒。此种经济战争，彼此循环报复，时日既久，益趋严重。经济恐慌，激荡全球，我国在世界潮流之中，自难例外。外受各国变更货币政策，倾销市场之压迫，内受天灾兵祸，生产没落之影响，遂致工商疲敝，百业凋零，贸易入超，年有增加，形成垂危之局面。在工商业极度衰危之下，金融事业则尚有长足进步。观于民国二十年至二十三年，此四年中，银行之添设，几若雨后春笋，不绝产生；存款与发行额之逐年增加，以及库存盈余等项之步增种种现象，固无一非表示中国金融之迈步前进。惟吾人苟加以较详之剖析，则感所谓繁荣局面，为畸形，为矛盾矣。

一国资金，有如血络，必须脉脉相通，乃能尽其作用。我国资金，因内地在输入品倾销之下，收支失其平衡，而地主富人，又莫不以都市为窖藏渊薮。故近年以来，国内资金，日向都市集中；而资金集中，停滞壅积之结果，又形成金融资金膨胀，与产业资金枯竭之矛盾现象。金融业既感资金之积滞，死藏库中；工商放款，又因百业衰落，深感不易收回，乃经营优利之投机事业。一朝金融紧迫，立见恐慌；挤提风潮，此起彼落；一般资力薄弱，投资不稳之行庄，原有资金，既已冻结，并以存底空虚，无法应付，最后惟有纷纷倒闭，宣告清理之一途，更形成近年来之金融恐慌。

在目前状况之下，工商业固应力谋本身组织之健全，以深思远虑之眼光，奠立百年基础；而金融业亦应更求进展，协助生产之改良，以谋国民经济之发展。爰就管见所及，约略述之：

一、协助增加生产以减低入超

论者多以吾国贸易入超，为国民经济衰落之象征，足以充分表现吾国历年来工商业之落后；且谓吾国苟欲挽救经济恐慌，非调整贸易上之入超不可。吾国确为世界最重要之入超国家，而入超情形，又属纯粹逆态，非如英日等国入超之有大宗无形收入，以资抵补者可比。自一八六四年以来，七十年间，除其中六年为出超外，其余均为入超；而入超之数字，又与年俱增；最多如民国二十一年，达五万五千六百零六万关两；二十二，二十三年，虽略有减少，亦在四五万万元之间；而此两年入超数字之减低，一由于东北海关贸易数字之未能计入，贸易本身数字低落；一由于国内经济枯涸，购买力薄弱，洋货未能畅销，形成入口贸易数字低于出口之现象；而非由于出口贸易之发展，或由于国内工业生产之进步，足以替代洋货销场，固无所谓差强人意者在。且入超之比率，已等于入口之总额百分之五十以上：其情形之严重，又可想而知。至于数十年长期入超，及入超总数之巨，又为各国所未有。故入超问题，实为吾国目前经济之重大难关，固无可讳言者也。

或以为吾国入超虽巨，而无形收入，固未始非谋国际贷借平衡之一法也。所谓无形收入者，即不外华侨汇款，国际投资，及各国在华旅行费用，及驻军费用三四项。至于他国所恃为最重要之无形收入，如企业利息，保险运费等，在我国可谓绝无仅有。其中主要项目，如华侨汇款，有估计年达一万五千万元者，有估计年达二万万元者，亦有估计至四万万元者（一九三一年，耿爱德氏估计）。次要之外人在华投资，估计年亦有一万万元，合计其他收入，以抵补商品贸易之入超，及其他国际贷借之收支，情形或较为良好。姑无论上项估计数字之是否正确，然华侨汇款，逐年减少，经济不振，固属事实，贸易入超之抵补，亦属毫无把握。吾人观一九三三年，国际收支中,生金银之外流,亦可以想象国际贷借情形之危机。无形收入之抵补,固未足以乐观也。

入超问题,既如是其严重;入超一日不能解决,国民经济一日不得安定,而吾国之经济恐慌,亦将愈趋渐烈。入超果如何而能挽转颓势? 以为舍增加生产外,恐无他法。

吾国素无生产统计,请自贸易统计,以观察生产品出口之一斑。

近数十年来,吾国出入口商品性质之分类比较,出口以饮食及烟草为最多,原料及半制品次之,制造品第三,入口以制造品为最多,饮食物及烟草次之,原料及半制品居三,历年变动极少。近年以东北失陷,出口大宗之豆类杂粮失去来源,出口方面制造品居第一位,原料及半制品次之。廿三年之出口商品,制造品占百分之卅九,原料及半制品占百分之三十二,饮食物及烟草占百分之二十八。廿四年上期,出口原料及半制品居第一位,占百分之三十七,制造品次之,占百分之三十二,饮食物及烟草占百分之二十九。入口方面,廿三年,制造品占百分之四十九,原料及半制品,占百分之二十六,饮食物及烟草,占百分之二十一。廿四年上期,制造品占百分之四十六,饮食物及烟草,占百分之二十八,原料及半制品,占百分之二十一。又自出入口商品比较,出口内以豆类生丝蛋及蛋产品棉花为最多,豆类占百分之十以上,惟廿二年,以东北失陷,豆类出口已一落千丈,生丝又居第一位。廿三年茶居第一位,棉纱蛋及蛋产品皮货棉花桐油次之。廿四年上期,桐油居第一位,占百分之七点三五,皮货蛋产品茶花生生丝次之,入口商品,素以棉花及米占最多数,常居第二位,占百分之十一以上,煤油五金小麦棉布糖品次之。廿四年上期,进口洋米尤多,占百分之十四,五金棉花小麦次之。根据此种商品性质之分类比较,及商品出入口情形,可以窥见本国贸易之真实情形,及国内经济发展之状况,并可以得下列两种印象:

(一) 在商品性质分类比较内,饮食物原料品之占多数,为吾国农产品输出之表现。近两年来制造品虽居第一位，纯为一种特殊情形；且制造品内之皮货，在吾国尚只能列为原料及半制品，非如他国化学工业制造品之皮革可比。其他制造品，又仅能行销南洋市场，亦毫无固定基础。自出口商品言，如豆类生丝茶蛋产品桐油花生棉花合计，几占出口全部百分之七十。故吾国虽未足为农业国家，然以农产品出口，谋国际贷借之平衡，固无疑义。农产品生产之发达与否，关系国民经济綦巨。然而农产品情形，适得其反，姑勿论七十年来，贸易内饮食物品之逐渐减低，已为长期趋势，足为农产品衰落之表现；即就近年来之五谷生丝茶叶生产品等项重要出口观察，亦已极度衰微。据社会经济调查所之农产品输出贸易指数，以民国十九年为基年，廿三年五谷类落至二九点八三，廿四年十一月份，为二八点七三；豆类落至三点五二，生丝落至三七点九三，蛋及蛋产品落至六八点四八，棉花落至五二点二二，总指数落至四二点九。其中除五谷豆类不计，亦落至六四点七二；换言之，即减落达百分之五十。而此数种农产品者，又全为吾国国民经济之命脉。此种农产品出口之不振，即充分表现吾国年来生产之衰落不堪也。

（二）入口商品情形，亦足以反映吾国国民经济之盈亏，及产业之兴败。入口内，制造品之占最多数，始终为吾国工业不振之明证；而饮食物及烟草之占第二位，尤足以表示吾国农业生产之衰败。如入口最多之洋米、棉花、小麦三项，固无一非吾国出产最丰天赋独厚之农产品，而仰给于外人者，如是其巨。米、麦、面粉三项食粮，自历年以来，入口逐渐增加；民国元年洋米入口，不过二百余万担；十年以后，增至二千万担，或一千余万担。小麦面粉，亦同此情形。吾国对于食粮消费之主因，未见其增高，何以食粮陡增；且输入情形，又为一种无秩序之增减，自决非国内有一种固定之需要；其重要原因，不得不归纳于国内生产之衰落矣。

吾国贸易入超，及国民经济没落之原因，在事实上证明，当以国内生产衰落，为最重要。故目前救济问题，自亦在增加生产。所谓增加生产者，一方面改良品质，规定品级；一方面增加产量，推广市场。在国内可以抵补非需要舶来品之输入；在国外，又可以扩充素有地位出口商品之市场；否则各国以我国为倾销渊薮，将来入口增加，出口减少，入超将更趋严重。最近虽有新货币政策之实行，于出口贸易，或可渐趋好转。然根本问题，仍在本身生产力量之健全，此则在吾国金融界所应共同努力者也。

二、确定中心政策以发展产业

金融界于国民经济之关系，既至为密切，故金融界所负之责任，亦至为重大。欲减少长期之入超，弥补国际贷借之损失，非增加生产不可；而增加生产，又非金融界从事扶植不可。然则金融界对于国内生产事业，果未能尽辅助之责耶？是不然。年来金融界之具有悠久历史者，既确能一洗往昔因循萎靡之旧习；而新近设立之银行，亦能趋入正轨，竭诚服务；如工厂资金之维持，国货事业之扶助，商业放款之扩充，农村放款之举办，以及商业承兑票据，小本贷款等等，无一非直接间接促成生产事业之成功。若根据各银行放款统计，更可知金融业，对于生产事业投资为数之巨。

（单位元）

性质	家数	资本金	放款数额
国家银行（中央）	1	20,000,000.00	142,843,709.83
国际汇兑银行（中国）	1	25,000,000.00	544,048,590.31
发展全国实业银行（交通）	1	10,000,000.00	152,947,776.43
商业银行	105	153,760,050.00	655,220,031.14
储蓄银行	2	2,200,000.00	86,906,089.52
农业银行	9	17,519,000.00	29,567,832.52
合计	119	228,479,050.00	1,611,534,029.06

（根据财政年鉴各银行资产负债表计算）

上表银行一百十九家,资本二万二千八百万元,放款总计为十六万一千一百五十万元,放款内无性质分析之资料,唯中国银行二十三年度营业报告,二十二年度放款于农工商直接生产事业者,占百分之四十四左右,二十三年占百分之四十八左右;放款于间接生产,如交通公用事业者,占百分之二至三。假定依照中国银行之比例,以百分之四十八放款于农工商业,为数可达七万二千九百九十八万余元。

根据此种情形观察,金融界对于国内工商及生产事业之扶助,似不能谓为放弃责任。然而工业之凋敝也如故,商业之不振也如故,农村之衰落也如故,甚且工厂停工,厂基拍卖,商店倒闭,日趋劣境,非周转不灵,即原料不继;一方面金融界以巨额资金,扶助国内生产事业之发展;一方面生产事业则日趋窳败。此种矛盾现象,吾人不能不认为奇特,盖亦当研求其原因矣。

在工商业本身,固由于经济之失败,资本薄弱,出品不多,组织不能完善,管理未能得当,计划未能周密,基础未能巩固;甚至工厂尚未开工,资金业已告罄,左支右绌,遑论发展。此种情形,固已数见不鲜。而在金融界本身,吾人认为尚未能澈底者,则在中心政策之未能一致确定。夫银行之业务至繁,而放款尤为发展国民经济之关键。放款中心政策,不能确定,所收之效果亦微。

所谓中心政策者,即应确定本身辅助国民经济之目标;例如劝业银行,其中心政策,应为发展实业;农业银行,其中心政策,应为发展农业;商业银行,其中心政策,应为发展工商业;而在同一性质之劝业银行,农业银行,商业银行,又应各有其最重之中心目标,何者以辅助蚕茧丝绸业为目标,何者以扶助纺织业为目标,何者以扶助乡村合作社为目标,何者以辅助内地小工商业为目标;虽非绝对以此为放款范围,然对于此种中心目标之生产事业,应始终一贯辅助。其厂方之组织,原料之采办,厂务之兴革,出品之市场,在在均予以连贯之扶助,既不使此种事业有不正当之经营,复不使有资金周转不灵之痛苦。如此则金融界之放款，得以安全；而所扶助之生产事业，亦能维持于不坠。故有一贯辅助之精神，固定不移之政策，方得谓之中心政策。

在以往情形，颇多以临时环境之变更为转移，某种事业之一时兴盛，则多数集中于此种事业之繁荣；某种事业在艰难营造之中，又多裹足不前；即已扶助之事业，对于事业内容，经营状况，又多漠不过问；及至失败，噬脐无及，遂形成一种畸形现象；在一时兴盛之事业，固感觉过分竞争；而关系重要垂危之事业，或且任其自形崩溃。在平日素不注意，及至亏耗发生，山穷水尽，除没收厂基外，毫无他法。银行遂坐蒙损失，被其拖累，甚至资金呆搁，同归于尽。凡此情形，均未能确定本身中心政策之所致。金融界对于生产事业，固不能负维持到底之义务；然苟能注意此种事业之兴革情形，设非重要变迁，则亦不致感觉有维持到底之痛苦，对于金融界本身，亦可谋放款安全，又岂仅发展产业已耶。

三、提倡商品运销沟通内地信用

近年以来，内地金融，尤感特殊痛苦；市面衰落，钱业尤在不景气之中；遂至工商凋零，一蹶不振。内地产业之不振，即影响于都市。吾国素以农立国，内地繁荣，关系至巨，内地产业，何以不能发展，一方面由于商品运销不能推广，一方面由于内地信用之未能沟通。在金融业固已竭忠尽智，力谋内地金融之流动矣。然而金融业亦自有本身之立场，信用放款，固属必需，放款过多，亦殊危险，不得不趋向于抵押放款之一途。小工小商，固不能袖手旁观，坐视不救；然乱投药石，毫无保障，亦可危及本身。金融业固有繁荣内地产业之决心，自不可无繁荣内地产业之良好方策。爰就管见，略述两端；

（一）提倡内地商品运销。内地金融，周转不灵，工厂商家，更感困难。金融业以抵押放款为原则，而内地工商业亦应有符合金融业需要之条件,双方合作,方能进行顺利。故目前最需要者,厥为组织有力量之运销机关,增加商品运销之效能。此种机关,第一须由金融机关之力量,办理押汇押款,以扶助商品之流动;第二须由沟通各地市场之原素,以便利商品运销及原料采购;第三须采用实物放款之方式,以收内地金融流通之实效。运销机关,以扶助商品运销,介绍金融业投资为宗旨。其服务事项:(1)代理商品及原料之购买运销;(2)代理运送及其附属事项;(3)代办押款押汇;(4)代理收付货款;(5)指导改良品质及区分等级;(6)协助政府检查掺杂作伪;(7)推广销路,寄送货样;(8)调查市况,报告商情。凡此种种,均直接间接足以促成内地商品之流通者也。

(二)推行内地信用证书。提倡商品运销,固可促成内地商品之流动。然此仅以金融业之力量,代为办理运销购买事务。但内地产品之不能流通,无代销机关当为一端;而内地信用之不能沟通,尤为重要。县与县间,相去数百里,何以甲地产品不能行销乙地;其原因至为简单。盖乙地之购货人,不能取得甲地厂商之信用,不敢直接发货;而甲地厂商,亦以交通不便,信息不灵,不能取得乙地购货人之信用,不敢贸然委托。设非甲地厂商派员往乙地推销,或乙地购货人携款亲往甲地采购,则双方无完成此项交易之可能。两地间信用,既有此种隔阂,产品自无法流通。故两地间信用之沟通,实为繁荣内地经济之要素;而负沟通内地信用者,又舍金融业莫属。当地之金融业,应充分利用信用证书,例如乙地购货人向甲地采购商品,可至当地银行觅具保证,请发信用证书;同时并确定委托代购机关。当地银行如认为用途正当,原则符合,即填发证书,由购货人连同委托购货清单,寄往甲地厂商或委托机关。甲地厂商或被委托机关,接收信用证书以后,即向甲地之银行(乙地银行代理人)证明,由甲地银行负责承做押汇,或代收货款。如此则两地间之信用,均以银行保证而沟通,而产品亦可以行销矣。

上列两种方法,不仅可以促成内地产品之行销,即金融业亦以放款有安全方法,可以充分扶助内地产业之发展。故内地金融,不在金融业之扩充信用放款与否,而在本身能否谋双方安全可以通行之方策。此又在内地工商业与金融业所共同努力者也。

上述三端,系就管见所及,且就金融业之立场而言。多数金融业中之有识者,亦早已深谋远虑,考划周详,唯以我国幅员之大,天赋之厚,发展产业,决非舍通力合作,全体一致而能达成功之境者。在我国经济恐慌,及世界经济不景气潮流之中,固不能责金融业独任其艰,独负其责,然领导工商业,纳入正轨,则吾人不得不属望金融业耳。

(《交行通信》八卷三期,1936 年)

编后絮语

"在一时兴盛之事业,固感觉过分竞争;而关系重要垂危之事业,或且任其自形崩溃。在平日素不注意,及至亏耗发生,山穷水尽,除没收厂基外,毫无他法。银行遂坐蒙损失,被其拖累;甚至资金呆搁,同归于尽。"这是赵棣华先生所说金融界放款的畸形现象。他将此归咎于金融界缺乏一贯辅助之精神和固定不移之政策。这种情形,在今天的银行业难道不也可以常常见到吗?金融界应当积极支持生产事业,但必须同时兼顾自身的放款安全。赵先生提出的提倡内地商品运销、推行内地信用证书等办法,事实上也都是基于安全性的选择。社会责任与银行盈利应当有机结合,互相兼顾,否则则很可能会两败俱伤。

周作民（1884~1955）

　　原名维新，江苏淮安人，清光绪十年（1884年）生。1902年赴粤入广东公学，1906年赴日本留学，入京都第三高等学校。1912年任南京临时政府财政部库藏司科长。1915年任交通银行稽核课主任，不久兼任交通银行芜湖分行经理。1917年5月任金城银行总经理。1918年兼任财政调查会委员、安国军财政讨论会委员、京师总商会会长等职。1931年9月任国民政府全国经济委员会委员，11月任国民政府财政委员会委员。1937年11月回上海，在上海租界指挥沦陷区金城银行各地分支行。1943年1月任汪伪政府全国经济委员会委员。1951年9月任公私合营"北五行"（即盐业、金城、中国、大陆、联合五银行）联合董事会董事长。1952年12月任公私合营银行联合董事会副董事长。1955年3月8日因病在上海去世。

我经济学社本届年会,鄙人以从事实务之身,承邀讲演经济问题于诸专家之前,奚啻班门弄斧。惟外察世界大势,内审吾邦国情,非有适应环境之经济政策,不足以图存。只以平时经营华北事业较久,先就华北情形,略述管见,以为商榷。

并世文明各国,无论其经济制度之为资本主义或社会主义,对于其产业莫不施以计划的统制,已毋俟赘言。惟统制经济不自今日始,察其发达之阶段,往日各国经济政策已尝有统制之作用。盖其产业有由国家以发展资本主义而干涉保护者,如德国是;有虽采自由主义而实则亦由政府施以保育政策者,如英国是;有由产业团体自为统制,政府又进而干涉保护者,如美国是;又有自政府保育主义转为自由经济主义,又进为政府统制主义者,如日本是。然此犹非整个的统制,洎乎时代之进展,有统盘计划之新经济统制,遂以发生义国之法雪斯经济,德国之来辑斯计划经济案,英国自由党之改造案等皆是,而苏俄之五年计划尤其著焉者也。

各国之经济有其特性,故其统制不能不与其特殊之国情相适应。苏俄之统制,与义国法雪斯统制,各有不同,其他德日等国所推行之计划经济,亦未相侔。盖生产有过剩与不足之分,统制亦有制限与扩充之别,且因事因地,类多各为制宜,初不仅其统制背景之政治关系迥异也。

吾国产业幼稚,资本薄弱,各国比以生产过剩,而图扩充消费之政策,自难同日而语。故今日我国经济问题之焦点,盖在如何调节其固有之生产,以保持均衡,进而增殖其生产效用,以求自给耳。

振兴中国之产业,华北宜特加注意。以言乎重工业,煤铁为基本工业。我国铁藏尚难称为丰富,惟就太平洋西岸而言,则占其首位。而其重要矿区,除东北外,则多在华北,煤藏占世界之第四位。华北产煤,亦占全国产量之强半,晋省含量尤富。以言乎轻工业,酸碱为化学工业之基础,其工厂皆设于华北。其余棉织业,天津、青岛两地,已占全国百分之十三,面粉业亦居全国之次席,而小麦及棉花产地,既广布华北,鲁产小麦,品质堪为加拿大匹敌,灵宝产棉,又可与美花比拟,则华北农产亦属重要。

华北产业,在全国经济上地位之重要虽如前述,然其现状多形不振。揆厥原由,或以天灾人祸,或以外货倾销,或以经营不善,或以技术欠精,或又以资本未充,不一而足。而协进产业之金融机关,亦应负其责。诵德国所谓"银行即产业"(Bank is industry)一语,不能不滋愧矣。

值兹国难严重,四省沦陷,强邻逼处,已迫户庭,不自开发其资源,振兴其产业,以致民众生活发生困难,其影响所及,政治上社会上,均易发生不良之变化。

发展华北之产业,金融界固有其辅助之责,然欲适应现代计划经济之趋势,及抵御经济侵略之横行,自非由国家依各种产业之重要性,分别采用直接或间接统制不为功。尤宜及早先为适当之准备,以利进行。

议者或谓国家之统制,非有善良之政府,转恐因以摧残产业,固也。惟政府之摧残产业,初不囿于统制与否,征诸往事,久已显然。且政府纵无统制,而各业有待于政府之维护者,比比皆是。如丝、茶、纺织、粮食及运输等业之吁请政府救济,其例匪鲜。窃谓国家之统制,倘有政府与各业团体。以充分之诚意,协力进行,当于产业之发展,必有相当之效用。以今日华北之产业状况,及其环境,尤为必要。

兹先述华北重要产业之概况,举其平昔与金融之关系,次论其发展上,应由国家予以统制之准备,及进行方法焉。

一、华北产业之概况

关于华北产业之实况如何,今试分为重工业,轻工业,及重要农产,略述如后:

甲、重工业

(1) 煤。吾国矿业,煤为大宗,惟于煤之储量,尚少精确之估计。地质调查所曾于民国十年及十五年,两次发表其调查之结果,依据其较近之十五年份报告,全国储煤总量,共二一七,六二六,〇〇〇,〇〇〇吨,而山西一省之储煤量,即为一二七,一一五,〇〇〇,〇〇〇吨,占全国总储量百分之五十八而强。其次河南、河北、山东,亦皆为产煤重要省份,计豫煤储量为七,四四九,〇〇〇,〇〇〇吨,冀为二,八二八,〇〇〇,〇〇〇吨;鲁为二五三,〇〇〇,〇〇〇吨。

若与世界相较,中国储煤总量,占世界之第四位。虽逊于美国、加拿大及德国,而三倍于印度,二十七倍于日本。

至于吾国煤矿生产量,按诸统计,竟有百分之五十六而强,属于外人直接间接经营者。全国煤斤之进出口,关册所示,每年出超数量,最近三年,平均一百七十万吨,为数不可谓不巨,然多系抚顺及开滦所产之煤,与纯粹华矿,殊鲜关系。

华商煤矿之较大者,有中兴,井陉,正丰,中原,六河沟,怡立,大同,保晋,及其他公司,矿数虽亦不为少,而其生产量,仅占全国产量百分之四十三左右,且比岁以来,除一二矿外,业务多未能发展,生产数量益见减少。其原因:有关于政治者,则为内战关系,车运停滞,进款减少,支项照常,业务环境,为之窘困;而外商转利用种种特权与便利,以实施其对于华矿有计划之压迫,此其一。有关于技术者,华商矿厂之管理经营、开采、制炼等事,多未臻完善,故致成本及质量上,往往不能与外商抗衡,此其二。有关于经营者,即由上述两种关系,或增加支出,或积压产品,以致资金时感周转之不灵,因而举债,积累愈深,加以工潮时兴,损失亦巨,此其三。华商煤矿不振之主因,大率如是。

(2) 铁。据戴琴格林(F. R. Tegengren)之调查,及地质调查所近来所补充,估计我国铁矿砂约有堪采储量四一,二五〇万吨,含铁量一七,六七〇万吨,未定储量五六,七〇〇万吨,含铁量二一,〇一〇万吨,堪采及未定储量,合计为九七,九五〇万吨。仅有此数,实不为富,其量虽约多于日本十有一倍,若与各国相较,则居第九位矣。

我国铁矿之分布,以东北为最多,约占全国之半数。华北一带,则察省有储量九一,六四五,〇〇〇,〇〇〇吨,冀省三二,〇〇〇,〇〇〇;鲁省二九,〇〇〇,〇〇〇吨。豫省四,〇〇〇,〇〇〇吨;共一五七,〇四五,〇〇〇吨。

华北现由国人经营之铁矿,厥惟宣之龙烟,豫之宏豫,滦之永平,惜皆未筹备完成。龙烟矿务局,曾经投资六百余万元之巨,而以政治及其他环境关系,中途停顿,其现状惟有废矿独存于石景山,及丰富之矿产,仍然埋藏于烟龙各山耳。

上述华北基本工业之煤、铁,其现况乃如此,若不亟图补救,尚何发展产业之足言?

乙、轻工业

(1) 酸碱业。华北轻工业中之化学工业,以酸碱为最堪注意。酸碱皆为基本工业,昔日吾国用碱,皆资西北边地之天然碱。张家口古北口一带为其集散地,称为口碱。运销全国,供制面、浣衣及造纸之用。然其质劣价昂,自不适于工业之需。民国六年,始有塘沽永利制碱公司之成立。此种产业,颇有秘密发明之技术。而十有三年之间,屡蹶屡起,煞费经营。近年洋碱进口之数,较前约减十分之四,适符该厂生产之量焉。此外津有渤海化学、工业社及得利三酸厂;鲁有鲁丰化工制碱公司;张垣亦有蒙口制碱公司数家。

(2) 纺织业。华北五省纺织生产力,约占全国五之分一左右。

纱锭约共四十九万余枚,线锭约共一万四千余枚,布机约共二千余架,每年用花一百万担左右,出纱二十八万包,出布一百余万匹。如能尽量生产,尚不足以应华北之需,而况今日华北纱厂,除一二厂以外,多形不振。考该业不振之原因,由于政治之影响者有之,由于管理及技术人才之缺乏者有之,由于外货之贬价倾销者亦有之。驯致近来津厂,每出纱一包,多则亏蚀三十余元,少亦数元,现象至危及此,不图其何以久持?

(3)面粉业。华北之面粉业,以济南及天津为中心。冀、鲁、晋、豫、秦五省,粉厂共二十六家,而济有十家,每日出粉能力,约共三万七千余包。津有六家,每日出粉约可二万四千余包。以北人面食者较众,供不应求,自属当然。故向来沪厂每日十一万包之出粉,其销路半在华北;惟近则天津一埠,洋粉充斥,不独沪粉无畅销之可能,即津厂出粉,亦受压迫。最近俄粉且由某洋行以每包一元七角之廉价,倾销于津埠,闻其最低销数,为二百五十万包。故津厂前途,亦深受其影响矣。

(4)毛织业。华北地方,毛产丰富,品质亦良,产地虽有远及西北者,而其集散,则在津埠。故毛织业之肇兴,亦最早。现有毛织工厂,计清河、北平、大同、烟台,各有一家。而平津地毯工业,大小共数百家,惟以资本薄弱,技术幼稚,组织未精,而未克充分发展。

以上系就其荦荦大者言之,其他如精盐业,造纸业,制胰业,针织业,火柴业,水泥业,皮革业,玻璃业等,亦皆有相当地位,然因政治经济及技术上之种种关系,而多欠繁荣,可胜扼腕!

丙、农产

(1)棉花。我国产棉,居世界第三位,常年约在七百万担以上。据最近中华棉业统计会公布二十二年全国棉产,第一次估计,棉田面积三九,一五七,四四〇亩,棉产额一〇,七三四,四五一担(较二十一年增二百万担)。华北冀、鲁、晋、豫、秦,五省棉田占一七,四九三,九五七亩,皮棉产额占五,一二四,七九〇担。以品质言,御河棉可纺十六支以上之纱；西河棉富有弹性，适于毛棉交织之用；东河棉纤维细长，适于中等纱之纺织；灵宝棉且为华棉最佳者之一。惟往往以品质退化，优劣不齐，纱厂之纺细纱者，仍然多用外棉。且近年外棉（如印棉）价廉，运输又较便利，全国各埠，每年印棉进口约为二百万担，美棉约一百万担，而全国纱厂，华洋合计一百三十厂，用花八百八十余万担，华北之华商纱厂十八家，用花亦达百万担，是其所消费之中棉，仍不在少数，若能改良品种，畅利运输，或可渐谋自给，杜塞漏厄也。

（2）小麦。小麦为制面之用，我国产量颇丰，首推东三省，其次则黄河流域。鲁产硬麦，品质尤佳，堪敌加拿大之产。就华北常年产量观之，鲁为六千一百六十一万担，冀为二千七百五十六万担，晋为六百八十九万担，豫为五千四百〇八万担，共计一万五千余万担。而据金陵大学农业经济之调查，北方农民对于小麦之出售量，占小麦总产量百分之四十三，自用量占百分之五十七，是其供给数量，亦颇为可观。惟小麦之对外贸易，民国十一年以前，每年均系出超（自三十余万担至八百余万担）。十二年以后，概为入超（自百余万担至千余万担不等，十八年入超几达二千万担）。虽因全国粉厂用麦岁逾万万担（民廿用一万〇五百余万担），然亦以华麦品质不齐，运输不便，价格又不见低廉，故为洋麦所倾销，则提倡改进，又岂容缓耶？

华北农业之重要者，如棉麦状况概如前述，其余农业之生产，亦缘耕植之不得其法，加以灾害频仍，军事扰攘，多形衰落矣。

二、华北产业与金融平昔之关系

吾国银行制度，尚未完备，商业银行对于投资产业之业务，既非若德制之采兼营主义，亦非若英日等制之采专营主义，故吾国之银行与各种产业，概有融资之关系。

华北各银行，对于产业之投资，在已往之历史上，以营利为目的者,固所难免;而于营利以外,以扶助产业为职志者,亦恒有之。

各银行投资产业之条件,或以不动产为担保,或以货物为担保,又或以信用为担保。就中以货物为担保者居多,不动产及信用担保者较少。其以货物为担保者,大都利用货栈之设备。货栈之对于押款押汇,深有裨于货品之流通,及产业资本之周转,只以商业习惯关系,尚未充分发达。近年各银行多附设仓库,而押汇一项,往往因交通尚多不便,故营之者较鲜,而仍以押款为多也。

就投资方式而言,有同业共同承募公司债者,有单独或共同为定期放款者,亦有予以透支往来者,不一而足。其总额现虽尚无确实之统计,要已达于相当额数矣。

观察华北银行与产业,虽各有若干投资之关系,然犹未可谓能尽其职责。诚以各行对于某一产业,能认识其为社会所需要,而加以扶助者,固尝有之。然对于一种产业,以其为社会所必需,出以有计划之援助,进而策其组织管理及技术之改进,如委托专家或技师,常川调查研究,深切了解该产业之内容,而对于组织管理及技术,予以赞助,如美德两国银行之于其实业者,则尚不多觏。

华北各种产业以流动资金之匮乏,有待于银行之接济者,大抵皆然。惟产业之金融,以长期低利为上,银行界对于社会需要之产业,平日固勉力以助其资金之周转,但银行亦社会营业机关,往往因市场利率之重,成本过巨,不能不顾市况。如欲适应产业界之需求,则非于受信授信两项业务,同时加以厘正,未克收效也。

至于中小工业之金融,各银行曾有少数之投资,农村放款,各行亦曾设法进行。徒以中小工业之投资,多苦于对象之散漫,农村放款,则其对象尤苦于难求。在农民固觉得款之维艰,在银行界却感放款之无从。近者各银行筹设农业仓库,方在萌芽,尚无成绩可言,而于对象问题,亦正筹度。倘能得政府之注意,及社会之赞助,关于农业,多组信用合作社,及下级自治团体;关于中小工业,由各该业组设同业公会,则银行方面对于此等融资,无不乐为辅助也。

三、华北产业统制之准备及进行

甲、国家统制之必要

（一）产业立国上之必要。各国近因资源、资本、劳力三者之过剩，胥由政府统制其产业。我国物资之根本的供给，尚形不足，未可与先进国相提并论。然吾国生产不足，若非以国家之公力，统盘筹划，视各种产业之重要性如何，加以直接或间接之统制，则恐幼稚之产业，日益衰落，终至无以立国。华北重要各产业状况，既如前所述，则统制尤为必要矣。

（二）补充产业团体权能上之必要。吾国产业团体之组织及权能，尚难控制全业。关于生产方法之改良，质量之品定，原料之供给，销售之共进，价格之妥协等事，均囿于法律上之权限，及习惯之上机能，未克措置咸宜。故非国家加以间接之统制，不能收控制之效。

（三）扩充产业组织上之必要。华北各种重要产业，资本短绌，规模狭小，技术未精，已成通病。如欲应时代之需求，非有计划的组织，不能适于环境，舍由政府主持，恐难集事。

（四）调节劳工上之必要。我邦经济制度，既非社会主义，亦未跻于资本主义，劳力之需给，自宜由政府权衡本国经济状况，酌定适当之制度，足以资调节而维产业。

乙、统制之准备及进行

（一）国家统制之准备进行。现代之统制经济，虽为资本主义国家及社会主义国家所同采，借以达社会之任务，然依其统制主体之本质如何，而其统制目的不少悬殊。吾国经济状况，与社会主义资本主义两不相侔，故其统制主题，以华北言，即现行行政制度，似亦可以运用统制。惟为便利计划之进行，宜先组设委员会，罗致经济专家，及行政、产业、金融各界重要分子，对于统制之实施程度及方策，预为研究，而加以准备进行焉。比年以来，每议一政举一事，莫不设立委员会,今亦首议及此,得毋视为虚应故事乎？惟计划经济之实施,宜有常设经济参谋机关,主持一切,故此项委员会,实未可以已也。兹述委员会应行准备及进行各事项如左：

（1）研究统制内容：：(子)如何增殖生产？(丑)如何消费其增殖之生产品？(寅)如何分配其生产品？

（2）研究国家应行直接统制或间接统制之产业,及其方案,以资进行。

（3）研究何种产业,应由国家补充该业团体之统制力,使其自行控制全业。

（4）研究中小工业团体,如何促进组设。

（5）研究劳工如何为适应产业现状之调节.

（6）研究关税、统税及制造奖励金制之如何厘定,以保证产业,抵御倾销。

（7）择要编制各产业之精密统计,以为树立运用计划经济之根据。

（8）训练人才,以备运用计划经济之需。

（二）产业团体自为统制之准备进行。产业之发展,匪独恃政府之统制,事业界亦宜各自联合,共策进行。我国各业公会及联合会之组织,比年渐臻发达,然每以环境及习惯上之关系,对于全业之统制,未克实行。今以时代之要求,各产业团体,有代国家间接统制之责,纵政府不为统制,各业为自谋发展及生存计,亦宜及时准备进行。其方法如下：

（1）各产业未设同业公会者,宜准备组设；其已设者,对于各该公会之固有组织及权能,宜有适当之规定,以谋促成生产质量、运销方法、原料供给及价格等项协定之实行。

（2）各业公会,对于统制计划,有须政府补充权力者,应请由政府核办,其有需资金之接济者,宜请由金融机关酌量援助之。

（三）金融界赞助统制之准备进行。银行之援助产业,为其天职。产业果臻于昌盛,银行亦随以繁荣,已不待言。而华北产业之不振,银行固有未能尽其职责之处,亦因前所屡述之政治经济技术上种种原因,致银行难于充分援助。倘国家对于产业有适当之统制,各产业团体,亦有自行统制之相当办法,则银行亦当益图贡献。其宜准备进行事项,试略述如左:

(1) 对于国家直接统制与间接统制之产业,银行宜有适当之准备,以应其资金之需要。

(2) 银行同业宜聘专家,筹设专部,对于各种产业,应为精密之调查,以备助长前项统制之参考。

(3) 银行同业宜为适应统制经济之需要,对于金融上之受信授信两项业务,酌筹改进办法。

以上各端,诚能依次准备,分别进行,则华北产业之前途,庶可统盘筹划,以期发展。是否有当,尚乞指正!

(《经济学季刊》四卷四期,1933 年)

编后絮语

"华北产业之不振,银行固有未能尽其职责之处,亦因前所屡述之政治经济技术上种种原因,致银行难于充分援助。"周作民先生的这一观点很有道理。他在文中披露的大量调查数据为分析和解决问题提供了重要的基础,也为今日的研究留下了珍贵的史料;他提出的实行国家统制、产业团体自为统制,以及金融界的赞助统制等方法,则不失为明智的选择。事实上,社会责任需要社会各方面共同承担、协同配合,仅仅依靠银行界单兵独进,确实是难奏其功的。

朱博泉(1898~2001)

原籍贵州贵阳,清光绪二十四年(1898年)生。早年就读于沪江大学,1919年赴美国纽约及哥伦比亚大学攻读银行学及工商管理学,后在纽约花旗银行总行实习。1921年回国后入浙江实业银行,任上海总行外汇部副经理。1926年任华俄道胜银行清理处清理员。1928年任中央银行总稽核处及业务局经理。1931年任上海绸业银行董事。1932年"一·二八"事变后,3月上海银行界成立上海银行业同业公会联合准备委员会筹集资金应对挤兑,任经理。为改变银行票据长期通过钱庄清算的现象,同业公会委托朱博泉等发起成立票据交换所,任经理,另发起成立中国工业银行,任常务董事兼总经理。1943年6月任伪中央储备银行参事。1943年8月任中国实业银行董事长、交通银行董事等职。1943年10月任伪中央储蓄会监理。1945年7月任汪伪银行同业公会理事长。2001年去世。

战时上海金融之病态及其治疗

（上）病态之说明

综合地说，战时上海金融之病态，最主要的是左列四种，其中又互为因果：（一）资金之过度集中；（二）资金之消化不良；（三）资金封锁之漏卮；（四）投机之狂热。

本来上海这地方，虽然以"全国金融枢纽，东南贸易中心"，睥睨全国，然而开埠至今，一向是保留着国际商市的特点，说得彻底但是也难听一些，便是次殖民地的特点。在战前的平时，上海是一直有着各种病态的，上面所列的四种中，有几种在从前曾经有着或者有过，推求原因，则归根结底，由于这先天的特点者居多。

一、资金之过度集中

资金集中上海这现象，在战前几年中早就成为问题。从二十四年新货币政策施行，同年各地农作物收成很好，江浙等省农业上实业上公用事业上的各种建设，正在突飞猛进，此时期内上海资金，很有一部分流回内地。自从战事发生，战区扩大后，各地避难民众，纷纷逃到上海来，不但从前流向内地的资金，跟着重来上海，而且因为人口比战前多，资金之聚集自然也就增加。

二十七年后，北方所谓联合准备银行者成立，各种贸易政策货币政策，接二连三地频翻花样。二十八年上半年，天津租界屡受威胁，先后引起了北方的资本逃避。二十八年秋间，欧战发生，英国远东属地施行经济统制，引起了当地华侨的资本逃避。这两方面的资本逃避，不是以上海为转口，便是以上海为归宿。

资金之集中上海，现在跟人口一样，其目的还是"安全第一"，谋利还是其次。上海虽然有上海的资本逃避，但一方面来源多，一方面逃而复归者也多，所以数量虽常有变动，而大体来说，总是过剩。

二、资金之消化不良

自从战区内移，上海与全国各地的交通情形，不是濒于断绝，便是俨若外国。内地各种农产土产，最重要的如棉花食米丝茧等等，在非战区或者因为交通关系，或者因为政府禁令，不能运沪，在战区者多半被收买被掠夺，一概称之曰"统制"，本国商人极难或无从问津。战区各地固有的或战前新兴的工业实业，现在是一大笔"宕帐"。上海租界内工厂所需的原料，多数要仰给舶来，制成的物品，也不能自由运销国内各地。上海"贸易中心"这地位，现在差不多已经完全消失，向来资金流动最重要的对象，已经完全隔绝了。

旧的投资途径最重要者既然隔绝，资金活动的方向于是只有下列三种：（一）剩余下来的旧投资途径；（二）待开拓的新投资途径；（三）不正当的投机途径。

余剩下的旧途径，不外：（一）租界内工商业；（二）地产及证券。

租界内工商业的生产与经营，大半是供给当地消费的，因为人口之激增，小工商业在二十七年春天后，很有繁荣景象。到二十八年，因原料多被统制，外汇暗市几次猛缩，进口原料，成本高昂，小工厂中，减工停工的不少，要是没有欧战，恐怕早已大大减色。进口商零售商，多数是获利的，但物价倘然继续上升，大众购买力恐怕难以持久，所以小工商业之前途，实在未可乐观。有人曾以上海小工商业于整个抗建究有多少贡献，是否值得维持，提出疑问。但是在集有全国人口百分之一的上海，在人口问题没有解决以前，小工商业的存在，总不能说是没有需要。现在西洋货价高昂，廉价舶来品侵袭不已,这种小工商业,多少还能替国家减少一部分的漏卮。至于金融业方面对小工商业的投资,一般的是十分谨慎的。

地产及建筑事业,因为人口增加,很见得活泼。不过殷富及金融界对于地产之态度,因为鉴于往事,谨慎是当然的。两年来上海地产情形,主要的是旧产之整理,小地产之买卖,以及小住宅之建筑。自欧战发生后,华侨汇回资金,数量甚多,其中就有一部分投资于地产及证券,而外商对于上海地产投资,仍感兴趣,最近颇有几宗大地产交易,为年来所少见的。

证券一项,战前上海金融业方面及个人方面,曾吸收内国公债不少,战后除购有救国公债外,内债投资,大概是多数保持着旧量;暗市买卖一部分是短期资金之运用,一部分不免有投机性质。外商股票,从二十七年起始终是相当活泼,欧战以后,市价频涨,买者更多,但是据金融业方面观察,外股市价,也已经涨到相当高度了。

"投资内地"跟"资本移殖西南"的呼声,一年余来,很为热闹,上海目光远大的企业家和金融业者,在这一方面也曾有过不少的努力。但因投资园地尚未完成,而安全与利润的吸引力不够强大,大量的移殖至今不曾实践,所以新的投资途径,现在说来是还待开拓。

旧的投资途径所剩下来的既然这样狭隘,新的途径还待开拓,于是一部分的资金,在界内就有着失常的活动——各种之投机;就是金融业方面,有时也不免从事于外汇套利这生意。在二十八年汇价屡跌的某一时期,利润厚到十分以上,虽然危险性比较要少,但是足以帮助投机购买的压力,严格而论,不能不说是投机之一种。

此外还有一种现象——窖藏之风——在沪战初期,已曾有过,到二十七年六月再度限制提存后,又很厉害,本来只感到资金过剩的市面,那时候忽然紧缩。

三、资金封锁之漏卮

政府对全国的各种经济统制，是颇为周密的。在上海，因为政治地位的特殊，并且海关已被劫持，这些统制不能完全施行。譬如关于非必需品进口的禁止，出口货的结汇，在上海都不免形同化外。外汇暗市之存在，更是资金封锁的一大漏卮。八一三以后，上海的资金逃避，多数以外汇暗市为捷径，同时某方用种种方法取得的法币，也被搬来到这里套买外汇。

从二十七年三月政府实行管理外汇后，上海就产生了暗市。三月到八月的五个多月中，暗市汇价跟法定价愈离愈远，资本逃避，这时期中很厉害。从同年八月到二十八年二月，汇价稳定在八便士二五左右，大概是由政府委托汇丰等银行随时调剂的。从二十八年三月后，外汇平准委员会成立，继续维护八便士二五之水准者两个多月。因为入超增巨，某方又源源套买，平准会在六月七日毅然放弃了八便士二五的水准。从六月到八月三个月中，暗市一再狂缩，最低时候到过三便士二五，这时期中，资本逃避之数，恐怕是很大的。九月以后，因为欧战发生，并且入超减少，于是汇价回长。自十月下旬起，约有一个月的时期中，常在五便士以上，余时也相当稳定，盘旋于四便士与五便士之间。观察暗市状况，从前逃避了的资金，已有流回来的情形，不过因为市上常有谣言，人心还未十分安定，流回来的当然只是一部而非全部。此外华侨汇款很多，则是他处的资本逃避，而以上海为目的地的。

八一三后银钱业利用汇划制度供给筹码，同时对这筹码加以封锁，不久因市上有汇划贴水掉现暗市，这种封锁也就有了漏卮——这是资金封锁漏卮之二。因为这暗市无从取缔，市价起落不定，投机者从中因缘为利，二十七年四月以后，曾经由中中交三行委托银行联合准备会，对同业需要酌量调剂，市价相当稳定。到二十八年上半年，因为掉现的需求愈大，准备会于六月下旬起停止维持，一方将汇划制度加以改进。贴水暗市，曾涨到每千元二百四十元，九月以后，因为汇划制度渐渐获得各界信任，同时外汇回长，汇划暗市就逐步回跌，从十月下旬起到最近止，贴水常在三十五元至五十元之间。

上述两个漏卮，在整个金融国防上自然都很不利，倘若研究它的病理，则全属于先天的，政治的。资本逃避的数量究竟若干，我们无从加以统计，不过就暗市交易看起来，实际的状态某一时期与某一时期，各不相同，而且似乎不如一般所想象的那样严重。因为"容易逃避"这事实，是具有吸引力的，资本逃避时候固然是逃去了，而它的回来也正比例地容易。二十七年下半年及二十八年下半年都曾有这个现象。

四、投机之狂热

由于资金过剩，于是暗市外汇，暗市现金，汇划贴水暗市，从二十七年起就渐渐成为投机的对象。到二十八年，外汇暗市几次低落，后来又发生了欧战，投机的范围愈广，投机者也愈加活跃。说到投机对象的种类，主要的是外汇、外币、汇划、黄金、证券、货物，不趋于此，则趋于彼；货物之中，又可分米、棉、纱、五金、颜料、西药，以至各种日用物品。说到投机的人，有大小的职业的投机家，有业余的投机家，也有投机的大众。

投机影响所及：第一，在汇市方面，投机购买的压力，高过资本逃避的压力。第二，在汇划贴水方面，掉现之供求，常使金融业难于应付。第三，货物方面，二十八年物价之飞涨，货物投机为主要因素之一。第四，因为可能利得之厚，对资金有一种不及的吸引力，在这种情形下，反使正常投资对象相形见绌。

本来上海在平时就是投机者的沃壤，何况国内多事之秋的现在。投机在二十八年份之特别旺盛，一方面固由政府难以取缔，一方面也由于上海地方高度神经过敏这病理。凡政府经济措施，国内战事,国外政局,以及租界问题等等,每一种的变动都被利用作机会,常常无中生有,或故意歪曲事实,散布谣言。虽然谣言只不过传播一时,但等到谣言过去的时候,市场早已发生了变化,获利的投机家目的已达,亏损的投机家又在从事于新谣言的制造了。

(下)治疗方针之检讨

一、关于资金之过度集中及消化不良者

资金的过度集中引起了它的消化不良,连带来了投机热的并发症;根本的治疗方针,应该在疏导资金的出路。投资内地,一年来各方所作为口号的,是唯一的对症的良方。虽然金融业工商业,在这方面各曾有相当努力,无奈实际移往内地的资金的数目,还不能使上海过剩状态明显地减轻。人们谈论投资西南这问题时,多数认为先要有一个现成而可以满意的投资园地,这园地目下还未完全,吸引力不够,大量的移殖无从实践。也许有人因这方向进步的迟缓,归责于政府与金融业的不曾出全力。但我们一想西南政治上的统一,在战前还是新近的事情,就可以明了军务倥偬的两年来,西南各种建设之一一举办,有着现有的成绩,已经是很不容易的了,投资园地的改进,当然同样地会逐步实现。在金融业方面呢:(一)原来对战区各地工业、实业及其他建设事业的投资,现在已成宕帐;(二)存款的增加,差不多全是活期,存款人多数是在上海;(三)内地汇款回沪受有限制;因这三点,对内地或许有过份的戒心,对当地又不得不有常川的戒备,在新途径之安全条件与利润条件还未达到某种高度时候,实行的缺乏速率,也是应有的谨慎吧。

虽然这样说,但不够努力云云,是"责备贤者"。我们观察战事形势,由最初的缩短战线,经过很久的胶着状态,现在显然是步步好转了。我们希望新园地投资的安全程度与利润程度,此后会由

政府设法提高,上海及他处的工商业及金融业,会有更进一步的合作,有切实的调查,有切实的计划,把这新园地开拓得比我们暂已失去的旧园地——战区各地——更好更可靠,那时上海的病态便不难消除大半。

二、关于资金封锁之漏卮者

政府战时金融措施,专为上海而行的,有两桩:(1)外汇暗市之平准;(2)第二次限制提存命令;再加上海金融业自己的措施,有汇划制度。这三种,都是对漏卮的处方。

(1) 外汇暗市之平准

有这外汇暗市之漏卮,上海在全国战时金融上,的确不免像一个赘疣。关于暗市汇价之应否维持,各方曾有各种意见,这些意见,大别之可分为两类:第一类的意见,大概是极少数的意见,主张不必维护,并且应该把暗市消灭,其理由是:暗市存在,某方源源套买,除此以外,如资本逃避,投机及入超增巨,皆于我国不利,故不如直捷痛快把暗市禁绝。第二类的意见,多数的意见,主张暗市可任其存在,同时如对暗市的需要方面难加审择或约束,则暗市水准,宜以适合中国经济情形为度——一如政府实行着的样子。

上海租界是英美法各友邦在华经济势力最重要的据点。从长江被封锁,从天津租界的商业地位一落千丈以后,上海更成为这势力的最后防线了。从资金封锁上讲,固然不免形同化外,而就国际关系上看来,上海是屹然的砥柱,是中国与各友邦各种连锁上极重要的一环,外汇自由买卖之保持现状,在中外关系上,有着相当的重要性。这是主张维持者理由之一。

上海有五百万人口,其中约四百八十万是中国人民,这里潜藏着战时的后方力量与战后的复兴力量。因上海成为孤岛之后,这四百八十万人实际生活所需,多数必须依赖海外,中中交三行的法价外汇供给,又这样十分严格,于是上海范围内法币基础,就不能撇开外汇暗市而独立。如果消灭暗市,对套买者的打击,或反比对这四百八十万人的打击要小,投鼠忌器,不能不孰权利害。这是主张维持者理由之二。

政府始终一贯的健全通货政策,已使全国任何地方民众以信任法币者信任政府,使各种打倒法币的阴谋着着失败。但某方在利用暗市套买外汇之外,无时不对法币地位虎视眈眈,怀着乘虚而入的愿望,如果消灭暗市,除上述一点外,还另有其他可能的后果。这是主张维持者的第三个理由。

政府对维持暗市外汇的苦心毅力,早为国人所共见,其理由大概也不外上面所讲三点。少数消灭暗市的议论,原则上本也言之成理,但对上述三种情形及可能引起之局势,似乎不曾有谨慎而多方面的考虑。

照政府对外汇暗市之措施,在于:(一)积极地维持法币地位;(二)对这漏卮的处置,则以缓和症状,收缩"病灶"为主——即由于暗中的平准,使平时市价变化,比较缓和,投机可以较少,同时使市价水准,有利于中国经济,使套买之损害减少,使进出口逆差减少。

在暗市汇价稳定于八便士以上的时期,当局一方诚然继续忍痛牺牲一部分资力,但另一方面加强了法币的地位,这时期内,没有投机的猖獗,也少资金的逃避。在二十八年六月上旬放弃了八便士水准以后,套买所得利益,已被打一很大折扣。此外如减少进口,刺激出口,也都已有极明显的助力,同时上海法币所受汇价下跌的影响,也还不能说如何严重。当时逃避的资金,从九月初汇价回长后,已有一部分回来,六月至八月间投机的狂热,以后也渐渐减退。

因为外汇暗市的存在有政治的原因,这漏卮的治疗,只能采用治标方法。由上面所讲情形看来,政府的处方是和平切实而合理,且显然已有了明效。

(2)第二次限制提存

二十八年六月下旬的再度限制提存,其目的是在(一)防止资本逃避;(二)减少投机。因为当时离汇价变动不久,上海人心理反应是这样敏锐,谣言又这样繁多,提存的限制反曾引起提存之风——虽然在限度以内,但是于防止投机与资本逃避这两点,在当时是确有相当功效的,外汇暗市汇价之一度回长,即是明证。

(3) 汇划制度

关于汇划封锁的漏卮,因为贴现暗市无法取缔,根本治疗难以实行。银钱业方面意见,觉得要缩小封锁漏卮,还是在健全汇划的本身。从二十八年七月起,将汇划制度加以质的改进,银行联合准备会一面将同业掉现供给停止,一面强化了同业汇划支付准备的担保。暗市虽依然是个漏卮,因汇划颇得一般之信任——八一三以后拒收汇划的洋商银行中,已有因此收受者——掉现及投机都已减少。

三、关于投机之狂热者

上海各种投机,现在恐不是政令所能完全禁绝,例如禁止黄金存押条例,在银钱业奉命唯谨,可是暗市交易却依然旺盛。我们除希望新途径早日开拓完成,使资金的活动可以渐入正轨外,更希望政府金融措施的稳健方针,在上海大众心理上,能有根深蒂固,不易摇惑的信任与了解。投机家的需要谣言,有如鱼的需要水,谣言机会及它的影响力一经减少之后,投机者的活动,就决不至于像过去那样厉害了。

(《财政评论》三卷二期,1940 年)

编后絮语

"投机家的需要谣言,有如鱼的需要水,谣言机会及它的影响力一经减少之后,投机者的活动,就决不至于像过去那样厉害了。"朱博泉先生在本文最后的这句话,实在是非常精辟！在战时的上海,投机活动与谣言始终相伴相生,凡政府经济措施,国内战事、国外政局,以及租界问题等等,"每一种的变动都被利用作机会,常常无中生有,或故意歪曲事实,散布谣言"。从这个意义上讲,投机活动并不是政令所能完全禁绝,除了开辟投资的新途径如开发西南等,使资金的活动可以渐入正轨外,如何采取稳健的金融方针,在社会大众的心理上增进信任与了解,显然是一个非常重要的课题。即便是看今日的金融市场,难道不也是常常面临着同样的问题吗?

资耀华（1900~1996）

本名朝琮，字璧如，湖南耒阳人，清光绪二十六年（1900 年）生。日本帝国大学经济学院毕业，后赴美国宾夕法尼亚大学留学，获文学士学位。曾任中华汇业银行北平分行会计、天津分行外国部主任、奉天分行外国部主任，上海商业储蓄银行总秘书、总行秘书调查处经理、裕津银行董事等职。中华人民共和国成立后，任公私合营上海银行总经理、金融业公私合营总管理处副总经理兼副董事长、中国人民银行参事室主任。1996 年 1 月 23 日在北京去世。著作有《货币论》《信托及信托公司论》《国外汇兑之理论与实务》《英美银行制度论》《银行问题之研究》等。

处今日国民经济时代,欲求信用交易之健全发达,须具有下列三要件:(一)债务者有履行债务之确实意志;(二)债务者有履行债务之完全能力;(三)不履行债务时,有强制执行之方法。三者缺一,则信用经济不能健全发展。而三要件之第三项,纯属藉良好完备之法律以图挽救,固为国家立法上之问题,且为亡羊补牢之举。至于第一项与第二项,则属商工业直接关联之问题,非商工业经营家自己之注意与热心,不能完成其所欲达到之目的。然仅藉少数之热心与注意,尚不能事出万全,非全体协力不可;而欲求全体协力,则又非有一统一机关不为功,于是信用调查机关尚矣。信用调查机关,即所以调查三要件中之第一项与第二项,以敏捷正确之报告而答覆各方之征询,以最少之劳资而得最大之效用,求防患于未然而谋交易之安全焉。

原商工业之最终理想,在信用交易之发达,大宗之进出口贸易,皆非有安全确实之交易不可,然而商工业界之危险,亦莫过于信用交易之大滥行。例如资力薄弱者,而假以长期之信用透支,无商业道德者,而与以巨额之信用交易,其结果不但直接当事者,蒙莫大之损害,而金融大局上亦将为其牵动。此种先例,年来比比皆是,已不遑枚举。甚至酿成全市之经济恐慌,风声鹤唳,草木皆兵,遂使平日信用极厚、营业得宜之商业,亦间接受其损害。故信用交易须出之以慎重,不但为商工业家自卫之道,亦商工业家服务社会之本旨。因是往来交易者之选择,与良莠之审查,不许其鱼目混珠,并非商工业家之私策,乃社会之公德,更非任意之权利,乃必然之义务。而现今商工业渐趋发达,尤非有特别之信用调查机关以

司其事不可,试列举如次:

(一) 昔时交易之范围,或局限于一省内,或分处于一地方,双方交易者多属数年或数代之相识,互相洞悉双方之资产人格以及其他种种之状况,固无需乎信用之调查;今日则交易范围极广且大,或遍及于全国,或跨过海外,即同在一市镇,五方杂处,良莠不齐,南北商贾,竞相往来,若非有特别机关从事调查,决难事出万全。

(二) 往时有同业组合之特别团体,职业住居,皆有限制,所谓商之子恒为商,工之子恒为工,构成数多"帮"之制度,世代相传,容易鉴别;今日则职业自由,居住自由,任意可以迁徙,任意可以变更,帮之制度,已渐趋淘汰,故非有特别调查机关,决不能悉其底蕴。

(三) 现时企业种类,极其复杂,投资目的,极其广大,市面上之有价证券,五光十色,一目难辨良否;亦有表面上虽似专从事于某事业之商人,其实或则为他公司之股东,或他种事业之关系者;更有表面确似资产富有之商人,而实则将成破产之局,扯东补西,从事弥缝,一旦捉襟见肘,金融界遂大受其害,若有信用调查机关以作顾问,定可防患于未然。

(四) 现时企业勃兴,竞争日热,昔日事业未尝发达,人人皆以非第一流之商家不开往来为原则;今日则争夺贩卖地盘,从事吸收顾客,遇事降格而求,甚且不惜假以长期之信用贷出与巨额之赊欠,若非有信用调查同关以补助补救,危险孰甚。

(五) 往日各种事业,规模狭小,资本亦微,一旦发生事故,风浪极小,损害不大,且事前容易看出;今日企业勃兴,公司组织,大则数万万数千万,小则亦数百万数十万,公司中财政纵如何紊乱,非直到倒闭当时不能周知,内容之腐败与否更非局外所晓,公司中之监事理事,难获有诚意与负责者当其冲,大都敷衍了事,是信用调查机关已迫不及待。

(六) 文明进步,奢侈日增,一般为虚荣心所役使之事业家,日日求发横财,于是不惜欲达目的不择手段,利用传单广告,以广播其诈欺行为。吾人试一调查无诚意无责任之保险公司，即可云谈虎色变，受其愚弄者已不在少数。若有公共之信用调查机关，不难铲除害群之马。

（七）往时法律对于债务者极其严厉，今日破产法规一生，债务者负担渐轻，于是冒险投机者亦因而增加，若非有调查机关以分别其良否，则债权人多受不意之灾。

（八）现在训政伊始，百废待兴，举国从事实业之发展，固为佳兆，然近日不无投机分子，遂梦想关税改正，不顾市面之需要供给如何，妄事投机企业。若非有调查机关，从事鉴别，善良事业，必受损害，将见百废待兴之初，即酿成金融之上之恐慌，尤为可虑。

总观上述，则今日我国应急须协力创办信用调查机关，已瞭若指掌。年来银行公会久已列信用调查为其附属事业之一，民国十年第二届联合会议时已有提案，十三年第五届联合会议时，沪会已有试办之拟草，想各界已翘首望其速成也乎？吾人亦甚盼望，若以公会之力，坐而创办，则登高一呼，众山响应，事业容易举办，惟在当局者之垂意及此而已。

（《湘梅商会联合会半月刊》创刊号，1929 年）

编后絮语

资耀华先生认为，信用经济能否健全发展，除了对不履行债务者有强制执行之办法外，关键看债务者是否"有履行债务之确实意志"和"履行债务之完全能力"；换言之，就是债务者是否想还债以及是否有能力还债，前者涉及债务者的人格，后者则取决于债务者的实力。而要了解清楚这些，在工商业渐趋发达的时代，则非有特别之信用调查机关司其事不可。时任上海商业储蓄银行调查部主任的资先生,从八个方面论述了金融界创办协力信用调查机关的必要性,应当说具有相当的远见。值得一提的是,资先生这篇文章发表三年多后,中国征信所于 1932 年 6 月在上海正式成立。